PENGGUNAAN INTERNET DI KAFE SIBER

NORANIZA BINTI YUSOFF

i

Data Pengkatalogan-dalam-Penerbitan

Title: Penggunaan Internet Di Kafe Siber
Author: Noraniza Binti Yusoff
ISBN: 9781939123046
Publisher: Supreme Century, USA

Prepare for Publishing: Fast Publication

www.FastPublication.com

RINGKASAN EKSEKUTIF

Geran pembiayaan sendiri di Pusat Pengajian Kerajaan, UUM Kolej Undang-undang, Kerajaan dan Pengajian Antarabangsa mengkaji penggunaan internet di kafe siber di negeri Kedah. Penggunaan internet ialah berkenaan tujuan penggunaan internet iaitu untuk komunikasi interpersonal dan pemerolehan maklumat dan hiburan, aktiviti-aktiviti penggunaan internet untuk komunikasi interpersonal dan pemerolehan maklumat dan hiburan, perisian dan perkakasan yang digunakan dan berguna, dan kandungan internet yang boleh dipercayai. Berdasarkan sumber Internet World Stats pada tahun 2014, pengguna internet dalam pengagihan dunia mengikut kawasan bagi suku kedua tahun 2012 ialah 44.8 peratus untuk kawasan Asia iaitu sebanyak 1076.7 juta pengguna. Anggaran penduduk kawasan Asia ialah 3,922,066,987 orang dan pengguna internet sehingga 31 Disember tahun 2000 adalah 114,304,000 orang dengan kadar penembusan internet dunia sebanyak 27.5 peratus.

Tujuan monograf ini adalah untuk menunjukkan penggunaan internet di kafe siber melalui menjelaskan dengan memberikan contoh-contoh dan menunjukkan kajian lanjut yang boleh dijalankan berkenaan perkara ini. Ujian rintis telah melihat pada aspek penggunaan internet, aktiviti penggunaan internet, perisian dan perkakasan serta kandungan internet yang dijalankan di Jitra dan Baling, Kedah yang cuba mengenal pasti fenomena penggunaan internet di kafe siber serta maklumat penting yang perlu difokuskan dalam kajian seperti isu, masalah, ciri-ciri pengguna dan lain-lain.

Hasil kajian menunjukkan tujuan penggunaan internet adalah pelbagai termasuk untuk menghantar dan menerima emel. Ujian *Wilcoxon Signed Ranks Test* menunjukkan semua pemboleh ubah perisian dan perkakasan adalah signifikan iaitu terdapat perbezaan yang ketara antara gender lelaki dan perempuan. Implikasi kajian ialah kajian kemungkinan. Tujuan kajian kemungkinan ialah untuk mengenal pasti kemungkinan satu atau lebih penyelesaian yang memenuhi keperluan fenomena.

PRAKATA

Dianggarkan 2,749 juta pengguna internet pada Mac 2013 berdasarkan data ITU dalam laporan penggunaan internet oleh Internet World Stast pada tahun 2013. dan nombor ini membentangkan lebih ramai lelaki berbanding wanita menggunakan internet. Jurang jantina dalam penggunaan internet adalah kecil di negara maju, walau bagaimanapun di negara membangun terdapat 826 juta wanita berbanding dengan 980 juta lelaki menggunakan internet. Data Bank Dunia yang dikeluarkan pada tahun 2014 menunjukkan peratusan pengguna internet iaitu orang yang mempunyai akses kepada rangkaian di seluruh dunia bagi negara-negara di dunia. Peratusan pengguna internet bagi negara Malaysia ialah 55.9 peratus bagi tahun 2009, 56.3 peratus bagi tahun 2010, 61.0 peratus bagi tahun 2011 dan 65.8 peratus bagi tahun 2012. Terdapat universiti di dunia yang melaksanakan Sistem Pengurusan Internet (*Internet Management System*/IMS) untuk membantu menyedarkan manusia berkenaan penggunaan internet mereka dan untuk menyediakan satu ujian audit untuk memastikan pematuhan dengan dasar-dasar di atas. Semua peranti mesti terlebih dahulu disahkan dengan IMS melalui satu pengguna sebelum akses ke internet adalah diaktifkan. Semua akses ke internet dari peranti yang disahkan kemudian di log melawan nama pengguna.

Sejajar dengan fenomena penggunaan internet, monograf ini bertujuan untuk memberikan pengetahuan berkenaan penggunana internet di kafe siber merangkumi tujuan penggunaan internet, aktiviti penggunaan internet, perisian dan perkakasan, kandungan internet di kafe siber, sejarah perkembangan internet dan kafe siber serta internet dan pengurusan. Skop monograf mempersembahkan pengenalan teoretikal, penggunaan internet dan pengurusan, penggunaan internet di kafe siber, implikasi dan kesimpulan berkenaan dengan penggunaan internet. Monograf ini dihasilkan dari penyelidikan bertajuk "Penggunaan internet di kafe siber di negeri Kedah, Malaysia" pada 2012 hingga tahun 2013 melalui geran pembiayaan sendiri di Universiti Utara Malaysia.

Noraniza Binti Yusoff
Sintok, Kedah Darul Aman

PENGGUNAAN INTERNET DI KAFE SIBER

Penggunaan internet mula pada tahun 1995 dan pertumbuhan dalam bilangan hos internet bermula sekitar tahun 1995 menurut tulisan John Paynter dan Jackie Lim pada tahun 2001. Membeli-belah dalam talian telah diperkenalkan ke pasaran dalam 1990an kerana ramai individu dan organisasi membeli melalui *World Wide Web*. Sebilangan syarikat dot.com telah ditubuhkan dan kira-kira sepuluh ribu laman web wujud di Malaysia tetapi hanya tiga puluh peratus dianggarkan mampu menyediakan kemudahan membeli-belah untuk pengguna di Malaysia. Kafe siber juga bermula dalam 1990an dan pengguna paling biasa kafe siber ialah orang yang tidak mempunyai komputer peribadi di rumah dan tidak mempunyai akses internet berkelajuan tinggi seperti yang dinatakan oleh Alam, Abdullah dan Ahsan pada tahun 2009 dalam satu tulisan yang diterbitkan dalam *Journal of Internet Banking & Commerce*. Kafe siber juga berguna bagi pelancong yang boleh memeriksa e-mel, mencari arah atau menghantar mesej dan di Malaysia kafe siber amat berguna kepada pelajar-pelajar dan orang dewasa. Di Malaysia, kafe siber boleh dikategorikan ke dalam beberapa jenis berbeza berdasarkan persekitaran, perkhidmatan dan kemudahan yang ditawarkan serta sambungan jalur lebar yang ada. Perkhidmatan internet di kafe siber adalah bertujuan untuk menyediakan pengguna dengan akses internet yang murah dalam satu persekitaran yang selesa. Kafe siber memainkan peranan penting sebagai tempat akses internet yang paling biasa di bandar dan luar bandar di Malaysia. Kewujudan kafe siber di negara sedang membangun seperti Malaysia membantu rakyat untuk akses ke internet dengan mudah.

KANDUNGAN

BAB 1
PENGENALAN TEORITIKAL

RASIONAL PENYELIDIKAN

Internet telah memberikan kesan yang penting ke atas cara idea dibentuk dan pengetahuan dicipta. Pencarian melalui internet merupakan aplikasi umum yang melibatkan penyelidikan peribadi ke atas subjek tertentu seperti penyataan dalam berita, masalah kesihatan dan lain-lain serta terdapat juga pelajar-pelajar yang membuat projek akademik, kertas projek melalui penyelidikan dalam internet. Manakala wartawan dan penulis yang lain membuat pencarian berkenaan cerita-cerita. Internet semakin banyak digunakan dalam ruang awam, pusat masyarakat, perpustakaan dan lain-lain tempat yang menggalakkan akses yang lebih luas. Sekolah berusaha menghasilkan kanak-kanak yang lebih celik komputer dan terdapat banyak cara akses yang mesra serta penggunaan internet yang semakin bertambah dan pantas perkembangan. Teknologi internet adalah saluran komunikasi pentingantara penawaran dan permintaan dalam bidang perniagaan di mana dengan bantuan internet, banyak peluang untuk industri berjaya dalam mempromosikan dan menjual barangan serta perkhidmatan. (Internet research, 2015; Duffy, 2000; Batinic, 2013).

Dalam kajian berkaitan yang lain di kalangan doktor-doktor pendaftar di Sudan hanya 15 peratus telah didapati mengakses internet pada setiap hari. Kajian yang sama mendapati bahawa kafe internet dan rumah telah dipetik sebagai laman paling banyak bagi mengakses internet, mata masing-masing 40 peratus dan 27 peratus. Kajian juga menunjukkan kekurangan kesedaran di kalangan doktor mengenai sumber maklumat yang boleh dipercayai di *web*; masing-masing 76 peratus dan 57 peratus daripada responden tidak mendengar tentang jurnal-jurnal akses terbuka dan HINARI. Bagi doktor dan komuniti keseluruhannya, penggunaan internet adalah pada peringkat 'embrio' dan kajian seperti ini ialah perlu untuk menimbulkan kesedaran profesional-profesional dan penggubal dasar, dan untuk membetulkan apa-apa kekurangan dan kelemahan yang bakal muncul (Awad Mohamed Ahmed dan Elsadig Yousif, 2007).

Mengikut Suruhanjaya Komunikasi dan Multimedia Malaysia (2007), tahun milenium iaitu pada abad ke 21 penggunaan internet adalah oleh individu-individu dari semua peringkat umur iaitu bermula bawah umur 15 tahun hingga umur 50 tahun ke atas. Berdasarkan laporan tahunan Suruhanjaya Komunikasi dan Multimedia Malaysia tahun 2007, individu dari kumpulan umur 15 tahun hingga 19 tahun bagi setiap isi rumah yang mengguna internet adalah 18.6 peratus bagi tahun 2005 dan 18.7 peratus bagi tahun 2006 (kumpulan umur yang paling tinggi menggunakan internet). Tujuan penggunaan internet adalah paling tinggi untuk mencari maklumat (84.5 peratus), untuk tujuan santai (52.6 peratus) pada tahun 2006, dan terdapat juga tujuan yang lain seperti komunikasi teks, pendidikan dan pelbagai tujuan lain.

Walau bagaimanapun, menurut kajian oleh *Malaysia Science and Technology Information Centre* (2005), internet adalah sumber maklumat teknologi dan sains (*Science and Technology*/S&T) yang paling kurang dipercayai oleh orang awam Malaysia manakala sumber maklumat teknologi dan sains yang paling dipercayai oleh orang awam Malaysia ialah televisyen, diikuti surat khabar, radio dan majalah sains. Tahap kepercayaan dalam sumber maklumat teknologi dan sains bagi internet ialah 63.6 peratus pada tahun 1998, 40.3 peratus pada tahun 2000, 34.0 peratus pada tahun 2002 dan 38.3 peratus pada tahun 2004. Perbandingan di peringkat antarabangsa sumber maklumat bagi internet di beberapa negara seperti Amerika Syarikat ialah 9.0 peratus (tahun 2001), Eropah sebanyak 17.0 peratus (tahun 2001), Malaysia sebanyak 43.9 peratus (tahun 2002). Pengguna internet per 100 penduduk bagi negara-negara ASEAN menunjukkan Malaysia ialah kedua tertinggi iaitu 38.20 dan Singapura ialah yang tertinggi iaitu 56.12 (Jadual 1) (Suruhanjaya Komunikasi dan Multimedia Malaysia, 2006[a]).

MATLAMAT DAN KEPENTINGAN PENYELIDIKAN

Objektif kajian ini adalah seperti berikut:

a. Menentukan latar belakang demografi pengguna internet di kafe siber

b. Menentukan tujuan penggunaan internet di kafe siber

c. Menentukan aktiviti-aktiviti penggunaan internet di kafe siber

d. Menentukan perisian dan perkakasan yang digunakan dan berguna di kafe siber

e. Menentukan kandungan internet yang boleh dipercayai di kafe siber

f. Membandingkan latar belakang demografi dengan tujuan penggunaan internet di kafe siber

g. Membandingkan latar belakang demografi dengan aktiviti-aktiviti penggunaan internet di kafe siber

h. Membandingkan latar belakang demografi dengan kandungan internet yang boleh dipercayai di kafe siber

PENDEKATAN DAN KAEDAH

Kajian ini adalah penyelidikan asas bertujuan untuk penerokaan. Dimensi masa penyelidikan adalah 'cross-sectional' iaitu menurut Cherry (2012) penyelidik meninjau pada satu titik masa adalah pemerhatian dalam sifat dan adalah dikenali sebagai penyelidikan deskriptif bukan hubungan sebab akibat atau hubungan. Penyelidik merekodkan maklumat yang hadir atau ada di suatu tempat dalam satu populasi, tetapi mereka tidak memanipulasi pembolehubah. Jenis penyelidikan ini boleh digunakan untuk mengambarkan ciri-ciri yang wujud dalam satu penduduk, tetapi tidak untuk menentukan hubungan sebab-dan-kesan antara pembolehubah berbeza. Kaedah ini sering digunakan untuk membuat kesimpulan tentang hubungan wajar atau untuk mengutip data awal untuk menyokong penyelidikan dan uji kaji selanjutnya.

Kaedah pengutipan data ialah pendekatan kuantitatif melalui tinjauan menggunakan borang kaji selidik bertulis menggunakan kertas dan tinjauan secara bersemuka.Borang kaji selidik akan dibentuk sendiri dengan merujuk kepada kajian-kajian terdahulu (pembolehubah-pembolehubah juga disenaraikan). Pembolehubah bebas dalam kajian ini ialah latar belakang demografi (jantina, umur, status perkahwinan, pendapatan, pekerjaan dan pendidikan). Pembolehubah bersandar ialah tujuan penggunaan internet di kafe siber, aktiviti-aktiviti penggunaan internet di kafe siber dan kandungan internet yang boleh dipercayai.

Persampelan Kajian

4

Persampelan ialah persampelan bertujuan dan sampel kajian adalah terdiri daripada individu yang menggunakan internet di kafe siber di sekitar negeri Kedah. Jadual 1.1menunjukkan senarai kafe siber di sekitar negeri Kedah dari laman *webMozilla Firefox* dan *Internet Explorer*.

Jadual 1.1:Senarai kafe siber di sekitar negeri Kedah dari laman *webMozilla Firefox* dan *Internet Explorer*

Bil.	Maklumat Kafe Siber	Pengutipan Data Sebenar	Bilangan Sampel (responden yang bersetuju menjadi peserta)
1.	Addeen Digital Internet Bersebelahan Dengan A.S.B. Shahab Perdana, Alor Setar, Kedah	Beroperasi	67 orang responden
2.	Syok Computer Centre Kulim, Kedah	Beroperasi	117 orang responden
3.	OMG! Cyber Cafe Jalan Pintu 10, Alor Setar, Kedah	Beroperasi	65 orang responden
4.	Shana Cyberzone Uitm Merbuk, Kedah	Tidak Beroperasi	
5.	AB Suria Computer No. 11, Kpg. Baru, Alor Biak, Ayer Hitam, 06150 Alor Setar, Kedah No. Telefon: 04-7945696 No. Faks: 04-7336221 Email: suriabm@pd.jaring.my Waktu operasi: 9.00 pagi – 10.00 malam Harga: RM 2 Kemudahan-kemudahan: 15 komputer ada, pencetak, pengimbas, persidangan video, aol 'mesra'	Tidak Beroperasi	
6.	HYPERJAYA Internet and cafe 2F (8, 9, 10) Komplex City Plaza, menara MPKS 11, Alor Setar, Kedah 05000 Malaysia No. Telefon: 604-7333133 Email: wmssb@tm.net.my Waktu operasi: Ahad-Jumaat 11.00 pagi – 9.00 malam	Tidak Beroperasi	

Sumber: http://www.cybercafes.com/country.asp?selectcountry=Malaysia, http://www.mudah.my/Pembantu=Cyber=Cafe-15144492.htm, http://www.mudah.my/Pembantu+Cyber+Cafe+diperlukan+2+kekosongan+-14925536.htm, https://foursquare.com/v/omg-cyber-cafe/4d4be5ae2d0d8cfafde7c825

Bilangan responden yang memberi jawapan bagi kajian sebenar ialah seramai 70 orang responden iaitu kadar jawapan hanya 28.11 peratus daripada 249 orang responden yang bersetuju menyertai kajian. Kadar tidak-jawapan bagi kajian ini ialah sebanyak 71.89 peratus. Kadar *nonresponse* (tidak memberikan jawapan iaitu tidak mengembalikan borang kaji selidik) ialah 71.89 peratus. Kadar ini agak tinggi dan alasan yang diberikan oleh responden ialah soalan adalah sukar dijawab dan kebanyakan responden juga tidak mengetahui perkara-perkara yang ditanya dalam borang kaji selidik. Kurangnya jawapan oleh responden juga disebabkan borang hilang dan responden tidak dapat dihubungi (nombor telefon tidak dapat dihubungi dan tempat tinggal tidak dapat ditemui).

Pengukuran Pemboleh Ubah Dan Instrumen Kajian

Tujuan penggunaan internet merujuk kepada komunikasi interpersonal seperti melalui emel, *Internet Relay Chatrooms* (IRCs), *Multi-User Dungeons* (MUDs), papan mesej dan sebagainya. Tujuan penggunaan internet juga merujuk kepada pemerolehan maklumat dan hiburan iaitu melalui penyelidikan, perjalanan, membina laman *web* di seluruh dunia, kewangan, pendidikan, kedai, mendengar siaran audiodari stesen radio yang jauh, cari perkara-perkara yang secara biasa sukar untuk mencari, mengejar beritaterkini dan sebagainya.Aktiviti-aktiviti penggunaan internet merujuk kepada bermain permainan internet yang dimainkan sendiri atau menentang komputer, menonton klip video, melawat profil rangkaian sosial, menggunakan pesanan segera, menghantar/menerima emel, membaca/menonton berita di internet, bermain permainan dengan orang lain di internet, muat turun muzik atau filem, meletakkan (atau mengepos) gambar, video atau muzik untuk berkongsi dengan orang lain, menggunakan *webcam*, meletakkan (atau mengepos) mesej di laman *web*, melawat *chatroom*, menggunakan laman *web* perkongsian fail, mencipta watak, menghabiskan masa dalam dunia maya, menulis blog atau diari dalam taliandan sebagainya.

Perisian merujuk kepada perisian sistem di komputer peribadi ialah *DOS*(menurut Macmillan Dictionary (2012)), perisian asas dalam satu komputer yang menjadikan ia berfungsi dan membolehkan anda menggunakan satu program. Ia ialah biasanya digunakan hanya dalam komputer-komputer lama.), *Windows*(menurut CSGNetwork.com (2012), *windows* ialah satu siri program sistem operasi yang berjalan di atas DOS, menyediakan persekitaran GUI. Microsoft Corporation mendakwa istilah ini sebagai cap dagangan. Pendahulu untuk *Windows* 95, 98, NT dan 2000, dianggap sistem operasi yang paling popular. Walaupun terdapat semakan 2x, versi 3x adalah benar-benar keluaran yang mempunyai sebarang kesahan.), *Unix*, *Linus*, *Solaris* dan lain-lain; perisian yang berkaitan dengan bahasa pengaturcaraan termasuk pemasang penterjemah bahasa, penterjemah (seperti *GWBASIC*) dan penyusun; dan perisian utiliti seperti *PC-Tools*, *Scan Disk*, *Norton Disk Doctor* (*NDD*), Anti virus dan lain-lain. Perisian juga merujuk kepada perisian aplikasi dikelompokkan kepada dua kategori iaitu Perisian Aplikasi Tujuan Am (*General purpose Application software*) seperti *MS Office*, *Corel Draw*,*Page maker*, *Adobe Photo shop* dan lain-lain serta kelompok kedua Perisian Aplikasi Tujuan Khusus (*Special purpose Application Software*) seperti perisian untuk memproses kawalan inventori, perisian untuk mengekalkan Akaun Bank, perisian yang digunakan dalam Sistem Tempahan Penerbangan dan lain-lain. Perkakasan merujuk kepada perkakasan dalaman ialah *Blu-Ray*, *CD-ROM* (*Compact Disc-Read Only Memory*), *DVD (Digital Versatile Disc)*, *CPU (Central Processing Unit)*, *hard drive*, *motherboard*, *RAM (Random Access Memory)*, kad bunyi dan kad video. Perkakasan juga merujuk kepada perkakasan luaran ialah skrin rata, *monitor*, *LCD*, *keyboard*, tetikus, pencetak dan pengimbas.Kandungan internet yang boleh dipercayai merujuk kepada URL (seperti nama domain), rujukan (senarai rujukan, sumber, maklumat latar belakang mengenai pengarang atau penerbit dan maklumat perhubungan) dan kandungan (pendapat yang tidak berat sebelah, kesilapan tatabahasa, ejaan dan tanda baca).

Kajian ini adalah penyelidikan asas bertujuan untuk penerokaan. Dimensi masa penyelidikan adalah '*cross-sectional*' iaitu menurut Cherry (2012) penyelidik meninjau pada satu titik masa adalah pemerhatian dalam sifat dan adalah dikenali sebagai penyelidikan deskriptif bukan hubungan sebab akibat atau hubungan. Penyelidik merekodkan maklumat yang hadir atau ada di suatu tempat dalam satu populasi, tetapi mereka tidak memanipulasi pembolehubah. Jenis penyelidikan ini boleh digunakan untuk mengambarkan ciri-ciri yang wujud dalam satu penduduk, tetapi tidak untuk menentukan hubungan sebab-dan-kesan antara pembolehubah berbeza. Kaedah ini sering digunakan untuk membuat kesimpulan tentang hubungan wajar atau untuk mengutip data awal untuk menyokong penyelidikan dan uji kaji selanjutnya.

Kaedah pengutipan data ialah pendekatan kuantitatif melalui tinjauan menggunakan borang kaji selidik bertulis menggunakan kertas dan tinjauan secara bersemuka.Borang kaji selidik akan dibentuk sendiri dengan merujuk kepada kajian-kajian terdahulu (pembolehubah-pembolehubah juga disenaraikan). Pembolehubah bebas dalam kajian ini ialah latar belakang demografi (jantina, umur, status perkahwinan, pendapatan, pekerjaan dan pendidikan). Pembolehubah bersandar ialah tujuan penggunaan internet di kafe siber, aktiviti-aktiviti penggunaan internet di kafe siber dan kandungan internet yang boleh dipercayai.

Reka bentuk borang kaji selidik ialah borang kaji selidik mengandungi soalan berbentuk terbuka, soalan yang mempunyai pelbagai pilihan dan soalan berbentuk separuh terbuka. Soalan berbentuk separuh terbuka (*partially open questions*), iaitu satu set pilihan tetap dengan pilihan yang terakhir ialah terbuka iaitu "lain-lain" yang membenarkan responden untuk menawarkan satu jawapan yang penyelidik tidak memasukkan (Neuman, 2006). Bilangan soalan ialah lebih kurang 100 soalan dengan lapan hingga sembilan mukasurat. Skala pengukuran ialah nominal, ordinal dan interval. Pilihan jawapan responden ialah menggunakan skala kedudukan (*rating scales*) iaitu skala dikotomi, skala kategori dan Skala Likert (tidak tahu, sangat tidak setuju, tidak setuju, setuju dan sangat setuju). Bahagian awal borang kaji selidik ialah pengenalan ringkas berkenaan dengan penyelidikan (mengandungi objektif kajian dan konsep-konsep penting) dan penyelidik. Bahagian soalan kaji selidik akan merangkumi soalan-soalan berkenaan tujuan penggunaan internet, aktiviti-aktiviti penggunaan internet, perisian dan perkakasan yang digunakan dan berguna, serta kandungan internet yang boleh dipercayai. Jenis maklumat atau data yang

boleh diperolehi daripada soalan ialah soalan-soalan kelakuan (memerlukan maklumat mengenai aktiviti

responden) dan soalan-soalan pengetahuan (menguji pengetahuan responden mengenai isu-isu semasa

dan sebagainya). Pelan analisis bagi pembolehubah-pembolehubah kajian adalah seperti di dalam Jadual

1.2.

Jadual 1.2: Pelan analisis pembolehubah kajian

Pembolehubah	Ukuran	Ujian Statistik	Jenis Keputusan
Latar belakang demografi			
Jantina	Nominal – skala dikotomi	Frekuensi, peratusan dan mod	Statistik deskriptif Mengukur kecenderungan memusat
		Mann-Whitney U-test *Wilcoxon test*	Perbezaan antara dua kumpulan bebas (dengan tujuan penggunaan internet di kafe siber, aktiviti-aktiviti penggunaan internet di kafe siber dan kandungan internet yang boleh dipercayai di kafe siber)
Umur	Ratio	Frekuensi, peratusan, min geometri dan pekali variasi Sisihan piawai	Statistik deskriptif Mengukur penyebaran
		Kruskal-Walls test	Perbezaan antara tiga atau lebih kumpulan berbeza (dengan tujuan penggunaan internet di kafe siber, aktiviti-aktiviti penggunaan internet di kafe siber dan kandungan internet yang boleh dipercayai di kafe siber)
Status perkahwinan	Nominal - skala kategori	Frekuensi, peratusan dan mod	Statistik deskriptif Mengukur kecenderungan memusat
		Kruskal-Walls test	Perbezaan antara tiga atau lebih kumpulan berbeza (dengan tujuan penggunaan internet di kafe siber, aktiviti-aktiviti penggunaan internet di kafe siber dan kandungan internet yang boleh dipercayai di kafe siber)
Pendapatan	Ratio	Frekuensi, peratusan, min geometri dan pekali variasi Sisihan piawai	Statistik deskriptif Mengukur penyebaran
		Kruskal-Walls test	Perbezaan antara tiga atau lebih kumpulan berbeza (dengan tujuan penggunaan internet di kafe siber, aktiviti-aktiviti penggunaan internet di kafe siber dan kandungan internet yang boleh dipercayai di kafe siber)
Pekerjaan	Nominal – skala kategori	Frekuensi, peratusan dan mod	Statistik deskriptif Mengukur kecenderungan

			memusat
		Kruskal-Walls test	Perbezaan antara tiga atau lebih kumpulan berbeza (dengan tujuan penggunaan internet di kafe siber, aktiviti-aktiviti penggunaan internet di kafe siber dan kandungan internet yang boleh dipercayai di kafe siber)
Pendidikan	Nominal – skala kategori	Frekuensi, peratusan dan mod	Statistik deskriptif Mengukur kecenderungan memusat
		Kruskal-Walls test	Perbezaan di antara tiga atau lebih kumpulan berbeza (dengan tujuan penggunaan internet di kafe siber, aktiviti-aktiviti penggunaan internet di kafe siber dan kandungan internet yang boleh dipercayai di kafe siber)
Tujuan penggunaan internet			
Komunikasi interpersonal			
emel	Ordinal – skala Likert	Frekuensi, peratusan, median, julat, kedudukan *percentile* *Percentile*	Statistik deskriptif Mengukur kecenderungan memusat
Internet Relay Chatrooms (IRCs)	Ordinal – skala Likert	Frekuensi, peratusan, median, julat, kedudukan *percentile* *Percentile*	Statistik deskriptif Mengukur kecenderungan memusat
Multi-User Dungeons (MUDs)	Ordinal – skala Likert	Frekuensi, peratusan, median, julat, kedudukan *percentile* *Percentile*	Statistik deskriptif Mengukur kecenderungan memusat
Papan mesej	Ordinal – skala Likert	Frekuensi, peratusan, median, julat, kedudukan *percentile* *Percentile*	Statistik deskriptif Mengukur kecenderungan memusat
Pemerolehan maklumat dan hiburan			
Penyelidikan	Ordinal – skala Likert	Frekuensi, peratusan, median, julat, kedudukan *percentile* *Percentile*	Statistik deskriptif Mengukur kecenderungan memusat
Perjalanan	Ordinal – skala Likert	Frekuensi, peratusan,	Statistik deskriptif

11

		median, julat, kedudukan *percentile* *Percentile*	
			Mengukur kecenderungan memusat
Membina laman *web*	Ordinal – skala Likert	Frekuensi, peratusan, median, julat, kedudukan *percentile* *Percentile*	Statistik deskriptif Mengukur kecenderungan memusat
Kewangan	Ordinal – skala Likert	Frekuensi, peratusan, median, julat, kedudukan *percentile* *Percentile*	Statistik deskriptif Mengukur kecenderungan memusat
Pendidikan	Ordinal – skala Likert	Frekuensi, peratusan, median, julat, kedudukan *percentile* *Percentile*	Statistik deskriptif Mengukur kecenderungan memusat
Kedai	Ordinal – skala Likert	Frekuensi, peratusan, median, julat, kedudukan *percentile* *Percentile*	Statistik deskriptif Mengukur kecenderungan memusat
Mendengar siaran audio	Ordinal – skala Likert	Frekuensi, peratusan, median, julat, kedudukan *percentile* *Percentile*	Statistik deskriptif Mengukur kecenderungan memusat
Cari perkara-perkara yang secara biasa sukar untuk mencari	Ordinal – skala Likert	Frekuensi, peratusan, median, julat, kedudukan *percentile* *Percentile*	Statistik deskriptif Mengukur kecenderungan memusat
Berita terkini	Ordinal – skala Likert	Frekuensi, peratusan, median, julat, kedudukan *percentile* *Percentile*	Statistik deskriptif Mengukur kecenderungan memusat
Aktiviti-aktiviti penggunaan internet			
Bermain permainan internet yang dimainkan sendiri atau menentang komputer	Ordinal – skala Likert	Frekuensi, peratusan, median, julat, kedudukan *percentile* *Percentile*	Statistik deskriptif Mengukur kecenderungan memusat

Menonton klip video	Ordinal – skala Likert	Frekuensi, peratusan, median, julat, kedudukan *percentile* *Percentile*	Statistik deskriptif Mengukur kecenderungan memusat
Melawat profil rangkaian sosial	Ordinal – skala Likert	Frekuensi, peratusan, median, julat, kedudukan *percentile* *Percentile*	Statistik deskriptif Mengukur kecenderungan memusat
Menggunakan pesanan segera	Ordinal – skala Likert	Frekuensi, peratusan, median, julat, kedudukan *percentile* *Percentile*	Statistik deskriptif Mengukur kecenderungan memusat
Menghantar/menerima emel	Ordinal – skala Likert	Frekuensi, peratusan, median, julat, kedudukan *percentile* *Percentile*	Statistik deskriptif Mengukur kecenderungan memusat
Membaca/menonton berita di internet	Ordinal – skala Likert	Frekuensi, peratusan, median, julat, kedudukan *percentile* *Percentile*	Statistik deskriptif Mengukur kecenderungan memusat
Bermain permainan dengan orang lain di internet	Ordinal – skala Likert	Frekuensi, peratusan, median, julat, kedudukan *percentile* *Percentile*	Statistik deskriptif Mengukur kecenderungan memusat
Muat turun muzik atau filem	Ordinal – skala Likert	Frekuensi, peratusan, median, julat, kedudukan *percentile* *Percentile*	Statistik deskriptif Mengukur kecenderungan memusat
Meletakkan (atau mengepos) gambar	Ordinal – skala Likert	Frekuensi, peratusan, median, julat, kedudukan *percentile* *Percentile*	Statistik deskriptif Mengukur kecenderungan memusat
Video atau muzik untuk berkongsi dengan orang lain	Ordinal – skala Likert	Frekuensi, peratusan, median, julat, kedudukan *percentile* *Percentile*	Statistik deskriptif Mengukur kecenderungan memusat
Menggunakan *webcam*	Ordinal – skala Likert	Frekuensi, peratusan,	Statistik deskriptif

13

		median, julat, kedudukan percentile Percentile	
			Mengukur kecenderungan memusat
Meletakkan (atau mengepos) mesej di laman *web*	Ordinal – skala Likert	Frekuensi, peratusan, median, julat, kedudukan *percentile* *Percentile*	Statistik deskriptif
			Mengukur kecenderungan memusat
Melawat *chatroom*	Ordinal – skala Likert	Frekuensi, peratusan, median, julat, kedudukan *percentile* *Percentile*	Statistik deskriptif
			Mengukur kecenderungan memusat
Menggunakan laman *web* perkongsian fail	Ordinal – skala Likert	Frekuensi, peratusan, median, julat, kedudukan *percentile* *Percentile*	Statistik deskriptif
			Mengukur kecenderungan memusat
Mencipta watak	Ordinal – skala Likert	Frekuensi, peratusan, median, julat, kedudukan *percentile* *Percentile*	Statistik deskriptif
			Mengukur kecenderungan memusat
Menghabiskan masa dalam dunia maya	Ordinal – skala Likert	Frekuensi, peratusan, median, julat, kedudukan *percentile* *Percentile*	Statistik deskriptif
			Mengukur kecenderungan memusat
Menulis blog atau diari dalam talian	Ordinal – skala Likert	Frekuensi, peratusan, median, julat, kedudukan *percentile* *Percentile*	Statistik deskriptif
			Mengukur kecenderungan memusat
Perisian dan perkakasan yang digunakan dan berguna			
Perisian sistem			
DOS	Ordinal – skala Likert	Frekuensi, peratusan, median, julat, kedudukan *percentile* *Percentile*	Statistik deskriptif
			Mengukur kecenderungan memusat
Windows	Ordinal – skala Likert	Frekuensi, peratusan, median, julat, kedudukan *percentile* *Percentile*	Statistik deskriptif
			Mengukur kecenderungan memusat

Unix	Ordinal – skala Likert	Frekuensi, peratusan, median, julat, kedudukan *percentile*	Statistik deskriptif
			Mengukur kecenderungan memusat
Linus	Ordinal – skala Likert	Frekuensi, peratusan, median, julat, kedudukan *percentile*	Statistik deskriptif
		Percentile	Mengukur kecenderungan memusat
Solaris	Ordinal – skala Likert	Frekuensi, peratusan, median, julat, kedudukan *percentile*	Statistik deskriptif
			Mengukur kecenderungan memusat
Perisian yang berkaitan dengan bahasa pengaturcaraan termasuk pemasang penterjemah bahasa	Ordinal – skala Likert	Frekuensi, peratusan, median, julat, kedudukan *percentile* *Percentile*	Statistik deskriptif Mengukur kecenderungan memusat
Penterjemah (seperti *GWBASIC*) dan penyusun	Ordinal – skala Likert	Frekuensi, peratusan, median, julat, kedudukan *percentile* *Percentile*	Statistik deskriptif Mengukur kecenderungan memusat
Perisian utiliti seperti *PC-Tools, Scan Disk, Norton Disk Doctor* (*NDD*) dan Anti virus	Ordinal – skala Likert	Frekuensi, peratusan, median, julat, kedudukan *percentile* *Percentile*	Statistik deskriptif Mengukur kecenderungan memusat
Perisian aplikasi			
Perisian Aplikasi Tujuan Am (*General Purpose Application Software*) seperti *MS Office, Corel Draw, Page maker* dan*Adobe Photo shop*	Ordinal – skala Likert	Frekuensi, peratusan, median, julat, kedudukan *percentile* *Percentile*	Statistik deskriptif Mengukur kecenderungan memusat
Perisian Aplikasi Tujuan Khusus (*Special Purpose Application Software*) seperti perisian untuk memproses kawalan inventori, perisian untuk mengekalkan Akaun Bank dan perisian yang digunakan dalam Sistem Tempahan Penerbangan	Ordinal – skala Likert	Frekuensi, peratusan, median, julat, kedudukan *percentile* *Percentile*	Statistik deskriptif Mengukur kecenderungan memusat
Perkakasan dalaman			
Blu-Ray	Ordinal – skala Likert	Frekuensi, peratusan, median, julat, kedudukan *percentile*	Statistik deskriptif

		Percentile	
			Mengukur kecenderungan memusat
CD-ROM (Compact Disc-Read Only Memory)	Ordinal – skala Likert	Frekuensi, peratusan, median, julat, kedudukan *percentile* *Percentile*	Statistik deskriptif Mengukur kecenderungan memusat
DVD (Digital Versatile Disc)	Ordinal – skala Likert	Frekuensi, peratusan, median, julat, kedudukan *percentile* *Percentile*	Statistik deskriptif Mengukur kecenderungan memusat
CPU (Central Processing Unit)	Ordinal – skala Likert	Frekuensi, peratusan, median, julat, kedudukan *percentile* *Percentile*	Statistik deskriptif Mengukur kecenderungan memusat
Hard drive	Ordinal – skala Likert	Frekuensi, peratusan, median, julat, kedudukan *percentile* *Percentile*	Statistik deskriptif Mengukur kecenderungan memusat
Motherboard	Ordinal – skala Likert	Frekuensi, peratusan, median, julat, kedudukan *percentile* *Percentile*	Statistik deskriptif Mengukur kecenderungan memusat
RAM (Random Access Memory)	Ordinal – skala Likert	Frekuensi, peratusan, median, julat, kedudukan *percentile* *Percentile*	Statistik deskriptif Mengukur kecenderungan memusat
Kad bunyi	Ordinal – skala Likert	Frekuensi, peratusan, median, julat, kedudukan *percentile* *Percentile*	Statistik deskriptif Mengukur kecenderungan memusat
Kad video	Ordinal – skala Likert	Frekuensi, peratusan, median, julat, kedudukan *percentile* *Percentile*	Statistik deskriptif Mengukur kecenderungan memusat
Perkakasan luaran			
Skrin rata	Ordinal – skala Likert	Frekuensi, peratusan, median, julat, kedudukan *percentile*	Statistik deskriptif

		Percentile	Mengukur kecenderungan memusat
Monitor	Ordinal – skala Likert	Frekuensi, peratusan, median, julat, kedudukan *percentile* *Percentile*	Statistik deskriptif Mengukur kecenderungan memusat
LCD	Ordinal – skala Likert	Frekuensi, peratusan, median, julat, kedudukan *percentile* *Percentile*	Statistik deskriptif Mengukur kecenderungan memusat
Keyboard	Ordinal – skala Likert	Frekuensi, peratusan, median, julat, kedudukan *percentile* *Percentile*	Statistik deskriptif Mengukur kecenderungan memusat
Tetikus	Ordinal – skala Likert	Frekuensi, peratusan, median, julat, kedudukan *percentile* *Percentile*	Statistik deskriptif Mengukur kecenderungan memusat
Pencetak	Ordinal – skala Likert	Frekuensi, peratusan, median, julat, kedudukan *percentile* *Percentile*	Statistik deskriptif Mengukur kecenderungan memusat
Pengimbas	Ordinal – skala Likert	Frekuensi, peratusan, median, julat, kedudukan *percentile* *Percentile*	Statistik deskriptif Mengukur kecenderungan memusat
Kandungan internet yang boleh dipercayai			
URL	Ordinal – skala Likert	Frekuensi, peratusan, median, julat, kedudukan *percentile* *Percentile*	Statistik deskriptif Mengukur kecenderungan memusat
Rujukan	Ordinal – skala Likert	Frekuensi, peratusan, median, julat, kedudukan *percentile* *Percentile*	Statistik deskriptif Mengukur kecenderungan memusat
Kandungan	Ordinal – skala Likert	Frekuensi, peratusan, median, julat, kedudukan *percentile*	Statistik deskriptif

		Percentile	Mengukur kecenderungan memusat

Ujian rintis dibuat untuk menentukan item-item yang digunakan bagi indeks-indeks, mengubah suai soalan-soalan tidak jelas, mewujudkan pra-berkod, soalan-soalan satu-pilihan berdasarkan jawapan ke soalan-soalan terbuka. Pra-berkod, soalan satu pilihan menanya responden untuk menunjukkan kategori yang digunakan.Data dikod, dimasukkan, diproses dan dianalisis menggunakan perisian *IBM SPSS Statistics*. Analisis kajian merangkumi analisis deskriptif dan inferensi seperti dalam Jadual 5.

Ujian Rintis

Ujian rintis kali pertama dijalankan pada 2 September 2012 hingga 4 November 2012 di kafe siber GG!, Pusat Komputer Micro Birds dan Easy Surf Internet di Jitra, Kedah Darul Aman. Seramai 31 orang responden yang bersetuju menjadi peserta dan memberikan jawapan. Nilai Cronbach's Alpha secara keseluruhan ialah 0.986 dengan bilangan item sebanyak 238. Ujian rintis kali kedua dijalankan pada 20 Januari 2013 hingga 1 Jun 2013 di Data Mini Computer Centre, Pusat Servis Computer Computhirst Computer Centre dan Trend Computer Centre di Baling, Kedah Darul Aman. Borang kaji selidik turut diedarkan di Changlun, Kedah tetapi hanya beberapa orang sahaja yang memberikan jawapan. Seramai 55 orang responden yang bersetuju menjadi peserta dan memberi jawapan ke atas borang kaji selidik. Nilai Cronbach's Alpha ialah 0.989 dengan 238 item soalan. Ujian kesahan kandungan juga dijalankan untuk mendapat komen dari pakar-pakar bidang ke atas borang kaji selidik iaitu borang diedarkan kepada pensyarah-pensyarah di Universiti Utara Malaysia, Sintok, Kedah.

Pengutipan Data Sebenar

Pengutipan data sebenar bermula pada 12 Julai 2013 hingga 5 November 2013. Borang kaji selidik diedarkan kepada pengguna internet di kafe siber OMG! Cyber Cafe, Addeen Digital Internet di Alor Setar, Kedah Darul Aman dan Syok Computer centre di Kulim, Kedah Darul Aman. Pengkaji bertanya kepada semua pengguna internet di kafe siber tersebut sama ada ingin menjadi peserta kajian atau tidak. Bagi peserta yang ingin menyertai kajian mereka akan diberikan borang kaji selidik bersama borang persetujuan menjadi responden. Peserta akan dihubungi melalui telefon untuk membolehkan pengkaji mengambil semula borang kaji selidik yang telah diedarkan. Responden akan menjawab borang kaji selidik di tempat tinggal mereka dan semasa pengedaran borang kaji selidik, pengkaji telah memberikan penjelasan ringkas kepada responden berkenaan cara untuk menjawab borang kaji selidik. Pengedaran borang kaji selidik dibuat pad ahari Jumaat, Sabtu secara tetap dan beberapa hari bekerja bermula dari pagi hingga ke petang. Pengguna internet adalah lebih ramai pada hari Jumaat dan Sabtu berbanding dengan hari bekerja. Pengedaran borang kaji selidik juga dilakukan pada waktu malam dan pengguna internet terdapat masa-masa tertentu sahaja. Pengguna internet di kafe siber pada waktu malam tidak ramai di kawasan kajian (Alor Setar dan Kulim). Walau bagaimanapun, semasa ujian rintis di kawasan Jitra, bilangan pengguna internet lebih ramai sedikit berbanding dengan kawasan kajian sebenar. Borang kaji selidik boleh dilihat di bahagian lampiran.

Definisi Konsep

Jantina

Hakikat sama ada lelaki atau perempuan. Lelaki adalah Maskulin manakala perempuan adalah Feminin (Macmillan Dictionary, 2012; Yahoo!Education, 2009).

Umur

Umur merujuk pada bilangan tahun yang seseorang telah hidup. Anak muda merangkumi kanak-kanak ialah manusia antara peringkat kelahiran dan baligh. Bayi yang berumur 0 (baru lahir) hingga 13 tahun (kanak-kanak) adalah tergolong dalam kategori anak muda. Remaja merujuk pada orang yang berumur daripada 13 tahun ke 19 tahun. Dewasa muda/perdana adalah orang yang berumur daripada 20 tahun ke 40 tahun. Umur pertengahan dewasa adalah orang yang berumur daripada 40 tahun ke 60 tahun. Tua adalah orang yang berumur 60 ke atas (World Health Organization, 2012; Wikipedia The Free Encyclopedia, 2012; CyberDodo, n.d.; Macmillan Dictionary, 2012).

Bangsa/ras

Bangsa merujuk kepada kumpulan orang yang mempunyai perbezaan dan persamaan dalam ciri-ciri biologi yang dianggap oleh masyarakat sebagai secara sosial penting, yang bererti bahawa orang memperlakukan orang lain secara berbeza disebabkan mereka. Sebagai contohnya, sementara perbezaan dan persamaan dalam warna mata tidak dianggap sebagai secara sosial penting, perbezaan dan persamaan dalam warna kulit ada. Walaupun sesetengah sarjana telah cuba untuk menubuhkan sangat banyak kumpulan bangsa bagi orang-orang di dunia, yang lain telah mencadangkan empat atau lima. Terlalu banyak pengecualian kepada perkumpulan bangsa jenis ini telah didapati untuk membuat sebarang pengkategorian bangsa dengan benar dapat hidup bersendirian (CliffsNotes, 2012).

Etnik

Kumpulan etnik di Malaysia ialah Melayu, Cina, India, orang asli dan lain-lain. Masyarakat Melayu di Malaysia wujud hasil dari percampuran di antara tiga rumpun bangsa yang berbeza iaitu Negrito, *Austro-Asiatic* dan Austronesia dengan pengaruh dari bangsa-bangsa dari luar Asia Tenggara. Tiga kumpulan etnik Melayu iaitu anak jati, anak dagang dan peranakan. Orang Cina adalah penghijrah orang Cina luar negara yang menjadi warganegara atau penduduk tetap di Malaysia. Kebanyakan mereka ialah keturunan pendatang dari China yang tiba di Malaysia, lazimnya kaum ini dirujuk sebagai "orang Cina" dalam semua bahasa. Orang India adalah rakyat Malaysia yang berasal dari India. Kebanyakan mereka datang ke Malaysia semasa zaman penjajahan British di Malaya. Orang asli adalah terdiri dari tiga kumpulan utama iaitu Negrito, Senoi dan Proto-Melayu (Wikipedia Ensiklopedia bebas, 2012)

Agama

Agama adalah set kepercayaan, perasaan, dogma dan amalan yang mentakrifkan hubungan di antara manusia dan suci atau ketuhanan. Satu agama tertentu ditakrifkan melalui elemen khusus dalam komuniti penganut: dogma, buku-buku suci, upacara, penyembahan, preskripsi moral, larangan, organisasi. Majoriti agama telah dibangunkan bermula dari satu pendedahan berdasarkan sejarah layak diteladani dalam satu bangsa, seorang nabi atau seorang lelaki yang bijaksana yang mengajar kehidupan unggul. Agama boleh ditakrifkan dengan tiga ciri-ciri besarnya: percaya dan amalan beragama; perasaan beragama iaitu kepercayaan; dan perpaduan dalam satu komuniti orang-orang yang berkongsi kepercayaan yang sama (atheisme.free.fr/Religion/What-is-religion-1.htm). Di Malaysia, penduduk menganut agama Islam, Buddha, Kristian dan Hindu. Yang lain mengamalkan Konfusianisme, Taoisme dan agama Cina tradisional yang lain. Yang selebihnya dikira menganut kepercayaan animisme, agama rakyat dan Sikhisme. Terdapat juga yang tidak beragama atau tidak memberi maklumat. Islam adalah Agama samawi yang terkandung dalam al-Quran yang dianggap penganutnya sebagai kalam Allah.

Seorang penganut Islam dikenali sebagai Muslim yang bermaksud "seorang yang tunduk kepada Allah".Buddha adalah Agama dan falsafah yang berasaskan ajaran Buddha Sakyamuni yang mungkin lahir pada kurun ke-5 sebelum masihi. Seorang Buddha ialah seorang yang mendapati alam semula jadi yang benar melalui pelajarannya yang bertahun-tahun, penyiasatan dengan pengamalan agama pada masanya dan pertapaan. Kristian adalah sebuah agama *monotheis* yang berdasarkan kehidupan dan ajaran-ajaran Jesus dari Nazaret sebagaimana ditunjukkan dalam karya-karya para pengikutnya dalam Perjanjian Baru. Agama Hindu juga dikenali sebagai Dharma Vaidika (*Veda*) ialah satu agama atau falsafah yang berasal dari subbenua India dan kawasan sekeliling yang berhampiran. Lain-lain agama adalah seperti Konfusianisme, Taoisme, agama Cina tradisional, kepercayaan animisme, agama rakyat, Sikhisme, tidak beragama dan tidak memberi maklumat(Wikipedia Ensiklopedia bebas, 2012).

Status perkahwinan

Keadaan yang berkahwin atau belum berkahwin. Bujang adalah merujuk kepada orang yang belum berkahwin atau tidak dalam hubungan romantis. Berkahwin adalah seseorang yang berkahwin mempunyai suami atau isteri. Janda ialah orang perempuan yang pernah berkahwin tetapi tidak bersuami lagi kerana bercerai atau kematian. Perempuan yang diceraikan atau seorang wanita yang dipisahkan daripada suaminya. Seorang wanita yang suaminya telah meninggal dunia dan yang belum berkahwin lagi.Duda ialah lelaki yang kematian isterinya atau sudah bercerai daripada isterinya. Seseorang yang telah bercerai dan yang belum berkahwin lagi. Seorang lelaki yang isterinya telah mati dan yang belum berkahwin lagi (Macmillan Dictionary, 2012; Vocabulary.com, 2012; Google, 2012; Vocabulary.com, 2012; Kamus, n.d.; Cambridge Dictionaries Online, 2011).

Pendapatan

Jumlah wang atau yang setaraf dengannya yang diterima dalam tempoh masa pertukaran untuk buruh atau perkhidmatan daripada penjualan barang atau harta, atau sebagai keuntungan daripada pelaburan kewangan. Gaji bulanan minimum untuk sektor swasta sebanyak RM900 (bagi negeri-negeri Semenanjung) dan RM800 (bagi Sabah, Sarawak dan Labuan) pada malam menjelang Hari Pekerja tahun 2012. Berdasarkan PNK per kapita, pendapatan rendah ialah $1,005 dolar Amerika Syarikat atau kurang, pendapatan pertengahan rendah ialah $1,006 - $3,975 dolar Amerika Syarikat, pendapatan pertengahan tinggi ialah $3,976 - $12,275 dolar Amerika Syarikat dan pendapatan tinggi ialah $12,276 dolar Amerika Syarikat atau lebih. PNK per kapita dalam Ringgit Malaysia dengan menggunakan nilai mata wang dolar Amerika Syarikat berbanding Ringgit Malaysia tahun 2011 (3.05938 mengikut Wikipedia Ensiklopedia Bebas, 2012) ialah RM 3074.6769 atau kurang bagi pendapatan rendah, pendapatan pertengahan rendah ialah RM3077.73628 hingga RM12161.0355, pendapatan pertengahan tinggi ialah RM12164.09488 hingga RM37553.8895 dan pendapatan tinggi ialah RM37556.94888 atau lebih (Yahoo!Education, 2009; Wikipedia The Free Encyclopedia, 2012; The World Bank, 2012).

Pekerjaan

Kerja di mana seseorang itu terlibat. Keadaan bekerja atau mempunyai pekerjaan. Kategori status pekerjaan ialah bekerja sendiri, sektor awam, sektor swasta, sektor bukan keuntungan dan lain. Bekerja sendiri adalah merujuk pada seorang individu yang menjalankan perniagaan atau profesion sebagai tuan punya tunggal, rakan kongsi dalam satu perkongsian, kontraktor bebas atau perunding. Bekerja di sektor awam adalah merujuk pada sebahagian daripada ekonomi berkenaan dengan menyediakan perkhidmatan kerajaan asas. Komposisi sektor awam berbeza mengikut negara, tetapi di kebanyakan negara sektor awam termasuk perkhidmatan seperti polis, tentera, jalan awam, transit awam, pendidikan rendah dan penjagaan kesihatan untuk orang miskin. Sektor awam mungkin menyediakan perkhidmatan yang bukan pembayar tidak boleh dikecualikan, perkhidmatan yang memberi manfaat kepada semua masyarakat bukannya hanya individu yang menggunakan perkhidmatan, dan perkhidmatan yang mengalakkan peluang yang sama.Sektor swasta adalah merujuk pada sebahagian ekonomi yang tidak dikawal kerajaan, dan ialah dikendalikan oleh individu dan syarikat untuk keuntungan. Sektor swasta merangkumi semua perniagaan untuk keuntungan yang adalah tidak dimiliki atau dikendalikan oleh kerajaan. Sebahagian daripada ekonomi negara yang dibuat perusahaan swasta. Ia termasuk sektor peribadi (isi rumah) dan sektor korporat (syarikat) dan ialah bertanggungjawab untuk memperuntukkan kebanyakan sumber-sumber dalam ekonomi. Lain-lain iaitu sektor bukan keuntungan (BusinessDictionary.com, 2012; Investopedia, 2012; InvestorWords.com, 2012; Lambert, 2002; Yahoo!Education, 2009)

Tahap Pendidikan

Ijazah, tahap atau jenis persekolahan. Setakat mana pencapaian pendidikan pekerja daripada institusi yang diiktiraf. Tahap pendidikan dalam *The Guide To Personnel Data Standards* (n.d.) ialah kod 1 bermakna tiada pendidikan rasmi atau tidak selesai sekolah rendah; kod 2 bermakna selesai sekolah rendah tetapi tidak ke sekolah tinggi; kod 3 bermakna ke sekolah tinggi tetapi tidak mendapat ijazah; kod 4 bermakna Mendapat ijazah sekolah tinggi atau sijil setara; kod 5 bermakna program pekerjaan terminal tidak lengkap, kod 6 bermakna program pekerjaan terminal – sijil lengkap, diploma atau yang setaraf; kod 7 bermakna kolej – kurang daripada satu tahun; kod 8 bermakna kolej – satu tahun; kod 9 bermakna kolej – dua tahun; kod 10 bermakna ijazah bersekutu; kod 11 bermakna kolej – tiga tahun; kod 12 bermakna kolej – empat tahun; kod 13 bermakna Ijazah sarjana muda; kod 14 bermakna Pasca-ijazah sarjana muda; kod 15 bermakna profesional pertama; kod 16 bermakna profesional pasca-pertama; kod 17 bermakna ijazah sarjana; kod 18 bermakna Pasca-sarjana; kod 19 bermakna ijazah enam tahun; kod 20 bermakna pasca enam tahun; kod 21 bermakna ijazah kedoktoran; dan kod 22 bermakna pasca kedoktoran (http://www.opm.gv/feddata/gp59/cpdf/edulevel.pdf; Infoplease, 2012).

Kategori tidak pernah bersekolah ialah tidak atau belum pernah sekolah adalah tidak/belum pernah berdaftar dan aktif mengikuti pendidikan, termasuk mereka yang tamat/tidak tamat tadika yang tidak melanjutkan ke sekolah rendah. Prasekolah adalah satu program yang menyediakan pengalaman pembelajaran kanak-kanak yang berumur 4-6 tahun dalam jangka masa satu tahun atau lebih sebelum masuk ke Tahun Satu di sekolah formal. Konsep yang digunakan ialah "Belajar Sambil Bermain" dengan menekankan "Pembelajaran Bertema". Kaedah pembelajaran ialah meliputi aktiviti kelas, aktiviti kumpulan dan aktiviti individu. Tidak selesai sekolah rendah adalah tidak menyelesaikan sekolah rendah sehingga darjah enam. Sekolah rendah untuk kanak-kanak berusia lebih daripada enam tahun dan berterusan sehingga pelajar mencapai umur dua belas tahun. Sekolah rendah ialah dari darjah satu hingga darjah enam (Badan Pusat Statistik Kota Metro, n.d.; Wikipedia Ensiklopedia bebas, 2012).

Di Malaysia Ujian Penilaian Sekolah Rendah (UPSR) ialah program pengujian untuk menilai pencapaian kognitif pelajar di akhir sekolah rendah di Malaysia dan diambil oleh pelajar-pelajar di akhir Tahun Enam pendidikan rendah. Penilaian Menengah Rendah (PMR) adalah peperiksaan kebangsaan di Malaysia yang ditadbir secara berpusat dengan unsur penilaian kerja kursus di peringkat menengah rendah. Peperiksaan ini diambil oleh pelajar di akhir Tingkatan Tiga sekolah menengah berdasarkan Kurikulum Bersepadu Sekolah Menengah (KBSM). Pelajar yang menduduki PMR semestinya telah mengikuti 6 tahun sekolah rendah di bawah sistem KBSR dan 3 tahun pengajian di bawah KBSM. PMR terbuka kepada pelajar Tingkatan Tiga bagi semua sekolah menengah bantuan kerajaan dan sekolah menengah persendirian (swasta) yang menggunakan Bahasa Melayu sebagai bahasa pengantar. Sijil Pelajaran Malaysia atau SPM adalah sejenis peperiksaan yang dianjurkan oleh Lembaga Peperiksaan Malaysia. Usia purata pelajar semasa mengambil SPM ini adalah 17 tahun, iaitu semasa di Tingkatan 5. Ia merupakan ujian terakhir pendidikan menengah atas. SPM merupakan syarat untuk pelajar di Malaysia untuk menyambung pelajaran ke peringkat pra-universiti. Pelajar mempunyai pilihan sama ada untuk mengambil STPM, matrikulasi atau kursus asas universiti. Pelajar juga boleh mengambil kursus luar negara seperti A-level. Sijil Tinggi Persekolahan Malaysia (STPM) ialah peperiksaan prauniversiti yang diduduki oleh pelajar Malaysia. STPM disediakan oleh Majlis Peperiksaan Malaysia (MPM) dan adalah salah satu daripada dua sistem prauniversiti yang utama untuk kemasukan universiti awam Malaysia (Wikipedia Ensiklopedia bebas, 2012; ePutra, 2011).

Ijazah Sarjana Muda biasanya ijazah akademik yang diberikan untuk kursus ijazah pertama atau utama yang biasanya berlangsung selama empat tahun, tetapi boleh berkisar di mana-mana sekitar 3-6 tahun bergantung kepada rantau dunia. Dalam beberapa kes yang luar biasa, ia juga boleh menjadi nama Muda siswazah, seperti sarjana muda undang-undang sivil, sarjana muzik, sarjana falsafah, atau sarjana ijazah teologi suci. Ijazah Sarjana ialah merujuk pada Ijazah kolej atau universiti lanjutan. Ijazah lanjutan yang bertujuan untuk membantu pelajar dalam membangunkan penguasaan bagi bidang akademik khusus atau profesion khusus. Doktor Falsafah (Ph.D), ijazah terminal penyelidikan, ijazah akademik tertinggi diberikan oleh kolej atau universiti. Ijazah doktor falsafah biasanya berasaskan pada sekurang-kurangnya 3 tahun pengajian siswazah dan disertasi merupakan tahap tertinggi dianugerahkan pengajian siswazah. Lain-lain tahap pendidikan bermaksud sijil pendidikan menengah dan pendidikan pra-universiti. Sijil pendidikan menengah seperti Sijil Kemahiran Bahasa, Sijil Rendah Sukatan Al-Azhar, Sijil Menengah Agama, Sijil Hifzul Al-Qur'an, Sijil Agama Malaysia, Sijil Tinggi Sukatan Al-Azhar dan Sijil Tinggi Agama Malaysia. Sijil Pendidikan pra-universiti seperti matrikulasi, diploma dan *A-level*. Lain-lain juga bermaksud tidak selesai sekolah menengah (Vocabulary.com, 2012; Wiktionary, 2012; Wikipedia The Free Encyclopedia, 2012; Cambridge Dictionaries Online, 2011).

Emel

Penghantaran dan pengagihan mesej, maklumat, faksimili dokumen, dan lain-lain daripada satu terminal komputer kepada yang lain. Sistem untuk menggunakan komputer untuk menghantar mesej melalui internet. Dalam Wikipedia The Free Encyclopedia (2012) terdapat empat jenis emel iaitu emel berasaskan web (*Webmail*), Perkhidmatan POP3 emel, Pelayan emel IMAP dan Pelayan emel MAPI. Emel berasaskan web (*Webmail*) ialah jenis emel yang kebanyakan pengguna-pengguna adalah sudah biasa. Banyak penyedia emel percuma menjadikan host pelayan mereka sebagai emel berasaskan web (contohnya Hotmail, Yahoo, Gmail dan AOL). Ia perlu disambungkan ke internet semasa menggunakan (Gmail menawarkan penggunaan *offline* klien webmelnya melalui pemasangan *Gears*). Emel berasaskan web (*Webmail*) ialah jenis emel yang kebanyakan pengguna-pengguna adalah sudah biasa. Banyak penyedia emel percuma menjadikan host pelayan mereka sebagai emel berasaskan web (contohnya Hotmail, Yahoo, Gmail dan AOL). Ia perlu disambungkan ke internet semasa digunakan (Gmail menawarkan penggunaan *offline* klien webmelnya melalui pemasangan *Gears*) (Collins, 2011; Cambridge Dictionaries Online, 2011; Wikipedia The Free Encyclopedia, 2012).

Perkhidmatan POP3 emel

POP3 merujuk kepada Protokol Pejabat Pos 3. Ia adalah jenis akaun emel yang terkemuka di internet. Dalam akaun emel POP3, mesej emel adalah dimuat turun ke komputer dan kemudian dipadam daripada pelayan mel. Ia adalah sukar untuk menyimpan dan melihat mesej pada banyak komputer. Juga, mesej dihantar dari komputer adalah tidak disalin ke *folderSent Item* pada komputer. Mesej dipadam dari pelayan untuk membuat lebih banyak mesej yang masuk. POP menyokong keperluan muat turun-dan-padam mudah untuk akses kepada peti mel jauh (diistilah maildrop dalam RFC POP). Walaupun kebanyakan klien POP mempunyai pilihan untuk meninggalkan mel pada pelayan selepas muat turun, klien emel menggunakan POP umumnya menyambung, mengambil semua mesej, menyimpan mereka pada PC pengguna sebagai mesej baru, memadam mereka dari pelayan, dan kemudian dicabut. Protokol lain, terutamanya IMAP (*Internet Message Access Protocol*) menyediakan akses jauh lebih lengkap dan kompleks ke operasi peti mel biasa. Banyak klien emel menyokong POP serta IMAP untuk mengambil mesej; walau bagaimanapun kurang Penyedia Perkhidmatan Internet (*Internet Service Providers*/ISPs) menyokong IMAP (Wikipedia The Free Encyclopedia, 2012).

Pelayan emel IMAP

IMAP merujuk kepada Protokol Akses Mesej Internet. Ia ialah alternatif kepada emel POP3. Dengan akaun Protokol Mesej Internet (IMAP), pengguna mempunyai akses kepada *folder* mel pada pelayan mel dan pengguna boleh mengguna mana-mana komputer untuk membaca mesej di mana jua pengguna berada. Ia menunjukkan tajuk mesej, penghantar dan ia ialah tertakluk dan memilih untuk memuat turun hanya mesej-mesej pengguna perlu baca. Biasanya mel ialah disimpan pada pelayan mel, oleh itu ia ialah lebih selamat dan ia ialah disokong pada pelayan emel. Pelayan emel MAPI adalah *Messaging Application Programming Interface* (MAPI) ialah senibina mesej dan Model Objek Komponen berasaskan API untuk *Microsoft Windows* (Wikipedia The Free Encyclopedia, 2012).

Internet Relay Chat

Internet Relay Chat (IRC) ialah satu medium dalam talian untuk pemindahan teks dan fail. Protokol biasa yang berfungsi pada banyak pelayan-pelayan dan diakses oleh banyak jenis klien berbeza. IRC membolehkan sesiapa dengan satu pelayan memasang ruang sembang mereka sendiri dan menjemput yang lain untuk menyertai. Kerana protokol ialah tidak dibuat dan dijual oleh firma tertentu, IRC ialah satu cara berkuasa dalam membuat kurang berpusat ruang sembang dan menyediakan pengguna-pengguna dengan berbual *ad-free*, berasaskan antara muka bersih. IRC merupakan satu sistem untuk berbual yang melibatkan satu set peraturan dan konvensyen serta perisian klien/pelayar. IRC adalah satu protokol mesej teks internet masa sebenar atau persidangan segerak/berlaku serentak. Ia terutamanya direka untuk komunikasi dalam forum-forum perbincangan, yang dikenali sebagai saluran-saluran tetapi juga membolehkan komunikasi satu-sama-satu melalui mesej peribadi serta berbual dan pemindahan data termasuk perkongsian fail. IRC telah dicipta dalam 1988. Perisian klien ialah ada bagi setiap sistem operasi utama yang menyokong akses internet. Pada April 2011, rangkaian IRC 100 teratas melayan lebih daripada setengah juta pengguna pada satu-satu masa dengan beratus-ratus ribu saluran beroperasi pada jumlah secara kasar 1,500 pelayan daripada secara kasar 3,200 pelayan seluruh dunia.

Pengguna mengakses rangkaian IRC dengan menyambung satu klien ke satu pelayan. Dalam sistem operasi yang berbeza, beberapa klien yang paling popular adalah Windows: mIRC, Miranda IM, Trillian, Pidgin, KVIrc, Quassel, Xchat; Unix dan Linux: Xchat, Quassel, Kopete, Konversation, KVIrc, Pidgin, ii dan ircll tradisional, BitchX dan derivatif; Mac OS X: Adium, Colloquy, LimeChat, Quassel, Ircle dan Snak. OS X juga boleh berjalan seperti garis arahan Unix-like dan klien X11 IRC; iOS: Colloquy (sumber terbuka), IRC999; dan Android: androIRC, Andchat, DaraIRC, fIRC chat, IRC radio, Polysylabi IRC, Yaaic, AiCiA, Droid-Life IRC, etc (wiseGeek, 2003-2012; Wikipedia The Free Encyclopedia, 2012; TechTarget, 2012).

Windows adalah mIRC, Miranda IM, Trillian, Pidgin, KVIrc, Quassel, Xchat manakala Unix dan Linux adalah terdiri dari Xchat, Quassel, Kopete, Konversation, KVIrc, Pidgin, ii dan ircll tradisional, BitchX dan derivatif. Mac OS X ialah seperti Adium, Colloquy, LimeChat, Quassel, Ircle dan Snak. OS X juga boleh berjalan seperti garis arahan Unix-like dan klien X11 IRC manakala iOS ialah Colloquy (sumber terbuka), IRC999. Android merujuk pada androIRC, Andchat, DaraIRC, fIRC chat, IRC radio, Polysylabi IRC, Yaaic, AiCiA, Droid-Life IRC, etc.

Multi-User Dungeons (MUDs)

Satu program komputer, biasanya berfungsi melalui internet, yang membenarkan beberapa pengguna untuk mengambil bahagian dalam permainan realiti-maya bermain-peranan. MUD ialah kelas permainan interaktif berbilang pemain, boleh diakses melalui internet atau modem. MUD ialah seperti forum sembang dengan struktur; ia mempunyai pelbagai "lokasi" seperti permainan pengembaraan, dan boleh termasuk pertempuran, perangkap, teka-teki, sihir dan sistem ekonomi mudah. MUD di mana watak boleh membina lebih struktur ke atas pangkalan data yang mewakili dunia yang sedia ada ialah kadang-kadang dikenali sebagai "MUSH". Kebanyakan MUD membenarkan anda untuk log masuk sebagai tetamu untuk melihat sekeliling sebelum mencipta watak sendiri. MUD ialah kemudahan yang disediakan oleh satu perisian seperti ICQ atau beberapa laman *web* dalam "ruang sembang". Pengguna-

pengguna internet boleh mempunyai 'perbualan langsung' dengan mereka 'yang ada' dalam ruang sembang (atau sebaliknya dalam talian di internet) melalui menghantar dan menerima e-mel dengan serta merta melalui internet. MUD ialah dunia maya masa-sebenar berbilang pemain, biasanya berasaskan teks. MUDs mengabungkan elemen permainan bermain peranan, *hack and slash*, pemain melawan pemain, fiksyen interaktif dan sembang talian. Walaupun terdapat banyak variasi dalam keseluruhan fokus, permainan dan ciri-ciri dalam MUDs, beberapa sub kumpulan berbeza telah terbentuk yang boleh digunakan untuk membantu mengkategorikan mekanik permainan berbeza, pengre permainan dan kegunaan bukan-permainan. Variasi MUDs ialah *hack and slash MUDs*, MUDs pemain melawan pemain (*player versus player MUDs*), MUDs bermain peranan (*roleplaying MUDs*), MUDs sosial, *Talkers*, MUDs pendidikan (Educational MUDs), dan MUDs grafik ((Business Dictionary.com, 2012; Wikipedia The Free Encyclopedia, 2012; Mondofacto, 2010).

*Hack and slash MUDs*ungkin pendekatan paling biasa kepada rekabentuk permainan dalam MUDs ialah untuk secara longgar dan tidak terikat mencontohi struktur kempen Dungeons & Dragons yang memberi lebih tumpuan pada pertempuran dan kemajuan daripada bermain peranan. Apabila MUDs ini menyekat pembunuhan-pemain dalam memihak pemain melawan pencarian dan konflik persekitaran, mereka adalah dilabel *Hack and Slash MUDs*. Gaya permainan ini juga secara sejarah dirujuk di dalam genre MUD sebagai "permainan pengembaraan", tetapi permainan video secara keseluruhan telah membangunkan makna "permainan pengembaraan" iaitu bertentangan dengan penggunaan ini (Wikipedia The Free Encyclopedia, 2012).

MUDs pemain melawan pemain ialah dikaitkan dengan kebanyakan MUDs yang menyekat pertempuran pemain melawan pemain, yang sering kali menggunakan singkatan sebagai PK (*Player Killing*). Ini dicapai melalui sekatan berkod keras dan pelbagai bentuk campur tangan sosial. MUDs tanpa sekatan ini adalah biasanya dikenali sebagai PK MUDs. Mengambil satu langkah lanjut adalah MUDs menumpukan semata-mata kepada konflik jenis ini, dipanggil PK MUDs tulen, yang pertama adalah Genocide pada tahun 1992. Idea Genocide adalah berpengaruh dalam evolusi permainan dalam talian permain melawan pemain (Wikipedia The Free Encyclopedia, 2012).

MUDs bermain peranan umumnya berkaitan singkatan sebagai RP MUDs, mengalakkan atau menguatkuasakan bahawa pemain-pemain menjalankan peranan watak-watak bermain mereka pada setiap masa. Beberapa RP MUDs menyediakan persekitaran permainan imersif, manakala yang lain hanya menyediakan satu dunia maya dengan tiada unsur/elemen permainan. MUDs dimana bermain peranan ialah dikuatkuasakan dan dunia permainan ialah dengan berat model komputer adalah kadang-kadang dikenali sebagai *Roleplay Intensive MUDs* (RPIMUDs) (Wikipedia The Free Encyclopedia, 2012).

MUDs sosial berkaitan penyingkiran penekanan unsur-unsur permainan memihak kepada persekitaran yang direka terutamanya untuk bersosial. Unsur-unsur penahan luar sembang dalam talian, biasanya penciptaan dalam talian sebagai satu aktiviti komuniti dan beberapa unsur bermain peranan – sering kali MUDs demikian telah ditakrif secara kasar kontijen *socializers* dan pemain peranan. Perisian pelayan dalam keluarga TinyMUD, atau MU* ialah secara tradisi digunakan untuk melaksanakan MUDs sosial (Wikipedia The Free Encyclopedia, 2012).

*Talkers*ialah berkenaan MUD berbeza yang kurang diketahui ialah pembicara (*talker*), berbagai-bagai jenis persekitaran sembang dalam talian biasanya berdasarkan perisian pelayan seperti *ew-too* atau NUTS. Kebanyakan pembicara internet awal adalah LPMuds dengan majoriti jentera permainan kompleks dilucutkan dari, meninggalkan hanya arahan komunikasi.Pembicara internet pertama adalah Cat Chat pada tahun 1990. Pengguna-pengguna *Avid* pembicara adalah dipanggil *spods* (Wikipedia The Free Encyclopedia, 2012).

MUDs pendidikan merujuk pada mengambil faedah daripada fleksibiliti perisian pelayan MUD, beberapa MUDs adalah direka untuk tujuan-tujuan pendidikan dan bukannya permainan atau sembang.MUDs grafik ialah MUD yang menggunakan grafik komputer untuk mewakili bahagian-bahagian dunia maya dan pelawatnya. MUD grafik terkemuka awal adalah Habitat, ditulis oleh Randy

Farmer dan Chip Morningstar untuk Lucasfilm pada tahun 1985. MUDs grafik memerlukan pemain memuat turun klien khusus dan karya seni permainan. Mereka antara dari hanya meningkatkan antara muka pengguna untuk simulasi dunia 3D dengan hubungan ruang visual dan penampilan avatar disesuaikan. Permainan seperti Meridian 59, EverQuest, Ultima Online dan Dark Age of Camelot adalah secara rutin dipanggil MUDs grafik pada tahun-tahun awal mereka. RunScape sebenarnya asalnya bertujuan untuk menjadi MUD berasaskan teks, tetapi grafik adalah ditambah dengan awal dalam pembangunan. Walau bagaimanapun, dengan peningkatan dalam kuasa pengkomputeran dan sambungan internet semasa akhir tahun sembilan puluhan, dan peralihan permainan dalam talian untuk pasaran massa, istilah "MUD grafik" digantikan oleh MMORPG, Massively Multiplayer Online Role-Playing Game, istilah yang dicipta oleh Richard Garriot pada tahun 1997 (Wikipedia The Free Encyclopedia, 2012).

Papan mesej

Satu ciri perkhidmatan dalam talian yang membolehkan untuk hantar mesej awam untuk ahli-ahli lain untuk membaca dan memberi maklum balas. Kebanyakan bidang utama dari mana-mana perkhidmatan ISP mempunyai sekurang-kurangnya satu papan mesej. Tempat di laman *web* di mana anda boleh meninggalkan mesej untuk orang lain untuk dibaca. Papan mesej atau forum internet ialah laman perbincangan dalam talian di mana orang boleh mengadakan perbualan dalam bentuk mesej yang dikirimkan. Menghantar mesej awam ialah menghantar mesej di papan mesej. Terdapat dua *tabs* dalam *Moderator* iaitu *Room* dan *Moderators*. *Room* ialah sembang awam yang dihantar kepada setiap orang dalam *room* dan *Moderators* ialah dikhaskan untuk mesej peribadi antara *Moderators** sesi. Membaca mesej ialah menterjemah atau menyifatkan makna (Definitions, 2001-2012) mesej.Manakala memberi maklum balas kepada mesej ialah membalas mesej (Microsoft Office, 2012; (CCC Confer, 2012; Wikipedia The Free Encyclopedia, 2012; Dictionarist, 2012; Cambridge Dictionaries Online, 2011).

Penyelidikan

Satu kajian terperinci sesuatu perkara, terutama untuk mengetahui maklumat (baru) atau mencapai satu pemahaman (baru). Internet adalah alat yang hebat untuk mencari sumber-sumber utama untuk kertas penyelidikan, esei dan projek kelas yang lain. Kunci untuk mencari rujukan yang berkaitan ialah mengetahui bagaimana untuk mencari maklumat. Penyelidikan internet ialah amalan menggunakan internet, khususnya *World Wide Web*, untuk penyelidikan. Ia boleh memberi dengan cara yang praktis maklumat serta-merta dalam kebanyakan topik, dan mempunyai kesan yang mendalam dalam cara idea dibentuk dan pengetahuan dicipta. Penyelidikan ialah satu istilah yang luas. Ia digunakan untuk makna "melihat sesuatu (di *Web*)". Ia termasuk apa-apa aktiviti di mana satu topik ialah dikenal pasti, dan usaha dibuat untuk dengan aktif mengumpul maklumat bagi tujuan melanjutkan pemahaman. Penggunaan biasa penyelidikan internet termasuk penyelidikan peribadi mengenai subjek tertentu (sesuatu yang disebut dalam berita, masalah kesihatan, dan lain-lain), pelajar melakukan penyelidikan untuk projek akademik dan kertas kerja, dan wartawan dan lain-lain penulis menyelidik cerita. Ia perlu dibezakan dengan penyelidikan saintifik berikutan proses yang jelas dan teliti – yang dijalankan diinternet; dari penemuan langsung info tertentu, seperti mencari nama atau nombor telefon dan daripada penyelidikan tentang internet (About.com, 2012; Cambridge Dictionaries Online, 2011; Wikipedia The Free Encyclopedia, 2012).

Kategori penyelidikan ialah penyelidikan peribadi mengenai subjek tertentu (sesuatu yang disebut dalam berita, masalah kesihatan, dan lain-lain); penyelidikan pelajar iaitu penyelidikan untuk projek akademik dan kertas kerja; penyelidikan wartawan dan lain-lain penulis iaitu menyelidik cerita; penyelidikan saintifik iaitu proses yang jelas dan teliti – yang dijalankan di internet; dari penemuan langsung info tertentu, seperti mencari nama atau nombor telefon dan daripada penyelidikan tentang internet.

Perjalanan

Pergi, bergerak atau perjalanan dari satu tempat ke tempat lain. Perjalanan juga bermaksud pergi, bergerak atau perjalanan merentasi kawasan, rantau dan lain-lain. Mencari maklumat perjalanan di internet adalah interaksi antara pencari maklumat dan mencipta ruang maklumat (sebahagian daripada internet yang berkaitan dengan destinasi pelancongan dan perjalanan) dalam konteks perancangan perjalanan (http://www.panb.people.cofc.edu/pan/ chapter.pdf; Collins, 2011). Kategori perjalanan ialah mencari maklumat iaitu pencari bermakna seorang yang mencari. Maklumat ialah pengetahuan yang diperolehi melalui kajian, komunikasi, penyelidikan, arahan dan sebagainya. Pencari maklumat ialah orang yang mencari pengetahuan; dan mencipta ruang maklumat perjalanan iaitu mencipta ruang maklumat berkaitan dengan destinasi pelancongan dan perjalanan.

Membina laman *web*

Pembinaan laman *web* adalah sains untuk memahami apa anda sebagai pereka laman *web* mahu laman *web* untuk melakukan dan kemudian mencipta satu pelan bagi proses pembinaan. Perancangan bermula dengan membangunkan matlamat laman *web* dan mengumpul pendapat pelanggan. Langkah seterusnya ialah untuk mentakrifkan penonton dan persaingan. Langkah ketiga ialah fasa kreatif. Pereka mula untuk membina laman *web* – membentuk satu rangka, memilih metafora, dan pemetaan pelayaran. Langkah terakhir ialah reka bentuk visual. Sebaik anda telah mencipta laman *web* yang baik anda boleh menjual dan membeli laman *web* untuk keuntungan (Manjeet Singh Sawhney, 2012).Membina laman *web* ialah membentuk satu rangka, memilih metafora, dan pemetaan pelayaran serta reka bentuk visual.

Kewangan

Aktiviti komersil menyediakan dana dan modal. Tujuan penggunaan internet dalam konteks kewangan meliputi menyediakan perkhidmatan maklumat, perkhidmatan transaksi, pembrokeran runcit, perbankan dalam talian, kad kredit, gadai janji, insurans, maklumat produk, maklumat kewangan, perkhidmatan berita, penilaian dan perbandingan, perancangan dan pelaburan perbankan, dan perkhidmatan kewangan pengguna. Kad kredit, perbankan deposit, gadai janji, broker dan insurans ialah perkhidmatan kewangan runcit. Kategori kewangan ialah seperti perkhidmatan maklumat iaitu mana-mana capaian maklumat, penerbitan, penkongsian masa atau kemudahan BBS. Kategori kedua ialah perkhidmatan transaksiseperti pemerolehan atau pelupusan syarikat atau unit perniagaan, meletakkan saham atau hutang, mengatur semula pembiayaan, atau mengoptimumkan struktur modal. FinTS (n.d.), membincangkan perkhidmatan transaksi kewangan yang digunakan oleh The German Banking Industry. Perkhidmatan transaksi kewangan menyokong pelbagai perkhidmatan perbankan elektronik seperti pemindahan wang, penyata bank, deposit masa, pelaburan dan seluruh bidang broker dalam talian, yang boleh digunakan dalam talian dengan cara yang selesa(Clemons dan Hitt, 2000; Vocabulary.com, 2012; PCMAG.com, n.d.; Zander, n.d.).

Kategori ketiga ialah pembrokeran runcit iaitu pembrokeran yang kebanyakan pelanggan-pelanggan adalah pelabur runcit dan bukannya pelabur-pelabur institusi. Keempat, perbankan dalam talianialah satu perkhidmatan ditawarkan oleh bank yang membenarkan pemegang akaun untuk mengakses data akaun mereka melalui internet. Perbankan dalam talian memudahkan akses terus kepada butiran akaun, membolehkan pemindahan dana, membolehkan pelbagai bayaran bil-bil dan melakukan pelbagai transaksi lain. Perbankan dalam talian boleh didapati 24 jam, tujuh hari seminggu, tanpa mengira jam bekerja bank. Hari ini, kebanyakan bank menawarkan perkhidmatan dalam talian (Investor Glossary, 2012; InvestHub.com, 2012).

Kategori kelima ialah kad kredit iaitu sejenis kad bank yang boleh digunakan secara meluas di seluruh dunia sebagai satu bentuk bayaran. Pemegang kad kredit perlu membayar balik kepada syarikat kad kredit bagi jumlah daripada jualan pemegang telah dikenakan ke atas kad kredit tersebut. Keenam, gadai janji iaitu satu instrumen hutang yang dijamin oleh cagaran harta hartanah tertentu dan peminjam bertanggungjawab untuk membayar balik dengan set yang telah ditetapkan pembayaran. Gadai janji yang digunakan oleh individu dan perniagaan-perniagaan untuk membuat pembelian besar hartanah tanpa membayar keseluruhan nilai pembelian terdahulu. Ketujuh, insurans iaitu berkenaan tujuan penggunaan insurans dalam talian meliputi insurans motor, insurans bangunan rumah, insurans perlindungan isi rumah, insurans kesihatan, insurans bercuti, insurans hayat – semua ini seharusnya mudah untuk menetapkan dalam talian dengan petikan segera, kontrak insurans elektronik, dan e-mel pengesahan (Global Change.com, n.d.; Investopedia, 2012; MerchantSeek.com, 2012).

Kelapan, maklumat produk iaitu satu barangan, idea, kaedah, maklumat, objek, atau perkhidmatan yang merupakan hasil akhir proses dan berfungsi sebagai satu keperluan atau kemahuan individu. Produk juga ialah apa-apa yang dihasilkan, sama ada sebagai hasil penjanaan, pertumbuhan, buruh, atau pemikiran. Atau melalui operasi punca-punca paksaan; seperti, produk musim, atau ladang; produk pekilang-pekilang; produk akal. Maklumat ialah pengetahuan yang diperolehi melalui kajian, komunikasi, penyelidikan, arahan dan sebagainya. Oleh itu, maklumat produk ialah pengetahuan berkenaan dengan satu barangan, idea, kaedah, maklumat, objek, atau perkhidmatan (BusinessDictionary.com, 2012; BrainyQuote, 2012).

Kesembilan, maklumat kewangan iaitu data seperti nombor kad kredit, penilaian kredit, baki akaun, dan lain-lain fakta kewangan seseorang atau organisasi yang adalah digunakan dalam bil, penilaian kredit, urusniaga/transaksi pinjaman, dan lain-lain aktiviti-aktiviti kewangan. Maklumat kewangan mesti diproses supaya perniagaan dijalankan, tetapi ia mesti juga dikendalikan dengan cermat bagi memastikan keselamatan pelanggan-pelanggan dan untuk mengelakkan tindakan undang-undang dan publisiti buruk yang boleh berpunca daripada penggunaan cuai atau tidak wajar.Kesepuluh, perkhidmatan berita iaitu perkhidmatan ialah produk yang tidak ketara (*intangible*) seperti perakaunan, perbankan, pembersihan, perundingan, pendidikan, insurans, kepakaran, rawatan perubatan, atau pengangkutan. Berita merujuk kepada berita kewangan.Berita kewangan ialah apa-apa maklumat yang meliputi dunia kewangan dan peristiwa kewangan yang berbeza. Oleh itu perkhidmatan berita merujuk kepada apa-apa maklumat yang meliputi dunia kewangan dan peristiwa kewangan yang berbeza yang tidak ketara.(BusinessDictionary.com, 2012; Finance Training.com, n.d.).

Kesebelas, penilaian dan perbandingan iaitu penilaian merujuk kepada penilaian kewangan. Penilaian kewangan ialah proses membandingkan tawaran kepada kriteria kewangan yang ditakrifkan dalam dokumen permohonan/rayuan. Perbandingan kewangan ialah menentukan kekuatan dan kelemahan yang sebelum ini tanpa/tidak disedari. Keduabelas, perancangan dan pelaburan perbankan iaitu perancangan ialah proses menetapkan matlamat, membangunkan strategi dan menggariskan tugas-tugas dan jadual-jadual untuk mencapai matlamat. Dalam kewangan, pelaburan adalah aset kewangan yang dibeli dengan idea bahawa aset akan menyediakan pendapatan pada masa akan datang atau bertambah nilai dan akan dijual pada harga yang lebih tinggi. Perbankan dalam istilah umum ialah aktiviti perniagaan tentang menerima dan melindungi wang yang dimiliki oleh individu dan entiti-entiti yang lain, dan kemudian memberi pinjaman wang ini untuk mendapatkan keuntungan (InvestorWords.com, 2012). Ketigabelas, perkhidmatan kewangan pengguna iaitu penyediaan penasihat undang-undang yang strategik (UNDP Intranet, n.d.; DYKEMA, 2012; Microsoft, 2012; InvestorWords.com, 2012; Investopedia, 2012).

Pendidikan

Proses menyediakan orang dengan maklumat mengenai isu penting. Penggunaan internet untuk tujuan pendidikan meliputi bahan-bahan rujukan dan perpustakaan dalam talian, pengetahuan baru, pembelajaran dan peperiksaan. Kategori pendidikan ialah bahan-bahan rujukan dan perpustakaan dalam talian iaitu perpustakaan dalam talian mempunyai bahagian rujukan yang terdiri daripada sistem klasifikasi, katalog tertakluk, kamus-kamus, ensiklopedia, bibliografi dan abstrak iaitu alat untuk mencari bahan-bahan lain dalam perpustakaan. Kedua, pengetahuan baru iaitu pengetahuan yang meliputi apa yang boleh jadi dan telah boleh terjadi. Mengetahui bagaimana untuk mendefinisikan simulasi serius atau berguna. Ketiga, pembelajaran iaitu pemerolehan pengetahuan atau kemahiran melalui pembelajaran, pengalaman atau diajar. Keempat, peperiksaan iaitu latihan bertulis, soalan-soalan oral, atau tugas-tugas praktikal, ditetapkan untuk menguji pengetahuan dan kemahiran. Dalam kajian ini definisi peperiksaan ialah latihan bertulis dan soalan-soalan oral yang ditetapkan untuk menguji pengetahuan dan kemahiran (Macmillan Dictionary, 2012; Veltman, n.d.; Oxford Dictionaries, 2012; Collins, 2012).

Kedai

Melakukan membeli-belah; menjalankan perniagaan; dan menjadi pelanggan atau klien. Kategori kedai ialah membeli-belah iaitu merujuk kepada membeli-belah dalam talian iaitu perbuatan membeli produk atau perkhidmatan melalui internet; dan menjalankan perniagaan iaitu bermaksud mengurus. Perniagaan merujuk kepada perniagaan dalam talian iaitu semua perniagaan yang dilakukan secara dalam talian dengan menggunakan internet sebagai medium untuk memasarkan produk dan perkhidmatan. Internet hanya mendia kerana internet sendiri terdiri daripada beribu-ribu berjuta-juta laman *web* untuk menyediakan maklumat kepada pengguna internet (Business information center, 2008; Vocabulary.com, 2012; BusinessDictionary.com, 2012; Oxford Dictionaries, 2012).

Mendengar siaran audio

Radio internet ialah pengagihan siaran audio, dikenali sebagai "*Webcasts*," melalui internet. Terdapat lebih daripada 10,000 *Webcasts* ada yang boleh distrim dan dimainkan oleh perisian pemain media di komputer atau di radio internet secara bersendirian, hab media atau pelayan media. *Webcast* datang dari jumlah yang besar organisasi serta stesen radio tradisional. Jika radio internet telah dibina dalam penyambungan kepada rangkaian *wayarles* rumah, ia sering dipanggil "radio Wi-Fi". *RealAudio* ialah teknologi audio aliran popular bagi internet dari *RealNetworks*. Mula diperkenalkan pada tahun 1995, pelayar yang dilengkapi dengan pemain media *RealPlayer* atau *plug-inRealAudio* pihak ketiga membolehkan berita, sukan dan lain-lain program yang dihantar dari pelayan *RealAudio* (*RealServers*) untuk didengar pada komputer pengguna. Pengekod dan *plug-in* boleh dimuat turun dari laman *webRealNetworks*. Pelayan perisian ialah ada bagi berbagai-bagai *platform*. *RealAudio* ialah satu program dari *Real Media*bagi memainkan audio melalui internet, dan format pemampatan audio *lossy* (mengurangkan jumlah maklumat dalam data) ia guna. Kategori pertama ialah radio Wi-Fi iaitu radio internet telah dibina dalam penyambungan ke rankaian wayerles rumah; dan kedua ialah *RealAudio*. *RealAudio* adalah secara berterusan atau teknologi bunyi streaming daripada *Progressive Networks' realAudio*. Pemain *RealAudio* atau program klien boleh termasuk dengan pelayar web atau boleh dimuat turun dari *RealAudio* atau laman web. Untuk menyampaikan *RealAudio* dari laman web pengguna sendiri, perlu mempunyai pelayan *RealAudio* (Whatls.com, 2012; PCMAG.COM, n.d.; The Free Dictionary By Farlex, 2012; Answers, 2012)

Cari perkara-perkara yang secara biasa sukar untuk mencari

Menemui, terutamanya di mana satu benda atau orang, sama ada dengan tidak diduga sama sekali atau melalui mencari, atau untuk mengetahui di mana untuk mendapatkan atau bagaimana untuk mencapai sesuatu. Kategori pertama ialah benda dimana menurut Macmillan Dictionary (2012) seperti objek atau item, tindakan atau aktiviti, situasi atau peristiwa, fakta atau keadaan, aspek kehidupan, idea atau maklumat, sesuatu tidak khusus seseorang atau sesuatu yang muda yang disukai. Bagi tujuan kajian ini aspek seseorang atau sesuatu yang muda yang disukai tidak akan diambil kira. Kedua, orang iaitu mana-mana kumpulan manusia (lelaki atau wanita atau kanak-kanak) secara kolektif, badan rakyat ncgcri atau negara dan rakyat biasa (Vocabulary.com, 2012; Cambridge Dictionaries Online, 2011)

Berita terkini

Berita ialah komunikasi dari maklumat terpilih tentang peristiwa-peristiwa semasa yang dibentangkan melalui cetakan, penyiaran, internet, atau dari mulut ke mulut kepada pihak ketiga atau audiens besar-besaran. Kewartawanan dalam talian ditakrifkan sebagai laporan fakta yang apabila dihasilkan dan diedarkan melalui internet. *Internet News* juga dikenali sebagai *Usenet, News Network, Netnews,* dan *Newsgroup*. Terkini menurut Vocabulary.com (2012) ialah berita yang paling terkini atau pembangunan. Berita ialah satu laporan kejadian baru; maklumat sesuatu yang akhir-akhir ini terjadi, atau sesuatu yang belum diketahui, perisikan terkini; sesuatu yang pelik atau baru berlaku. Oleh itu berita terkini ialah berita yang paling terkini tentang satu kejadian baru, sesuatu yang belum diketahui, sesuatu yang akhir-akhir ini terjadi dan sesuatu yang pelik(Wikipedia The Free Encyclopedia, 2012; Bitpipe.com, 2012; BrainyQuote, 2012).

Kategori pertama ialah kejadian baru iaitu kejadian merupakan sebarang kejadian atau peristiwa terutamanya yang berlaku tanpa dirancang atau dijangka. Baru bermaksud baru-baru ini wujud atau yang telah mula untuk wujud baru-baru ini. Kejadian baru ialah peristiwa yang berlaku tanpa dirancang atau dijangka baru-baru ini. Kedua, sesuatu yang belum diketahui iaitu Sesuatu yang tidak diketahui atau biasa. Ketiga, sesuatu yang akhir-akhir ini terjadi iaitu sesuatu yang baru-baru ini terjadi; dan ketiga, sesuatu yang pelik. Pelik bermaksud luar biasa atau mengejutkan terutama dalam cara yang sukar untuk menghuraikan atau memahami. Sesuatu yang pelik ialah sesuatu yang luar biasa atau mengejutkan terutama dalam cara yang sukar untukmenghuraikan atau memahami(BrainyQuote, 2012; Cambridge Dictionaries Online, 2011; Oxford Dictionaries, 2012; BrainyQuote, 2012; Longman, n.d.).

Melawat profil rangkaian sosial

Rangkaian sosial ialah mana-mana laman *web* yang direka untuk membolehkan beberapa pengguna untuk menerbitkan kandungan sendiri. Maklumat mungkin pada sebarang subjek dan mungkin untuk penggunaan oleh kawan-kawan (berpotensi), rakan, majikan, pekerja dan sebagainya. Laman biasanya membenarkan pengguna untuk mencipta "profil" menggambarkan diri mereka dan untuk pertukaran mesej-mesej awam atau swasta dan menyenaraikan pengguna-pengguna lain atau kumpulan-kumpulan mereka bersambung dalam beberapa cara. Mungkin terdapat kandungan berkenaan dengan editor atau laman mungkin sepenuhnya didorong oleh pengguna. Kandungan mungkin termasuk teks, imej (contohnya http://flickr.com/), video (contohnya http://youtube.com/) atau sebarang media lain. Rangkaian sosial di *web* adalah lanjutan semulajadi senarai mel dan papan buletin. Mereka adalah berkaitan dengan wikis seperti http://wikipedia.org/ tetapi biasanya tidak membenarkan pengguna untuk mengubah suai kandungan sebaik sahaja ia diserahkan, walaupun biasanya anda boleh menerbitkan komen pada penyerahan lain. Laman berbeza mempunyai penekanan berbeza. Misalnya, http://friendsreunited.co.uk/ (salah satu laman *web* sedemikian yang terawal) memberi tumpuan pada menyenaraikan bekas kenalan; http://myspace.com/ ialah berorientasikan muzik; http://del.icio.us/, http://stumbleupon.com/ dan http://digg.com/ adalah bagi pertukaran sambungan kepada laman *web* kegemaran. Kadang-kadang aspek-aspek sosial adalah satu kesan sampingan tentang membawa bersama orang dengan kepentingan bersama/dikongsi, contohnya http://slashdot.org/ (IT), masa-masa lain mereka menjadi lebih penting daripada tujuan asal, misalnya http://worldofwarcraft.com/ (permainan fantasi) (The Free Dictionary By Farlex, 2012).

Kategori pertama ialah mencipta "profil" dimana profil ialah satu huraian tentang seseorang, kumpulan, atau organisasi yang mengandungi semua maklumat yang seseorang perlu. Mencipta ialah membawa sesuatu kepada kewujudan. Mencipta profil ialah mewujudkan satu huraian tentang seseorang, kumpulan, atau organisasi yang mengandungi semua maklumat yang seseorang perlu. Kedua, pertukaran mesej-mesej awam atau swasta dimana pertukaran mesej ialah cara mudah untuk menggambarkan satu mesej, ia berkaitan dengan metadata, dan apa-apa maklum balas mungkin sebagaimana mesej dihantar melalui satu laluan. Pertukaran mesej ialah apa-apa yang dihantar melalui satu laluan. Ketiga, menyenaraikan pengguna-pengguna lain atau kumpulan-kumpulan yang bersambung iaitu menyenaraikan bermaksuh memasukkan dalam daftar atau senarai. menyenaraikan pengguna-pengguna lain atau kumpulan-kumpulan yang bersambung ialah menyenaraikan daftar atau senarai pengguna-pengguna lain atau kumpulan-kumpulan yang bersambung(Macmillan Dictionary, 2012; Oxford Dictionaries, 2012; Fuse IDE, n.d.; OneLook® Dictionary Search, n.d.).

Menggunakan pesanan segera

Pesanan segera ialah jenis perkhidmatan komunikasi yang membolehkan anda untuk mencipta satu ruang sembang persendirian dengan individu lain. Biasanya, sistem pesanan segera (*Instant Messaging*/IM), amaran kepada anda bila-bila sahaja seseorang pada senarai persendirian anda ialah dalam talian. Anda boleh memulakan satu sesi sembang dengan individu khusus tersebut. Terdapat beberapa sistem pesanan segera bersaing. Malangnya, tidak ada piawai, jadi sesiapa yang anda mahu untuk menghantar pesanan segera mesti menggunakan sistem pesanan segera yang sama dengan yang anda gunakan. Terdapat beberapa perkhidmatan berbeza yang adalah serupa dalam seni bina; kebanyakan adalah berdasarkan pada maklumat alamat e-mel untuk mengesan pengguna-pengguna dalam talian. Kategori pertama ialah menghantar pesanan segera iaitu menghantar ialah menyampaikan atau menghantar. Menghantar pesanan segera ialah menyampaikan atau menghantar pesanan segera.Kedua, membaca pesanan segera iaitu membaca ialah menterjemah atau menyifatkan makna. Membaca pesanan segera ialah menterjemah atau menyifatkan makna pesanan segera (CSGNetwork.com, 2012; http://1828.mshaffer.com, 2012; Definitions, 2012).

Meletakkan (atau mengepos) mesej di laman *web*

Meletakkan bermaksud membuat rekod. Format mesej ialah*PostMessage*, *BinMessage*, *JSON Message*, *SOAP Message*, *XML-RPC Message*. Meletakkan mesej di laman web bermaksud membuat rekod mesej di laman web. Kategori pembolehubah ini ialah membuat rekod mesej di laman web iaitu rekod ialah menulis atau mendaftar ke dalam media storan. Membuat rekod mesej di laman web ialah menulis mesej ke dalam laman web(OneLook® Dictionary Search, n.d.; W, 2011; Babylon, 2012).

Meletakkan (atau mengepos) gambar

Meletakkan bermaksud membuat rekod. Pos ialah untuk menyiarkan mesej dalam forum dalam talian atau *newsgroup*. Meletakkan gambar ialah membuat rekod kepada gambar. Kategori pembolehubah ini ialah membuat rekod gambar iaitu mendaftar gambar (OneLook® Dictionary Search, n.d.; ITBusinessEdge, 2012).

Melawat *chatroom*

Ejaan alternatif bagi *chatroom* ialah *chat room*. *Chatroom* ialah laman internet di mana beberapa pengguna boleh berkomunikasi dalam masa sebenar (biasanya dikhususkan kepada topik tertentu). Sebuah laman *web* pada rangkaian komputer di mana perbualan dalam talian adalah diadakan dalam masa sebenar oleh beberapa pengguna. Laman di internet atau rangkaian komputer yang lain, di mana pengguna-pengguna mempunyai perbincangan kumpulan melalui mel elektronik, biasanya tentang satu subjek. Ruang sembang ialah satu aplikasi internet yang membolehkan pengguna-pengguna untuk bertukar mesej teks menggunakan pelayar (Collins, 2011; Wordnik, n.d.; Bee Dictionary, 2010; Karr.net, 2012; Motive Glossary, 2010).

Kategori pertama ialah sembang berasaskan teks iaitu sembang dalam talian ialah satu cara berkomunikasi melalui menghantar mesej teks kepada orang dalam ruang sembang yang sama dalam masa sebenar. Beberapa ruang sembang seperti Yahoo! menggunakan kedua-dua teks dan suara secara serentak. Bentuk tertua ruang sembang sebenar adalah berbagai-bagai jenis berasaskan teks. Contoh ruang sembang berasaskan teks ialah *Internet relay Chat*/IRC. Kedua, persekitaran berbilang pengguna grafik iaitu ruang sembang visual (*Active Worlds*, *Habbo Hotel*, *There* dan sebagainya) menambah grafik kepada pengalaman sembang, sama ada 2D atau 3D (menggunakan teknologi realiti maya). Ini adalah dicirikan melalui penggunaan perlambangan grafik pengguna (*avatar*) yang boleh dipindahkan kira-kira (*moved about*) latar belakang grafik atau dalam satu persekitaran grafik. Dunia maya ini adalah berkebolehan/mampu menggabungkan unsur-unsur seperti permainan (khususnya permainan dalam talian berbilang pemain secara besar-besaran) dan bahan pendidikan sangat kerap dibangunkan oleh pemilik laman individu, yang secara amnya adalah semata-mata lebih maju pengguna sistem.

43

Persekitaran paling popular juga membenarkan pengguna-pengguna untuk mencipta atau membina ruang mereka sendiri (Webster's Online Dictionary, 2006; Webster's Online Dictionary, 2006).

Menghantar/menerima emel (*electronic mail*/*email*)

Bila-bila sahaja anda menghantar mesej kepada orang menggunakan komputer dan mereka membacanya kemudian, anda telah menghantar satu emel. Anda boleh menghantar emel dalam beberapa cara iaitu merentasi rangkaian kawasan tempatan (*local area connection*/LAN), melalui internet, atau melalui perkhidmatan dalam talian seperti *CompuServe* atau *America Online*. Anda boleh menghantar ia kepada satu penerima atau kepada keseluruhan mereka. Tetapi semua emel boleh dihantar ke peti mel maya, dan penerima perlu memilih atau boleh menggunakan perisian yang melakukannya secara automatik. Emel ialah mesej dan data lain yang ditukar antara individu menggunakan komputer dalam satu rangkaian (The Free Dictionary By Farlex, 2012; www.cnet.com/Resources/Info/Glossary/Terms/email.html).

Kategori pertama ialah menghantar emel iaitu menghantar ialah menyampaikan atau menghantar. Emel ialah mesej dan data lain yang ditukar antara individu menggunakan komputer dalam satu rangkaian. Menghantar emel ialah menyampaikan atau menghantar mesej dan data menggunakan komputer dalam satu rangkaian. Kedua, menerima emel iaitu menerima bermaksud mendapatkan sesuatu yang seseorang memberi atau menghantar kepada anda. Emel ialah mesej dan data lain yang ditukar antara individu menggunakan komputer dalam satu rangkaian. Menerima emel ialah mendapatkan mesej dan data yang seseorang memberi atau menghantar kepada anda menggunakan komputer dalam satu rangkaian.(http://1828.mshaffer.com, 2012; The Free Dictionary By Farlex, 2012; Macmillan Dictionary, 2012; The Free Dictionary By Farlex, 2012).

Menulis blog atau diari dalam talian

Apabila anda menulis blog anda mewujudkan jurnal dalam talian. Diari dalam talian adalah tempat di mana orang mencipta satu kemasukan/entri baru, sama ada harian, mingguan, atau apabila mereka mempunyai masa, di mana mereka memberitahu mengenai kehidupan mereka dan apa yang sedang berlaku. Sesetengah diari ini adalah khusus dalam apa mereka bercakap. Mereka mungkin berkenaan penyakit yang mereka ada dan bagaimana mereka menghadapinya. Terdapat juga diari bersifat fiksyen di mana mereka berpura-pura menjadi orang lain seperti mereka menulis satu cerita untuk dibaca. Kategori pertama ialah menulis blog iaitu jurnal dalam talian dan kedua ialah menulis diari iaitu tempat di mana orang mencipta satu kemasukan/entri baru, sama ada harian, mingguan, atau apabila mereka mempunyai masa, di mana mereka memberitahu mengenai kehidupan mereka dan apa yang sedang berlaku(EzineMark.com, 2009; About.com, 2012).

Menggunakan laman *web* perkongsian fail

Laman *web* perkongsian fail membolehkan kumpulan-kumpulan orang berkongsi fail, sama ada ianya satu fail audio, video atau teks. Kategori pertama, berkongsi fail audio iaitu berkongsi bermaksud dimiliki, dibahagikan, dirasai atau dialami oleh lebih daripada seorang. Audio ialah melibatkan bunyi dan rakaman serta penyiaran bunyi. Berkongsi fail audio ialah memiliki, membahagi, merasai atau mengalami fail bunyi dan rakaman serta penyiaran bunyi. Kedua, berkongsi fail video iaitu video ialah bahagian visual filem atau program rakaman, atau sesuatu yang direkodkan untuk ditonton pada masa akan datang. Berkongsi fail video ialah memiliki, membahagikan, merasai atau mengalami dail bahagian visual filem atau program rakaman, atau sesuatu yang direkodkan untuk ditonton pada masa akan datang. Ketiga, berkongsi fail teks iaitu teks ialah rekod bertulis kata-kata ucapan, kuliah, program atau permainan. Berkongsi fail teks ialah memiliki, membahagi, merasai atau mengalami rekod bertulis kata-kata ucapan, kuliah, program atau permainan(Profit by Outsourcing, n.d.; Cambridge Dictionaries Online, 2011; Your Dictionary, 2012; Macmillan Dictionary, 2012).

Membaca/menonton berita di internet

Sebuah akhbar dalam talian, juga dikenali sebagai akhbar *web* ialah satu akhbar yang wujud pada *World Wide Web* atau Internet sama ada secara berasingan atau sebagai satu versi dalam talian berkala bercetak. Berita ialah komunikasi dari maklumat terpilih tentang peristiwa-peristiwa semasa yang dibentangkan melalui cetakan, penyiaran, internet, atau dari mulut ke mulut kepada pihak ketiga atau audiens besar-besaran. Kategori pertama, membaca berita di internet iaitu internet kadang-kadang dipanggil hanya "*the Net*" ("jaring"), ialah satu sistem rangkaian komputer di seluruh dunia. Membaca berita di internet ialah menterjemah atau menyifatkan makna maklumat terpilih tentang peristiwa di satu sistem rangkaian komputer. Kedua, menonton berita di internet iaitu menonton ialah melihat sesuatu untuk satu tempoh masa. Berita ialah komunikasi dari maklumat terpilih tentang peristiwa-peristiwa. Internet kadang-kadang dipanggil hanya "*the Net*" ("jaring"), ialah satu sistem rangkaian komputer di seluruh dunia. Menonton berita di internet ialah melihat untuk satu tempoh masa maklumat terpilih tentang peristiwa di satu sistem rangkaian komputer(Wikipedia The Free Encyclopedia, 2012; SearchWinDevelopment, 2012; Macmillan Dictionary, 2012; SearchWinDevelopment, 2012).

Bermain permainan internet yang dimainkan sendiri atau menentang komputer

Permainan internet (juga dikenali sebagai permainan dalam talian) adalah permainan yang adalah dimainkan melalui internet. Mereka adalah berbeza daripada video dan permainan komputer yang mereka biasanya bebas landasan/*platform*, bergantung semata-mata pada teknologi *client-side* (biasanya dipanggil '*plugins*'). Biasanya semua yang diperlukan untuk bermain permainan internet adalah pelayar *web* dan *plugin* yang sesuai (biasanya ada secara percuma melalui laman *web* pembuat *plugin*). Permainan yang dimainkan dalam pelayar sering dipanggil permainan berasaskan-pelayar. Terdapat banyak *plugin* berbeza digunakan untuk bermain permainan dalam talian. Sesetengah daripada ini adalah mesin maya Java, *Shockwave*, *Flash* dan lain-lain. Sesetengah adalah dilaksanakan melalui teknologi dipanggil *JavaScript*. Terdapat alat khusus digunakan untuk mencipta permainan menggunakan teknologi-teknologi ini. Permainan yang memerlukan *plugin* adalah biasanya berasaskan pada *client-side*; iaitu, banyak pemprosesan dilakukan melalui komputer pemain dan bukan permainan pelayan *hosting* (*server hosting*). Walau bagaimanapun, terdapat juga permainan pelayan-sampingan yang tidak memerlukan *plugin* dan memproses data pada pelayan permainan bukannya komputer pemain. Permainan ini adalah biasanya tidak sebagaimana secara visual menarik sebagaimana permainan berasaskan *client-side*, tetapi membuat untuk itu dalam fungsi canggih, terutamanya kerana ia ialah lebih mudah untuk melaksanakan keupayaan berbilang pemain. *BattleMaster* adalah satu contoh permainan pelayan-sampingan. Kacukan permainan pelayan dan *client-side* juga wujud. Permainan internet kini terdapat sejumlah besar permainan di internet. Ini terdiri daripada permainan ringkas yang terdapat pada BANNER ADVERTS ke permainan sangat canggih yang sama kepada yang ditemui pada permainan *consoles*. Sebahagian besar permainan internet adalah kini ditemui di Laman Permainan internet yang mempunyai bilangan mekanisma harga yang terdiri daripada pembayaran setiap permainan dimainkan ke langganan. Kadang-kadang laman ini membolehkan pengunjung untuk memainkan satu bilangan kecil permainan secara percuma sebagai satu dorongan untuk menjalankan dan bermain permainan yang perlu dibayar. Permainan internet adalah yang memerlukan sambungan ke internet untuk bermain, dan ialah satu jenis permainan PC. Permainan komputer dengan keupayaan berbilang pemain boleh dirujuk sebagai permainan internet, seperti permainan hanya dalam talian yang anda bermain dalam pelayar anda (ITBusinessEdge, 2012; WordiQ.com, 2010; Encyclopedia.com, 2012).

Kategori pertama ialah bermain permainan internet yang dimainkan sendiriiaitu permainan hanya dalam talian sahaja yang anda bermain dalam pelayar anda dan kedua ialah bermain permainan internet menentang komputer. Dipanggil permainan internet iaitu permainan komputer dengan keupayaan berbilang pemain. Berbilang pemain adalah mod permainan untuk permainan komputer dan pemainan video di mana dua atau lebih permainan boleh bermain dalam permainan yang sama pada masa yang

47

sama, secara kerjasama sebagai satu puak (atau pasukan) atau dengan bersaing kepala-ke-kepala (sering dirujuk sebagai *deathmatch*). Mod berbilang pemain mungkin satu skrin pemisahan di mana pemain bermain pada satu yang sama pada satu sistem, atau di mana pemain bermain pada sistem berasingan disambungkan kepada pelayan permainan internet atau LAN (Webopedia, 2012; Webopedia, 2012).

Bermain permainan dengan orang lain di internet

Permainan berbilang pemain dalam talian tabung bersama/*pool* sering direka bentuk untuk dimainkan dalam pelayar internet anda menggunakan *Flash* percuma atau *Shockwaveadd-ons*. Anda boleh memilih untuk menyertai satu ruang pemain-pemain yang sedia ada atau mencipta sendiri. Anda juga biasanya memilih untuk bermain sebagai tetamu atau mendaftar untuk akaun di laman *web* jika anda memutuskan anda mahu bermain kerap kali. Setiap laman *web* mempunyai permainan yang memainkan sedikit berbeza, tetapi mereka akan membolehkan anda untuk bermain tabung bersama menentang orang lain. Bermain permainan dalam talian dengan kawan-kawan dan bersaing menentang satu sama lain dengan cara yang sama anda boleh lakukan jika mereka melawat. Perbualan dalam permainan membenarkan komunikasi biasa semasa bermain (eHow, 2012;McManaway, 1999-2012).

Kategori pertama ialah ruang permainan berbilang pemain yang sedia ada iaitu berbilang pemain adalah mod permainan untuk permainan komputer dan pemainan video di mana dua atau lebih permainan boleh bermain dalam pemain yang sama pada masa yang sama, secara kerjasama sebagai satu puak (atau pasukan) atau dengan bersaing kepala-ke-kepala (sering dirujuk sebagai *deathmatch*). Mod berbilang pemain mungkin satu skrin pemisahan di mana pemain bermain pada satu yang sama pada satu sistem, atau di mana pemain bermain pada sistem berasingan disambungkan kepada pelayan permainan internet atau LAN. Ruang permainan berbilang pemain yang sedia ada ialah permainan dalam talian di mana dua atau lebih pemain boleh bermain dalam permainan yang sama pada masa yang sama, secara kerjasama sebagai satu puak (atau pasukan) atau dengan bersaing kepala-ke-kepala dalam talian yang telah disediakan oleh pelayar web. Kedua, ruang permainan berbilang pemain dicipta sendiri iaitu berbilang pemain adalah mod permainan untuk permainan komputer dan pemainan video di mana dua atau lebih permainan boleh bermain dalam pemain yang sama pada masa yang sama, secara kerjasama sebagai satu puak (atau pasukan) atau dengan bersaing kepala-ke-kepala (sering dirujuk sebagai *deathmatch*). Mod berbilang pemain mungkin satu skrin pemisahan di mana pemain bermain pada satu yang sama pada satu sistem, atau di mana pemain bermain pada sistem berasingan disambungkan kepada pelayan permainan internet atau LAN. Ruang permainan berbilang pemain yang sedia ada ialah permainan dalam talian di mana dua atau lebih pemain boleh bermain dalam permainan yang sama pada masa yang sama, secara kerjasama sebagai satu puak (atau pasukan) atau dengan bersaing kepala-ke-kepala dalam talian yang dicipta sendiri oleh pemain. Ketiga, bermain sebagai tetamu iaitu tetamu merujuk kepada pengguna tidak berdaftar yang diberi akses kepada semua fungsi-fungsi yang tidak memerlukan perubahan pangkalan data dan perlanggaran privasi. Keempat, pemain berdaftar (mempunyai akaun) iaitu pengguna berdaftar dirujuk sebagai ahli (Wikipedia The Free Encyclopedia, 2012; Webopedia, 2012).

Menonton klip video

Filem dan klip video yang diperolehi daripada internet. Ia boleh merujuk kepada melihat bahan di komputer atau di TV. Sebagai contoh, video arkib (video atas permintaan) dan siaran masa sebenar mungkin dialir ke komputer atau TV untuk menonton serta-merta. Fail video/filem mungkin dimuat turun dan disimpan pada komputer atau kotak *set-top* untuk menonton pada masa kemudian. Lihat portal video, mengalir video dan IPTV. Menonton ialah melihat sesuatu untuk satu tempoh masa. Klip video ialah tayangan video pendek. Klip video menunjukkan saat penting, kelucuan, keanehan atau prestasi ajaib. Sumber untuk klip video termasuk berita, filem, video muzik dan video amatur. Kategori pertama, saat penting iaitu penting bermaksud sesuatu yang memberi kesan kepada perkara-perkara lain. Saat ialah masa yang tertentu. Kedua, kelucuan iaitu situasi yang dianggap sebagai lucu. Ketiga, keanehan iaitu seseorang atau sesuatu yang kelihatan ganjil atau luar biasa. Keempat, prestasi ajaib iaitu apa-apa benda di luar proses biasa alam, sebagaimana yang luar biasa untuk membangkitkan kehairanan (http://1828.mshaffer.com, 2012; Pcmag.com, 2012; Macmillan Dictionary, 2012; PCMAG.com, n.d.; Wikipedia The Free Encyclopedia, 2012; Cambridge Dictionaries Online, 2011; Collins, 2012).

Muat turun muzik atau filem

Muat turun ialah memindahkan fail atau data dari satu komputer ke satu lagi. Memuat turun bermakna menerima. Muat turun fail dari internet merupakan aktiviti yang kontroversi. Ia adalah sangat mudah untuk mencari dan memuat turun fail yang menyalahi undang-undang dan langgaran-hak cipta melalui internet. Muat turun ialah untuk menerima satu fail yang dihantar melalui satu rangkaian. Muat turun fail dari internet telah menjadi mudah dengan mesej pada laman *web* "*click here to download this file*". Pelayar *web* anda membantu anda ke mana untuk menyimpan fail. Jika fail ialah perisian yang perlu dipasang, kebanyakan pelayar memberi anda pilihan untuk menjalankan program tanpa perlu bimbang tentang di mana untuk menyimpan ia dahulu. Kategori pertama, muat turun muzik iaitu menerima satu fail filem yang dihantar melalui satu rangkaian. Kedua, muat turun filem iaitu menerima satu fail filem yang dihantar melalui satu rangkaian(About.com, 2012; Smart Define, 2011).

Berkongsi video atau muzik dengan orang lain

Video Hosting Pengguna iaitu *video hosting* dalam talian dan berkongsi laman *web* yang membolehkan pengguna-pengguna mereka untuk memasukkan video, biasanya percuma, untuk dilihat secara peribadi dan penonton awam. Kategori pertama, berkongsi video dengan orang lain iaitu memiliki, membahagi, merasai atau mengalami bahagian visual filem atau program rakaman, atau sesuatu yang direkodkan untuk ditonton pada masa akan datang dengan orang lain. Kedua, berkongsi muzik dengan orang lain iaitu muzik ialah bunyi yang dibuat oleh suara atau instrumen yang disusun dalam cara yang menyenangkan untuk mendengar. Berkongsi muzik dengan orang ialah memiliki, membahagi, merasai atau mengalami bunyi oleh suara atau instrumen yang disusun dalam cara yang menyenangkan untuk mendengar. Ketiga, penonton peribadi iaitu penonton ialah kumpulan orang yang telah datang ke satu tempat untuk melihat atau mendengar filem, prestasi, pertuturan dan sebagainya. Peribadi ialah hanya untuk satu orang atau kumpulan dan bukan untuk semua orang. Penonton peribadi ialah kumpulan orang yang melihat atau mendengar video atau muzik hanya untuk kumpulan orang tersebut. Keempat, penonton awam iaitu awam ialah melibatkan banyak orang atau melibatkan rakyat secara umum. Penonton awam ialah kumpulan orang yang melihat atau mendengar muzik atau video melibatkan banyak orang(ReelSeo, 2012; Macmillan Dictionary, 2012; Cambridge Dictionaries Online, 2011).

Menggunakan *webcam*

Istilah *webcam* ialah gabungan "*Web*" dan "kamera video". Tujuan *webcam* ialah untuk menyiarkan video di *web*. *Webcam* biasanya kamera kecil yang sama ada disertakan ke *monitor* pengguna atau terletak di atas meja. Kebanyakan *webcam* menyambung ke komputer melalui USB, walaupun sesetengah menggunakan sambungan *Firewire*. *Webcam* biasanya datang dengan perisian yang membolehkan pengguna untuk merakam video atau aliran video di *web*. Jika pengguna mempunyai laman *web* yang menyokong aliran video, pengguna-pengguna lain boleh menonton aliran video dari pelayar *web* mereka. *Webcam* juga boleh digunakan untuk sesi sembang video dengan orang lain. Sebagai alternatif kepada penyiaran video di *web*, pengguna-pengguna boleh menyusun satu sesi sembang video dengan satu atau lebih kawan dan mempunyai satu perbualan dengan audio dan video langsung. Misalnya, kamera *iSight Apple*, yang dibina ke dalam iMacs dan komputer riba *Apple*, membenarkan pengguna-pengguna untuk sembang video menggunakan program pesanan segera *iChat*. Beberapa program sembang lain juga berfungsi dengan *webcam*, membolehkan pengguna-pengguna untuk menyusun sesi sembang video dengan kawan-kawan.Kategori pertama, merakam video iaitu rakaman komponen visual atau komponen boleh didengar dan kedua ialah sembang video iaitu berkomunikasi secara visual dengan orang lain melalui komputer (PCMAG.com, n.d.; TechTerms. com, 2012; The Free Dictionary By Farlex, 2012).

Mencipta watak

Membuat watak maya boleh menjadi tugas mudah. Dengan cara ini boleh menjadi ketagihan dan menyeronokkan juga. Jika anda akan mewujudkan watak maya dalam talian jadi baca pada laman *web* yang membolehkan anda untuk mencipta orang maya bercakap dalam talian serta merta. Terdapat juga bilangan perkhidmatan komersil yang menyediakan watak maya bercakap untuk laman *web* anda atau sokongan *web* di langganan nominal. Jika anda bersedia untuk mencipta watak maya muda dalam talian hanya untuk kepentingan kegembiraan jadi perkhidmatan tersebut tidak dapat dilaksanakan. Permainan web internet seperti *Webkiz* membenarkan kanak-kanak untuk mencipta watak haiwan peliharaan, permainan seperti Sims dan *Second Life* membolehkan pemain mencipta watak-watak diri mereka sendiri dan berinteraksi dengan orang lain di dunia maya. Kategori pertama, membuat Orang Maya iaitu hanya memerlukan sedikit masa dan beberapa klik dengan kabanyakan program penciptaan. Kedua, membuat wanita maya iaitu membuat wanita maya dari awal dan kemudian bersaing atau bercakap dengan watak wanita maya. Ketiga, membina rumah maya iaitu tempat kediaman yang dicipta boleh berbeza daripada bilik apartmen yang ringkas ke satu rumah besar pelbagai aras dengan semua kemudahan. Tempat kediaman ektravaganza dicipta ialah hanya terhad melalui imaginasi pengguna. Keempat, membuat kehidupan maya dalam talian milik anda sendiri iaitu terdapat beribu-ribu orang yang menggunakan dunia maya setiap hari untuk bergaul, mendapat maklumat dan menyiapkan kerja. Banyak komuniti maya menumpukan pada menawarkan tempat pertemuan maya, seperti tempat mesyuarat maya. Lain-lain adalah sudah tentu lebih sosial, meniru adegan kelab tempatan. Orang lain menyediakan tempat selamat bagi kanak-kanak dan remaja untuk meneroka dan bertemu dengan rakan sebaya (LoveToKnow Online, 2012; Blogote, 2009).

Kelima, membuat keluarga maya iaitu keluarga maya adalah milik anda untuk berkembang, menghargai dan berinteraksi pada masa anda sendiri. Dengan hanya satu komputer dan sedikit masa, arah membentuk diri anda satu kaum baru. Keenam, keluarga maya iaitu *Kingdom* keluarga maya digambarkan sebagai satu yang menyeronokkkan, permainan yang menghiburkan dan mencabar dalam talian untuk keluarga-keluarga lain. Membuat watak ialah percuma/bebas dan memerlukan kebiasaan dengan berinteraksi dalam persekitaran dalam talian. Tidak seperti simulator lain, Kingdom keluarga maya direkabentuk menggunakan hanya teknologi terkini yang bermakna ia sentiasa dalam versi beta. Ketujuh, permainan kehidupan maya iaitu membuat orang lain untuk mengawal dalam satu alam maya yang mengandungi banyak suasana yang sama seperti dunia di sekeliling anda. Kelapan, membuat binatang peliharaan maya iaitu dipaparkan pada peranti kecil telapak tangan (LoveToKnow Online, 2006-2012).

Menghabiskan masa dalam dunia maya

Dunia maya adalah komuniti dalam talian yang mengambil bentuk persekitaran simulasi berasaskan komputer melalui yang pengguna-pengguna boleh berinteraksi dengan satu sama lain dan mengguna dan mencipta objek. Istilah ini telah menjadi sebahagian besarnya sinonim dengan persekitaran maya 3D interaktif, di mana pengguna-pengguna mengambil bentuk avatar dilihat oleh orang lain. Avatar ini biasanya muncul sebagai teks, perlambangan dua-dimensi atau tiga-dimensi, walaupun bentuk-bentuk lain adalah munasabah (sensasi auditori dan sentuhan sebagai contoh). Dunia maya ialah satu persekitaran simulasi interaktif yang diakses oleh beberapa pengguna melalui antara muka dalam talian. Dunia maya adalah juga dipanggil "*digital worlds*", "*simulated world*" dan "*MMOG's*". Terdapat banyak jenis dunia maya, walau bagaimanapun terdapat enam ciri-ciri semua daripada mereka ada berkongsi sama rata satu sama lain: 1) Ruang Dikongsi – dunia membolehkan banyak pengguna-pengguna untuk mengambil bahagian pada satu masa. 2) Antara muka pengguna grafik – dunia mengambarkan ruang secara visual, lingkungan dalam gaya dari gambaran "kartun" 2D

53

ke persekitaran 3D lebih mendalam. 3) Kesegeraan – interaksi terjadi dalam masa sebenar. 4) Interaktiviti – dunia membenarkan pengguna-pengguna untuk mengubah, membangun, membina, atau menyerah kandungan yang disesuaikan. 5) Ketabahan – kewujudan dunia berterusan tanpa mengira sama ada pengguna-pengguna individu adalah log masuk. 6) Sosialisasi/komuniti – dunia membenarkan dan menggalakkan pembentukan kumpulan sosial dalam dunia (*in-world*) seperti pasukan, persatuan, kelab, klik/kumpulan, jiran tetangga dan sebagainya. Kategori pertama, berinteraksi dengan satu sama lain iaitu berkomunikasi antara satu sama lain dan bertindak balas terhadap satu sama lain, seringkali semasa menjalankan aktiviti bersama. Kedua, mengguna objek iaitu menggunakan objek untuk tujuan tertentu. Ketiga, mencipta objek iaitu membuat objek baru (Cambridge Dictionaries Online, 2011; Wikipedia The Free Encyclopedia, 2012; VWR, n.d.; Macmillan Dictionary, 2012; Collins, 2012).

Editor teks (*text editors*)

Editor teks adalah program komputer yang membolehkan pengguna memasukkan, mengubah, menyimpan dan biasanya mencetak teks (huruf dan nombor, setiap satu dikodkan melalui komputer dan peranti input dan outputnya, yang diatur untuk mempunyai makna kepada pengguna atau kepada program-program lain). Biasanya, editor teks menyediakan satu skrin paparan "kosong" (atau "halaman *scrollable*") dengan panjang talian tetap dan nombor-nombor barisan yang kelihatan. Pengguna boleh mengisi talian dengan garisan teks, baris demi baris. Baris arahan khas membolehkan anda berpindah ke halaman baru, skrol ke hadapan atau ke belakang, membuat perubahan global dalam dokumen, menyimpan dokumen, dan melaksanakan tindakan-tindakan yang lain. Selepas menyimpan dokumen, pengguna kemudian boleh mencetak atau memaparkannya. Sebelum mencetak atau memaparkannya, pengguna mungkin boleh memformat ia untuk beberapa peranti output khusus atau kelas peranti output. Editor teks boleh digunakan untuk memasukkan penyataan sumber bahasa program atau untuk mencipta dokumen seperti manual teknikal. Editor teks yang popular dalam komputer besar IBM ialah dipanggil XEDIT. Dalam sistem UNIX, editor teks yang paling biasa digunakan adalah Emacs dan vi. Dalam sistem komputer peribadi, pemproses perkataan adalah lebih biasa daripada editor teks. Walau bagaimanapun, terdapat variasi/perbezaan komputer besar dan editor teks UNIX yang adalah disediakan untuk penggunaan pada komputer peribadi. Satu contoh ialah KEDIT, yang ialah asasnya XEDIT untuk *Windows* (Whatls.com, 2012).

Kategori pertama, XEDIT iaitu editor teks yang paling biasa digunakan dengan VM/CMS. Ia merupakan satu editor skrin penuh yang ialah agak mudah untuk digunakan. XEDIT merupakan sebuah editor teks untuk sistem X *Windows*. Ia menggunakan satu set komponen asas untuk membangunkan perkakasan kawalan Antena (Xaw). Versi semasa XEDIT telah diubahsuai oleh Paulo Cesar Pereira de Anrade pada awal tahun 2001 bagi Xfree86 termasuk jurubahasa Lisp telah digunakan sebagai mesin kira.Versi XEDIT ini juga menyediakan format mudah, mengensotkannya dan memeriksa ejaan. Kedua, Emacs iaitu editor teks yang popular digunakan terutamanya pada sistem berasaskan Unix oleh pengaturcara-pengaturcara (*programmer*), ahli sains, jurutera, pelajar dan pentadbir sistem. Emacs menyediakan arahan bertaip dan gabungan kunci khusus yang membolehkan anda menambah, memadam, memasukkan dan memanipulasikan perkataan, huruf, baris, dan unit-unit teks yang lain. Emacs biasanya digunakan untuk memasukkan penyataan sumber bagi program. Emacs sendiri ialah dibina menggunakan bahasa pengaturcaraan Lisp dan pengguna adalah dijemput untuk melanjutkan atau memperibadikan ia menggunakan bahasa yang sama. Emacs juga menawarkan sebilangan kemampuan-kemampuan mudah seperti kebolehan untuk memulakan penyusun program dan untuk mengendalikan emel daripada dalam editor tersebut.Ketiga, vi iaitu membolehkan pengguna mengawal sistem dengan menggunakan papan kekunci dan bukannya gabungan pilihan tetikus dan ketukan kekunci. Kesingkatan antara muka membuat ia amat berguna untuk orang yang bekerja di komputer sepanjang hari, terutamanya pengaturcara memasukkan atau memanipulasi penyataan bahasa. Vi dicipta sebelum Emacs dan ialah alternatif popular kepada Emacs, yang dikatakan lebih berkebolehan, lebih rumit dan agak perlahan. Vi ialah sangat bisasa digunakan untuk memasukkan dan mengedit penyataan bahasa program dan untuk menulis nota ringkas termasuk emel (SearchEnterpriseLinux, 2012; Wikipedia The Free Encyclopedia, 2011; Nazareth, 1997).

Sistem operasi (*operating systems*)

Sistem operasi adalah perisian sistem paling penting. Ia ialah satu set program yang mengawal dan menyelia perkakasan komputer dan menyediakan perkhidmatan kepada perisian aplikasi, pengaturcara (*programmers*) dan pengguna komputer. Tanpa sistem operasi komputer tidak boleh berbuat apa-apa yang berguna. Pengguna tidak boleh berkomunikasi secara terus dengan perkakasan komputer, jadi sistem operasi bertindak sebagai satu perantara di antara pengguna komputer dan perkakasan komputer. Tujuan utama sistem operasi ialah untuk membuat komputer mudah untuk digunakan. Matlamat sekunder ialah untuk menggunakan komputer dengan cekap. Sesetengah tugas penting satu sistem operasi adalah menguruskan sumber-sumber komputer seperti Unit Pemprosesan Pusat/*Central Processing Unit* (CPU), ingatan, pemacu cakera dan pencetak dan menjalankan program-program pengguna. Setiap jenis komputer mempunyai sistem operasi sendiri. Sistem operasi untuk komputer besar dan lain-lain komputer-komputer besar adalah sangat kompleks kerana mereka mesti menjejaki beberapa program-program dari beberapa pengguna-pengguna semua berjalan dalam jangka masa yang sama (HubPages, 2012).

Kategori pertama, berbilang pengguna iaitu membolehkan dua atau lebih pengguna untuk menjalankan program pada masa yang sama. Sesetengah sistem operasi membenarkan beratus-ratus atau beribu-ribu pengguna serentak. Kedua, *multiprocessing*iaitu menyokong menjalankan program lebih daripada satu CPU. Ketiga, *multitasking* iaitu membenarkan lebih daripada satu program berjalan serentak. Ketiga, *multithreading* iaitu membenarkan bahagian-bahagian berlainan satu program untuk berjalan serentak. Keempat, masa sebenar iaitu respons kepada input serta-merta. Sistem operasi tujuan-umum, seperti DOS dan UNIX adalah bukan masa sebenar (ITBusinessEdge, 2012).

DOS

Perisian asas dalam satu komputer yang menjadikan ia berfungsi dan membolehkan anda menggunakan satu program. Ia ialah biasanya digunakan hanya dalam komputer-komputer lama. Kategori pertama, CP/M iaitu singkatan *Control Program for Microcomputers*. Salah satu sistem operasi pertama 8-bit untuk komputer peribadi. CP/M kini ketinggalan. Kedua, MS-DOS iaitu sistem operasi yang standard untuk komputer peribadi *IBM-compatible*. Ketiga, DR-OpenDOS iaitu tambahan kepada MS-DOS (ITBusinessEdge, 2012).

Windows

Satu siri program sistem operasi yang berjalan di atas DOS, menyediakan persekitaran GUI. Microsoft Corporation mendakwa istilah ini sebagai cap dagangan. Pendahulu untuk *Windows* 95, 98, NT dan 2000, dianggap sistem operasi yang paling popular. Walaupun terdapat semakan 2x, versi 3x adalah benar-benar keluaran yang mempunyai sebarang kesahan. Kategori pertama, *Windows* 8 (2012) – MS Versi 6.2 iaitu *Windows* generasi akan datang (PCMAG.com, n.d.); kedua, *Windows* 7 (2009) – MS versi 6.1 iaitu Windows versi klien terkini (PCMAG.com, n.d.).; ketiga, *Windows Vista* (2006) – MS versi 6.0 iaitu Versi klien terdahulu (PCMAG.com, n.d.); keempat, *Windows* XP (2001) – MS versi 5.1 iaitu Versi terdahulu yang boleh didapati dalam versi Home dan Profesional, versi Profesional menambah lebih keupayaan keselamatan dan pentadbiran. Terdapat juga versi XP yang berlangsung pada CPU AMD 64-bit dan *Itaniums* 64-bit Intel; kelima, *Windows* 2000 (2000) – MS versi 5.0 iaitu versi terkini dari *Windows NT* 4 untuk pelanggan dan pelayan. Ia menambah pelbagai peningkatan termasuk *Plug* and *Play* dan *Active Directory*; dan keenam, *Windows NT* (1993) – MS Versi 3.1, 3.5, 4.0 iaitu *Windows NT* 3.1 adalah 32-bit OS yang benar-benar baru dengan klien berasingan dan versi pelayar. Diperkenalkan semasa pemerintahan *Windows* 3.1 dan dua tahun sebelum *Windows* 95, ia menggunakan antara muka pengguna Pengurus Program yang sama seperti *Windows* 3.1, tetapi menyediakan kestabilan yang lebih besar (PCMAG.com, n.d.).

Unix

Juga dikenali sebagai *UNIX*. Sistem pengendalian *Unix* dicipta di Bell Labs lama dulu dalam 1960an. Ia menjadi popular dalam 1970an untuk pengkomputeran peringkat tinggi, tetapi tidak di peringkat pengguna. Kerana banyak perkhidmatan internet asalnya *host* pada mesin *Unix*, platform meraih populariti yang besar dalam 1990an. Ia masih membawa industri sebagai sistem operasi paling biasa bagi pelayan *Web*. *Unix*, kekal agak samar-samar sistem operasi, kerana terdapat banyak versi berbeza daripadanya. Beberapa contoh termasuk *Ultrix*, *Xenix*, *Linux* dan *GNU* yang membuat benda-benda bahkan lebih membingungkan, semua berfungsi pada sebilangan *platform* perkakasan berbeza. Kebanyakan orang tidak pernah perlu untuk menggunakan *Unix*, tetapi kutu komputer seolah-olah mempunyai keperluan untuk menggunakannnya seberapa banyak yang mungkin. Operasi sistem komputer yang boleh digunakan oleh beberapa orang pada masa yang sama. Sistem operasi multi-pengguna pelbagai tugas yang terdapat pada banyak jenis komputer. Kategori pertama, Solaris iaitu dari Sun Microsystems.; kedua, AIX iaitu dari Mesin Perniagaan Antarabangsa (International Business Machines/IBM.; ketiga, *Digital Unix* iaitu dari *Compaq* (yang dibeli Digital Equipment); keempat, IRIX iaitu dari Silicon Graphics (SGI); kelima, HPUX iaitu dari Hewlett-Packard; keenam, SCO iaitu dari Santa Cruz Operation; ketujuh, FreeBSD iaitu diselenggarakan oleh satu kumpulan individu; kelapan, OpenBSD iaitu diselenggarakan oleh satu kumpulan individu dengan satu penyelaras; kesembilan, NetBSD iaitu diselenggarakan oleh Yayasan diperbadankan dalam negeri Delaware; dan kesepuluh, *Linux* iaitu diselenggarakan diselaraskan secara longgar kumpulan sukarelawan (Hitachi ID System, Inc., 2012; TechTerm.com, 2012; Macmillan Dictionary, 2012; Collins, 2011).

Linux

Satu sistem operasi *Unix* yang telah direka bentuk untuk menyediakan komputer peribadi pengguna sistem operasi percuma atau sangat rendah kos setanding dengan sistem *Unix* tradisional dan biasanya lebih mahal. *Linux* mempunyai reputasi sebagai satu sistem sangat cekap dan pelaksanaan pantas. *Linux* datang dalam versi untuk semua platform mikropemproses utama termasuk Intel, PowerPc, Sparc dan platform Alpha. Ia juga boleh didapati di S/390 IBM. Kategori pertama, Intel iaitu semua mikropemproses Intel adalah mundur serasi, yang bermaksud bahawa mereka boleh menjalankan program yang ditulis untuk pemproses kurang berkuasa. Kedua, PowerPc iaitu seni bina mikropemproses yang telah dibangunkan bersama Apple, IBM dan Motorola. Ketiga, Sparc atau SPARC (*Scalable Processor Architecture*) adalah seni bina mikropemproses 32 dan 64-bit daripada Sun Microsystems yang berdasarkan pada mengurangkan set arahan pengkomputeran. Keempat, Alpha iaitu mikropemproses dan nama sistem komputer dari Digital Equipment Corporation (DEC), yang sekarang sebahagian dari Compaq (TechTarget, 2012; ITBusinessEdge, 2012; SearchEnterpriseLinux, 2012).

Solaris

Persekitaran operasi yang berasaskan *Unix* dibangunkan oleh *Sun Microsystems*. Pada asalnya dibangunkan untuk dijalankan pada stesen kerja SPARC Sun, *Solaris* kini beroperasi pada banyak stesen kerja daripada *vendor* lain. *Solaris* termasuk sistem operasi SunOS dan sistem tetingkap (sama ada *OpenWindows* atau CDE). *Solaris* pada masa kini menyokong *multithreading, symmetric multiprocessing* (SMP), bersepadu rangkaian TCP/IP, dan pentadbiran rangkaian berpusat. Emulator Wabi tersedia untuk menjalankan aplikasi *Windows*. Kategori pertama, Sistem operasi SunOS iaitu sistem operasi berasaskan UNIX untuk SPARC berasaskan stesen kerja dan pelayan dari Sun Microsystems. Kedua, Sistem tetingkap (sama ada *OpenWindows* atau CDE) iaitu perisian yang menambah keupayaan tingkap kepada satu sistem yang sedia ada (PCMAG.com, n.d.; ITBusinessEdge, 2012; TechTarget, 2012).

Alat pengurusan fail (*file management tools*)

Alat pengurusan fail hendaklah membenarkan pengguna untuk mengesan fail kes pengguna dan fail-fail yang lain. Alat pengurusan fail membolehkan pengguna melihat, bergerak, menyalin dan memadamkan fail-fail yang disimpan di dalam memori flash, fail-fail pemindahan, dan untuk mengurus fail-fail pada peranti penyimpanan. Dalam mod konteks berganda, alat ini ialah hanya terdapat dalam konteks keselamatan sistem. Alat pengurusan fail utama dalam *Windows XP* ialah *My Computer*. Kategori pertama, WinMerge iaitu satu sumber terbuka perbandingan fail dan alat penggabungan fail teks. Serupa dengan alat asal dan lebih tua Microsoft WinDiff, WinMerge menawarkan antara muka pengguna grafik yang lebih baik. Kedua, WinDiff iaitu program perbandingan fail grafik yang diterbitkan oleh Microsoft pada asalnya dalam tahun 1992, dan diedarkan dengan versi tertentu Microsoft Visual Studio serta dalam bentuk sumber kod dengan sampel kod Platform SDK. Ketiga, *TreeSize Free* iaitu memberitahu anda di mana ruang yang berharga telah pergi. Keempat, 7-Zip iaitu *archiver* fail seperti *WinZip*. Kelima, *SyncToy* iaitu *PowerToy* percuma yang direkabentuk oleh *Microsoft* yang disediakan dengan mudah untuk menggunakan antara muka pengguna grafik yang boleh mengautomatikkan penyegeraan fail dan *folder*. Kelima, *DoubleKiller* iaitu dari *Big Bang Enterprises* adalah utiliti percuma untuk mencari fail pendua (The Windows Toolkit, n.d.; My Market Toolkit, 2012; Cisco, n.d.; Pearson, 2012).

Debuggers

Debuggers (penyahpepijat) membantu pembangun perisian mencari dan menghapuskan pepijat semasa mereka menulis program. Penyahpepijat memberitahu pengaturcara apa jenis kesilapan ia mendapati dan sering menandakan garis tepat kod di mana pepijat boleh didapati. Penyahpepijat juga membenarkan pengaturcara untuk menjalankan program langkah demi langkah supaya mereka boleh menentukan dengan tepat bila dan kenapa kemalangan program. Penyahpepijat yang maju menyediakan maklumat terperinci tentang gentian dan memori yang digunakan oleh program semasa setiap langkah dalam pelaksanaan. Satu program khas telah digunakan untuk mencari kesilapan dalam program-program yang lain. Penyahpepijat membenarkan pengaturcara untuk menghentikan program pada mana-mana tempat tertentu dan memeriksa dan menukar nilai pembolehubah. Penyahpepijat ialah program perisian yang digunakan untuk menguji dan mencari pepijat (kesilapan) dalam program-program yang lain. Penyahpepijat juga boleh dirujuk sebagai alat *debugging* (Technopedia, 2010-2012).(TechTerms.com, 2012)(ITBusinessEdge, 2012).

Kategori pertama, *Allinea DDT* ialah untuk *debugging* selari program MPI atau *OpenMP* termasuk yang berjalan pada kelompok mesin *Linux*. Juga digunakan oleh banyak kos skala dala C, C++ dan *Fortran* 90. Kedua, *GNU Debugger* ialah biasanya dipanggil hanya GDB dan dinamakan Pra-Pemasangan sebagai fail boleh laku (*excutable*), adalah penyahpepijat piawai untuk sistem operasi GNU. Ketiga, *Intel Debugger* iaitu menyediakan sokongan (di pelbagai peringkat bergantung kepada produk *compiler*) untuk program *debugging* yang ditulis dalam C, C++, dan *Fortran* (77, 90 dan 95). Keempat, LLDB (*debugger*) iaitu penyahpepijat berprestasi tinggi. Dibina sebagai satu set komponen yang boleh diguna semula yang sangat memanfaatkan perpustakaan yang sedia ada dalam Projek LLVM yang lebih besar, seperti penghurai ungkapan gemerencung dan *LLVMdisassembler*. Kelima, *Microsoft Visual Studio Debugger* iaitu penyahpepijat yang membawa bersama dengan semua versi *Microsoft Visual Studio*. Penyahpepijat berasaskan teks yang dihantar dengan *Microsoft Visual* C++ versi 1.5 dan lebih awal. Kcenam, *Valgrind* iaitu alat pengaturcaraan berlesen GPL untuk penyahpepijat memori, pengesanan kebocoran memori dan profil. Ketujuh, WinDbg iaitu penyahpepijat pelbagai tujuan (*multipurposed*) untuk *Microsoft Windows* yang diedarkan di web oleh *Microsoft* (Wikipedia The Free Ecyclopedia, 2012; Wikipedia The Free Ecyclopedia, 2011).

Program-program muatan (*loading programs*)

Program yang digunakan untuk memuatkan program-program lain ke dalam memori komputer. Juga dikenali sebagai program *bootstrap*. Kategori pertama, *GNU grand unified bootloader* (GRUB) iaitu spesifikasi *multiboot* yang membolehkan pengguna untuk memilih salah satu sistem operasi. Kedua, *NT loader* (NTLDR) iaitu pemuat but untuk *Microsoft Windows NT OS* yang biasanya berjalan dari *hard drive*. Ketiga, *Linux loader* (LILO) iaitu pemuat but untuk *Linux* yang berjalan dari cakera keras atau cakera liut. Keempat, *Network interface controller* (NIC) iaitu menggunakan pemuat but yang menyokong boot dari antara muka rangkaian seperti *Etherboot* atau persekitaran pelaksanaan pra-but (PXE) (Technopedia, 2012; The Free Dictionary By Farlex, 2012).

Pemacu peranti (*device drivers*)

Program kecil yang membolehkan komputer dan peranti untuk berkomunikasi antara satu sama lain. Sistem operasi komputer biasanya datang dengan pemacu peranti untuk model semasa peranti popular. Pemacu peranti lebih tua atau terkini (yang biasanya datang pada cakera dengan peranti atau adalah dimuat turun dari laman web pengeluar) mesti dipasang oleh pengguna. Pemacu peranti adalah program yang mengawal jenis tertentu peranti yang dipasang pada komputer pengguna. Terdapat pemacu peranti bagi pencetak, paparan, pembaca CD-ROM, pemacu disket dan sebagainya. Kategori pertama, pemacu peranti sistem operasi Windows iaitu dibina ke dalam produk. Biasanya mempunyai akhiran nama fail DLL atau EXE. Kedua, pemacu peranti maya iaitu satu program yang mengendalikan gangguan perisian daripada sistem operasi untuk setiap peranti perkakasan utama komputer termasuk pengawal pemacu cakera keras, papan kekunci dan port bersiri dan selari. Satu pemacu peranti maya digunakan untuk mengekalkan status peranti perkakasan yang mempunyai setting yang berubah-ubah (TechTarget, 2012; BusinessDictionary.com, 2012; SearchEnterpriseDesktop, 2012).

Alat pengaturcaraan (*programming tools*)

Mana-mana program perisian yang mengautomasikan beberapa tugas membina, menguji atau mengubahsuai program komputer. Alat pengaturcaraan ialah satu program atau aplikasi yang pembangun perisian gunakan untuk mencipta, *debug*, mengekalkan, atau menyokong program-program dan aplikasi lain. Istilah biasanya merujuk kepada program yang agak mudah yang boleh digabungkan bersama untuk melaksanakan tugas, banyak kerana seorang mungkin menggunakan pelbagai peralatan tangan untuk menetapkan objek fizikal. Alat pengaturcaraan ialah sub-kategori perisian sistem tetapi kadang-kadang ia ialah dinyatakan sebagai kategori berasingan perisian bersama-sama perisian aplikasi dan perisian sistem. Kategori pertama, liputan kod iaitu ukuran yang digunakan dalam pengujian perisian. Ia menggambarkan darjah yang kod sumber program telah diuji. Kedua, *Disassembler* iaitu program komputer yang menterjemah bahasa mesin kepada bahasa himpunan operasi songsang kepada penghimpun (*assembler*). Ketiga, pengeluar dokumentasi iaitu alat pengaturcaraan yang menjana dokumentasi yang bertujuan untuk pengaturcara (dokumentasi API) atau pengguna akhir (Panduan pengguna Akhir) atau dari satu set khas mengulas fail kod sumber dan dalam sesetengah kes fail binari. Keempat, lain-lain seperti *binary compatibility*, *bug databases*, *build tools*, *code sharing sites*, *debuggers*, *formal methods* dan lain-lain (Dictionary.com, 2012; Wikipedia The Free Encyclopedia, 2009; Wikipedia The Free Encyclopedia, 2012).

Linkers

Juga dikenali sebagai editor pautan dan pengikat, pemaut ialah satu program yang mengabungkan modul untuk membentuk program boleh laksana. Banyak bahasa pengaturcaraan membenarkan pengguna untuk menulis jenis kod berbeza, dipanggil modul, secara berasingan. Ini memudahkan tugas pengaturcaraan kerana pengguna boleh memecahkan program besar menjadi kepingan kecil, lebih dapat dikendalikan. Untuk mengabungkan modul, pemaut mengantikan alamat simbolik dengan alamat sebenar. Oleh itu, pengguna mungkin perlu untuk menghubungkan program walaupun jika ia mengandungi hanya satu modul. Program utiliti yang menghubungkan program disusun atau dipasang kepada persekitaran tertentu. Juga dikenali sebagai "editor pautan", pemaut menyatukan rujukan antara modul program dan perpustakaan subrutin. Outputnya ialah modul beban, yang ialah kod boleh laksana sedia untuk berfungsi dalam komputer. Kategori pertama, Id (*Unix*) iaitu pemaut yang termasuk dalam *Unix*; kedua, Pemaut GNU iaitu pelaksanaan projek GNU dalam Id arahan

Unix; dan ketiga, Pemaut dinamik iaitu sebahagian daripada sistem operasi yang beban dan pautan

perpustakaan yang dikongsi untuk laksana (*executable*) (Wikipedia The Free Encyclopedia, 2011;

ITBusinessEdge, 2012; PCMAG.com, n.d.).

Penterjemah-penterjemah bahasa

Penterjemah-penterjemah bahasa: komputer tidak memahami bahasa pengaturcaraan, kerana

komputer hanya tahu bahasa mesin atau bahasa perduaan (*binary*). Satu program mesti diterjemahkan

kepada bahasa mesin sebelum mesin boleh melaksanakannya. Perisian berkaitan dengan bahasa-bahasa

pengaturcaraan termasuk penterjemah-penterjemah bahasa seperti pemasang, penterjemah dan

penyusun. Kategori penterjemah-penterjemah bahasa pertama ialah pentafsir/jurubahasa:

pentafsir/jurubahasa menterjemah dan melaksanakan setiap penyataan program pada satu masa. Selepas

pelaksanaan terjemahan penyataan ialah dikeluarkan dari memori dan penyataan seterusnya ialah

dimuatkan untuk terjemahan. Terjemahan diperlukan jika program ialah dilaksanakan lagi. Oleh itu

pentafsir atau jurubahasa mempunyai had-had yang ia lupa terjemahan selepas pelaksanaan penyataan.

Pentafsir-pentafsir adalah sesuai untuk program-program pendek dibangunkan oleh pemula-pemula

(orang yang baru belajar) pengaturcaraan. *GWBASIC* ialah satu pentafsir atau jurubahasa bagi program-

program bahasa *BASIC*/ASAS. Setiap bahasa pengaturcaraan mempunyai pentafsir atau jurubahasa nya

sendiri. Kategori penterjemah-penterjemah bahasa kedua ialah penyusun (*compilers*): penyusun

menterjemah seluruh program pada satu masa dan menyimpan program diterjemah mereka pada cakera.

Program asal dipanggil "*Source Program*" ("Program Sumber") manakala versi diterjemahkan ialah

dipanggil "*Object Program*" ("Program Objek"). Kategori penterjemah-penterjemah bahasa ketiga ialah

pemasang (*assemblers*): pemasang ialah satu penterjemah bahasa untuk bahasa pengaturcaraan tahap

rendah dipanggil "*Assembly language*" ("bahasa Pemasang"). Bahasa pemasang adalah satu bahasa

simbolik (HubPages, 2012).

Pentafsir/jurubahasa

Pentafsir/jurubahasa: pentafsir/jurubahasa menterjemah dan melaksanakan setiap penyataan program pada satu masa. Selepas pelaksanaan terjemahan penyataan ialah dikeluarkan dari memori dan penyataan seterusnya ialah dimuatkan untuk terjemahan. Terjemahan diperlukan jika program ialah dilaksanakan lagi. Oleh itu pentafsir atau jurubahasa mempunyai had-had yang ia lupa terjemahan selepas pelaksanaan penyataan. Pentafsir-pentafsir adalah sesuai untuk program-program pendek dibangunkan oleh pemula-pemula (orang yang baru belajar) pengaturcaraan. *GWBASIC* ialah satu pentafsir atau jurubahasa bagi program-program bahasa *BASIC*/ASAS. Setiap bahasa pengaturcaraan mempunyai pentafsir atau jurubahasa nya sendiri (HubPages, 2012).

Penyusun (*compilers*)

Penyusun (*compilers*): penyusun menterjemah seluruh program pada satu masa dan menyimpan program diterjemah mereka pada cakera. Program asal dipanggil "*Source Program*" ("Program Sumber") manakala versi diterjemahkan ialah dipanggil "*Object Program*" ("Program Objek") (HubPages, 2012).

Pemasang (*assemblers*)

Pemasang ialah satu penterjemah bahasa untuk bahasa pengaturcaraan tahap rendah dipanggil "*Assembly language*" ("bahasa Pemasang"). Bahasa pemasang adalah satu bahasa simbolik (HubPages, 2012).

Perisian pengurusan data

Perisian pengurusan data: perisian pengurusan data termasuk pangkalan data dan program-program pengurusan fail yang menguruskan data untuk satu sistem operasi. Mereka boleh menyusun, mengemaskini dan mencetak data (HubPages, 2012).

Editor

Editor membenarkan pengguna untuk menaip satu program, menjana teks dan membuat pengubahsuaian sekiranya perlu. Satu program ialah lebih dahulu ditulis dalam satu editor dan kemudian disusun. Ia ialah munasabah bahawa penyusun mana-mana bahasa mempunyai editornya sendiri untuk program-program menulis/penulisan (Computer Hope, 2015; wiseGeek, 2015, WhatIs.com, 2015).

Perisian utiliti

Perisian utiliti ialah mana-mana perisian yang melaksanakan beberapa tugas khusus iaitu sekunder kepada tujuan utama menggunakan komputer tetapi tidak penting untuk operasi komputer (perisian sistem). Banyak utiliti boleh dianggap sebagai sebahagian daripada perisian sistem, yang boleh seterusnya dianggap sebahagian sistem operasi. Kategori perisian utiliti ialah cakera (cakera pemformat contohnya FDISK dan format; *defragmenter*; cakera pemeriksa contohnya fsck; pembersih cakera; pencipta profil sistem; sandaran dan pemampatan sistem fail), fail dan direktori (senarai direktori contohnya ls dan dir; salin, pindah, keluarkan contohnya cp, mv, rm, xcopy; arkib contohnya tar; mampatan contohnya zip; penukaran format contohnya atob; perbandingan contohnya diff; dan susunan contohnya jenis), keselamatan (pengesahan contohnya masuk/login; perisian antivirus contohnya *avast* dan *Norton Antivirus*; *firewall* contohnya penggera zon, *windows firewall*; penyulitan contohnya gpg), editor untuk format kegunaan umum (sebagai lawan kepada format khusus seperti dokumen pemprosesan perkataan) (editor teks contohnya Emacs; dan editor perduaan), komunikasi (ejen pemindahan mel contohnya *sendmail*; pemberitahuan e-mel contohnya memukul; pemindahan fail contohnya ftp, rcp dan *Firefox*; penyegerakan fail contohnya serentak dan beg bimbit; borak contohnya *Gaim* dan *cu*; perkhidmatan direktori contohnya mengikat, *nslookup* dan *whois*; rangkaian diagnosis contohnya *ping* dan *traceroute*; dan capaian jauh contohnya rlogin dan ssh), pembangunan perisian (penyusun contohnya gcc; membina contohnya membuat dan semut; *codewalker*; prapemproses contohnya cpp; penyahpepijat contohnya adb dan gdb; pemasangan contohnya apt-get, *msiexec* dan *patch*; dan penyusun penyusun contohnya yacc), dan perkakasan (konfigurasi peranti contohnya PCU, *devman* dan stty). Perisian utiliti ia ialah program-program yang pengguna-pengguna boleh membeli sebagai produk berasingan untuk melakukan pelbagai fungsi. Program-program untuk fungsi-fungsi ini ialah *PC-Tools*, *Scan Disk*, *Norton Disk Doctor* (*NDD*), Anti virus dan lain-lain (HubPages, 2012; The Free Dictionary By Farlex, 2012).

Perisian Aplikasi Tujuan Am (*General Purpose Application Software*)

Merujuk kepada perisian yang boleh melaksanakan banyak tugas berkaitan yang berbeza. Pemproses kata, *spreadsheets* dan pangkalan data adalah semua contoh perisian aplikasi. Lain-lain termasuk perisian grafik dan persembahan. Kadangkala dikenali sebagai '*off-the-shelf*'. Jenis perisian ini cuba untuk menjadi '*jack-of-all-trades*'. Ia menyediakan banyak ciri-ciri yang majoriti pengguna-pengguna akan mahu misalnya memformat teks, mencipta carta, menyusun jadual-jadual. Tetapi ia cuba menjadi 'semua benda kepada semua orang' dan jadi akan terdapat bilangan ciri-ciri yang anda mungkin tidak pernah guna contohnya fungsi statistik, bercantum mel. Ini menjadikan saiz penyimpanan aplikasi ini agak besar. Dipanggil perisian pakej atau perisian komersil. Perisian tunggal boleh digunakan untuk berbagai-bagai tugas. Dengan menggunakan perisian seperti itu pengguna boleh memenuhi keperluan umum. Perisian Aplikasi Tujuan Am termasuk *MS Office*, *Corel Draw*, *Page maker*, *Adobe Photo shop* dan lain-lain (HubPages, 2012; Ask, 2012; Teach-ICT.com, n.d.).

Perisian Aplikasi Tujuan Khusus (*Special Purpose Application Software*)

Lebih terhad dalam apa ia akan lakukan, tetapi ia biasanya bahawa satu perkara jauh lebih baik daripada program tujuan am. Sebagai contoh, Turbo Tax (pakej penyediaan tab) adalah satu aplikasi tujuan khusus. Pasti ia menambah dan menolak nombor seperti *spreadsheet*. Direka untuk menjalankan tugas khusus. Ia juga dipanggil perisian *Custom*. Perisian boleh melakukan hanya satu tugas yang ia telah direka. Perisian *Custom* bagi tugas-tugas organisasi besar mungkin sangat kompleks dan mengambil banyak masa untuk membangun. Contoh Perisian Aplikasi Tujuan Khusus seperti perisian untuk memproses kawalan inventori, perisian untuk mengekalkan Akaun Bank, perisian yang digunakan dalam Sistem Tempahan Penerbangan dan lain-lain (HubPages, 2012; Answers, 2012).

Blu-Ray

Format cakera optik seperti CD dan DVD. Ia telah dibangunkan untuk merekod dan memainkan balik video definisi tinggi (*high-definition*/HD) dan untuk menyimpan jumlah data yang besar. Manakala CD boleh memegang 700 MB data dan DVD asas boleh memegang 4.7 GB data. Bahkan dua belas, dwi lapisan DVD (yang adalah tidak lazim) boleh hanya memegang 17 GB data. Dwi-lapisan cakera *Blu-ray* akan mampu menyimpan 50 GB data. Ini adalah sama banyak kepada 4 jam HDTV. Cakera *Blu-ray* boleh memegang lebih banyak maklumat daripada media optik lain kerana laser biru yang pemacu guna (TechTerms.com, 2012).

CD-ROM (Compact Disc-Read Only Memory)

Jenis cakera optik yang mampu menyimpan jumlah data sehingga 1GB, walaupun saiz yang paling biasa adalah 650MB (megabait). Satu CD-ROM mempunyai kapasiti menyimpan 700 cakera liut, memori yang cukup untuk menyimpan kira-kira 300,000 muka surat teks (TechTerm.com, 2015; Webopedia, 2015).

DVD (Digital Versatile Disc)

Jenis teknologi cakera optik sama dengan CD-ROM. DVD memegang minimum 4.7GB data, cukup untuk filem panjang. DVD biasanya digunakan sebagai satu medium untuk perwakilan digital filem dan lain-lain persembahan multimedia yang menggabungkan bunyi dengan grafik. Spesifikasi DVD menyokong cakera dengan kapasiti daripada 4.7GB ke 17GB dan kadar akses 600KBps ke 1.3 MBps. Satu ciri-ciri terbaik pemacu DVD ialah yang mundur-serasi dengan CD-ROM, bermakna mereka boleh memainkan CD-ROM lama, cakera CD-I dan video CD, serta DVD-ROM baru. Pemain DVD lebih baru juga boleh membaca cakera CD-R (ITBusinessEdge, 2012).

CPU (Central Processing Unit)

Teras fungsi komputer. Merupakan bahagian utama komputer yang memproses pengiraan matematik yang perlu untuk fungsi-fungsi komputer. CPU biasanya dipanggil "otak" komputer kerana ia tidak boleh berfungsi tanpa komponen CPU nya (Naima Manal, 2012).

Hard drive

Cakera keras adalah apa yang menyimpan semua data anda. Ia menempatkan cakera keras, di mana semua fail dan *folder* anda berada secara fizikal. Cakera keras yang biasa adalah hanya sedikit lebih besar daripada tangan anda, namun boleh memegang lebih daripada 100 GB data. Data disimpan pada timbunan cakera yang dipasang di dalam bungkus yang kukuh. Cakera ini berputar sangat cepat (biasanya pada 5400 atau 7200 RPM) supaya data itu dapat dicapai dengan serta-merta dari mana-mana sahaja pada pemacu itu. Data yang disimpan pada cakera keras secara magnet, jadi ia kekal pada cakera selepas bekalan kuasa dimatikan. Istilah *"hard drive"* ialah sebenarnya singkatan bagi *"hard disk drive"*. Istilah *"hard disk"* merujuk kepada cakera sebenar di dalam pemacu. Walau bagaimanapun, ketiga-tiga istilah adalah biasanya dilihat sebagai merujuk kepada perkara yang sama – tempat di mana data anda disimpan (TechTerms.com, 2012).

Motherboard

Papan litar utama di mikrokomputer. *Motherboard* mengandungi penyambung untuk memasang papan tambahan. Biasanya *motherboard* mengandungi CPU, BIOS, memori, antara muka storan massa, *port* bersiri dan selari, slot pengembangan dan semua pengawal yang diperlukan untuk mengawal peranti persisian piawai seperti skrin paparan, papan kekunci, dan pemacu cakera. Secara kolektif semua cip yang tinggal pada *motherboard* adalah dikenali sebagai *motherboard's chipset* (ITBusinessEdge, 2012).

RAM (*Random Access Memory*)

Satu jenis storan data yang digunakan dalam komputer iaitu biasanya terletak pada *motherboard*. Jenis memori ini ialah tidak menentu dan semua maklumat yang telah disimpan dalam RAM ialah hilang apabila komputer dimatikan. Memori tidak menentu ialah memori sementara (Technopedia, 2012).

Kad bunyi

Satu komponen di dalam komputer yang menyediakan input audio dan keupayaan output. Kebanyakan kad bunyi mempunyai sekurang-kurangnya satu input talian analog dan satu sambungan output talian stereo. Sesetengah kad bunyi juga menyokong audio digital dan output, sama ada melalui sambungan piawai TRS (*tip-ring-sleeve*) atau melalui port audio optik, seperti penyambung Toslink (TechTerms.com, 2012).

Kad video

Peranti yang diperlukan di dalam komputer yang membolehkan pengguna untuk melihat output komputer. Kad video boleh dipasang terus pada *motherboard* atau menjadi satu kad *add-on* yang dipasang ke dalam slot pada *motherboard* anda. Kad video mempunyai satu *port* di belakangnya iaitu luaran kepada kotak komputer yang pengguna plag kabel dari *monitor* (Bleepingcomputer.com, 2012).

Skrin rata

Ini biasanya merujuk kepada *monitor* CRT yang dibuat lebih rata daripada satu tiub dengan menggunakan lebih daripada satu senapang elektron. Ia adalah paling berguna kepada profesional yang bergantung kepada kejituan monitor mereka. Ia juga lebih baik untuk pengguna piawai kerana satu cahaya lurus di seluruh *monitor* kelihatan lurus dan tidka melengkung. Ia juga boleh merujuk kepada panel rata dan skrin unjuran, yang juga rata (Geek.com, 2012).

Monitor

Skrin paparan yang digunakan untuk menyediakan output visual dari satu komputer, kotak kabel, kamera video, VCR atau lain-lain peranti penjana video. Skrin paparan komputer menggunakan teknologi CRT dan LCD. Istilah skrin paparan sering digunakan secara sinonim dengan skrin komputer atau paparan. Skrin paparan memaparkan program antara muka pengguna dan program terbuka, membenarkan pengguna untuk berinteraksi dengan komputer, biasanya menggunakan papan kekunci dan tetikus. Skrin paparan komputer lebih lama telah dibina menggunakan tiub sinar katob (*cathode ray tubes*/CRT), yang menjadikan mereka agak berat dan menyebabkan mereka mengambil banyak ruang meja. Kebanyakan skrin paparan moden dibina menggunakan teknologi LCD dan adalah biasanya dirujuk sebagai paparan skrin rata. Skrin paparan nipis ini mengambil ruang yang lebih kurang daripada paparan CRT lebih lama. Ini bermakna orang dengan skrin paparan LCD mempunyai ruang meja yang lebih (TechTerms.com, 2012; Pcmag.com, 2012).

LCD(Liquid Crystal Display)

Jenis paparan yang digunakan dalam banyak komputer mudah alih. LCD adalah paparan sangat nipis yang adalah digunakan dalam skrin komputer riba dan skrin paparan panel rata. Kategori utama LCD ialah pasif dan aktif. Komputer menggunakan LCD kategori aktif (Pcmag.com, 2012; TechTerms.com, 2012; ITBusinessEdge, 2012).

Keyboard

Papan kekunci adalah satu peranti input primer digunakan dengan komputer. Reka bentuk papan kekunci datang daripada papan kekunci mesin taip yang asal, yang diatur huruf dan nombor dengan cara yang menghalang jenis-bar daripada tersekat apabila menaip dengan cepat. Susun atur papan kekunci ini dikenali sebagai reka bentuk QWERTY yang mendapat namanya daripada enam huruf pertama di seberang sudut atas sebelah kiri papan kekunci (TechTerms.com, 2012).

Tetikus

Peranti yang mengawal pergerakan kursor atau penunjuk pada satu skrin paparan. Tetikus adalah satu objek kecil anda boleh memusing sepanjang permukaan keras, rata. Sebagaimana anda menggerakkan tetikus, penunjuk pada skrin paparan bergerak dalam arah yang sama. Tetikus mengandungi sekurang-kurangnya satu butang dan kadang-kadang sebanyak tiga, yang mempunyai fungsi berbeza bergantung kepada jenis program yang sedang berjalan. Kategori pertama, mekanikal iaitu mempunyai getah atau bola logam pada sisi yang boleh memusing dalam semua arah. Sensor mekanikal dalam tetikus mengesan arah bola ialah memusing dan mengerakkan penuding skrin sewajarnya. Kedua, pptomekanikal iaitu sama seperti tetikus mekanikal, tetapi menggunakan sensor optik untuk mengesan gerakan bola. Ketiga, optik iaitu menggunakan leser untuk mengesan pergerakan tetikus. Anda mesti menggerakkan tetikus sepanjang tikar khas dengan grid supaya mekanisme optik mempunyai satu rangka rujukan. Tetikus optik tidak mempunyai bahagian bergerak mekanikal. Mereka bertindak balas lebih cepat dan tepat daripada tetikus mekanikal dan optomekanikal, tetapi mereka juga adalah lebih mahal (ITBusinessEdge, 2012).

Pencetak

Peranti yang mencetak teks atau ilustrasi di atas kertas. Terdapat banyak jenis berbeza pencetak. Kategori pertama, Roda daisy iaitu serupa dengan mesin taip kepala bola, jenis ini mempunyai roda plastik atau logam di mana bentuk setiap huruf lebih baik dalam ukiran timbul. Pencetak roda daisy mengeluarkan cetakan kualiti huruf tetapi tidak boleh mencetak grafik. Kedua, Dot-matriks iaitu mencipta aksara melalui pin-pin menonjol menentang ribon dakwat. Setiap pin membuat titik, dan gabungan titik membentuk aksara dan ilustrasi. Ketiga, Dakwat-jet iaitu semburan dakwat pada sekeping kertas. Pencetak dakwat-jet mengeluarkan teks dan grafik berkualiti tinggi. Keempat, Laser iaitu menggunakan teknologi sama seperti mesin salinan. Pencetak laser menghasilkan teks dan grafik sangat tinggi kualiti. Kelima, LCD dan LED iaitu serupa seperti pencetak laser, tetapi menggunakan kristal cecair atau diod pemancar cahaya dan bukannya laser untuk mengeluarkan datu imej pada drum. Keenam, pencetak baris iaitu mengandungi rantaian aksara atau pin yang mencetak seluruh barisan pada satu masa. Pencetak baris adalah sangat cepat, tetapi menghasilkan cetakan kualiti rendah. Ketujuh, pencetak terma iaitu pencetak yang murah yang bekerja dengan menolak pin panas menentang kertas peka haba. Pencetak haba digunakan secara meluas dalam mesin faks dan mesin kira (ITBusinessEdge, 2012).

Pengimbas

Peranti input yang mengimbas dokumen-dokumen seperti gambar-gambar dan muka surat teks. Apabila dokumen diimbas, ia ditukar kepada format digital. Ini mencipta satu versi elektronik dokumen yang boleh dilihat dan disunting pada satu komputer. Kategori pertama, *Flatbed* iaitu pengimbas peranti *flatbed*, bermakna mereka mempunyai satu permukaan pengimbasan rata. Ini adalah ideal untuk gambar-gambar, majalah-majalah dan berbagai-bagai dokumen. Kebanyakan pengimbas *flatbed* mempunyai perlindungan yang mengangkat supaya buku-buku dan lain-lain objek sangat besar juga boleh diimbas. Kedua, *Sheet-fed* iaitu pengimbas *sheet-fed*, yang hanya boleh menerima dokumen kertas. Pengimbas *sheet-fed* tidak boleh mengimbas buku-buku, beberapa model termasuk *feeder* dokumen automatik, atau ADF (*automatic document feeder*) yang membolehkan pelbagai mukasurat untuk diimbas dalam turutan (TechTerms.com, 2012; Pcmag.com, 2015).

URL (Uniform Resource Locator)

Alamat internet contohnya *http://www.hmco.com/trade/*, biasanya terdiri daripada protokol akses (*http*), nama domain (*www.hmco.com*) dan secara pilihan jalan ke fail atau sumber yang tinggal pada pelayan (*trade*). Menurut About.com (2012), URL ialah satu rangkaian teks berformat yang digunakan oleh pelayar *web*, klien emel dan perisian lain untuk mengenal pasti sumber rangkaian di internet. Sumber rangkaian adalah fail yang boleh jadi laman *web* biasa, dokumen teks yang lain, grafik atau program. Rangkaian URL terdiri daripada tiga bahagian iaitu protokol rangkaian, nama atau alamat *host* dan lokasi fail atau sumber. Protokol URL mentakrifkan protokol rangkaian yang digunakan untuk mengakses satu sumber. Rangkaian ini adalah nama pendek diikuti oleh tiga sifat ':// ' (satu perhimpunan penamaan mudah untuk menunjukkan satu definisi protokol). Protokol URL biasa termasuk http://, ftp://, dan mailto://. *Host* URL mengenal pasti komputer atau peranti rangkaian yang lain. *Host* datang dari pangkalan data internet piawai seperti DNS dan boleh menjadi nama atau alamat IP. Sebagai contoh, compnetworking.about.com ialah *host*. Lokasi URL mengandungi jalan kepada satu sumber rangkaian khusus pada *host*. Sumber biasanya terletak dalam satu direktori *host* atau *host folder*. Misalnya /od/internetaccessbestuses/bldef-url.htm ialah lokasi laman *web*. Kategori pertama, URL mutlak iaitu menonjolkan tiga sub rangkaian (protokol rangkaian, nama atau alamat *host* dan lokasi fail atau sumber). Kedua, URL relatifmengandungi hanya satu elemen lokasi (Answers, 2012; About.com, 2012).

Rujukan

Nota ringkas mengakui sumber maklumat atau petikan yang dipetik (eLook.org, n.d.).

Kandungan

Hal teks dokumen atau penerbitan dalam sebarang bentuk. Kandungan ialah maklumat dan komunikasi: jumlah keseluruhan kesegaran, kebolehbacaan, perkaitan dan kebergunaan maklumat yang diberi, dan cara di mana ia dikemukakan. Intipati mesej atau perbincangan yang disampaikan sebagaimana difahami atau diterima oleh audiens yang dimaksudkan (BusinessDictionary.com, 2012).

Kesimpulan

Kajian ini menggunakan kaedah kuantitatif melalui mengedarkan borang kaji selidik kepada pengguna internet untuk tujuan meneroka pengetahuan berkenaan penggunaan internet di kafe siber. Semasa ujian rintis dijalankan, pengguna internet terdiri daripada pelbagai latar belakang termasuk individu yang bukan penduduk asal Malaysia (warga negara luar Malaysia) dan bekerja di Malaysia. Terdapat juga responden dalam ujian rintis yang bekerja di luar negara tetapi berulang-alik ke Malaysia dan menggunakan internet di kafe siber. Pelajar sekolah pula menggunakan internet selepas waktu sekolah dan di sesetengah kafe siber bilangan pelajar adalah ramai pada waktu selepas sekolah.

BAB 2
SEJARAH PERKEMBANGAN INTERNET DAN KAFE SIBER

EVOLUSI INTERNET

Network World mengeluarkan tulisan Carolyn Duffy Marsan pada tahun 2009 berkenaan evolusi internet yang menyatakan bahawa asal-usul tarikh internet adalah hampir 40 tahun dengan pembiayaan tentera Amerika Syarikat dalam satu rangkaian penyelidikan digelar *Advanced Research Projects Agency Network* (ARPANET) dalam tahun 1969. Sejak itu, bilangan komputer bersambung dengan internet telah berkembang dengan pesat sementara bilangan pengguna telah meningkat daripada sebilangan kecil ahli sains komputer ke 1.5 bilion pengguna. Rangkaian tersebut mencapai pengembangan di luar Amerika Syarikat ke setiap sudut dunia, namun kepopularannya mempunyai fenomena yang dilihat sebagai bermasalah kerana internet telah berevolusi daripada satu rangkaian penyelidikan mesra ke satu tempat aktiviti jenayah termasuk penipuan dan kecurian identiti. Jaya D. Murthy (2000) mengambarkan evolusi internet dengan menerangkan perkembangan internet daripada kemunculannya (kelahiran internet) ke peringkat semasa (e-dagang), menunjukkan pertumbuhan pantas, penyebaran meluas dan meninggikan lagi kesan dalam masyarakat.

Langkah pertama ke arah rangkaian komunikasi moden dan komputer adalah telegraf dan penciptaan Samuel Morse pada tahun 1844 dalam komunikasi menggunakan impuls elektronik, satu kod unik yang menafsirkan kod denyut ke huruf dalam abjad. Barangkali pencapaian teknikal pertama dalam internet adalah pada tahun 1844 apabila Kongres Amerika Syarikat membayar Samuel Morse sebanyak $30,000 untuk membina pautan telegraf antara Baltimore dan Washington, DC. Pada tahun 1931, *teletype* muncul, satu bentuk yang lebih dapat dikenal dalam emel, menyediakan output teks yang dapat dibaca oleh seseorang selain daripada pengendali telegraf yang tidak perlu menafsir kod. Kemunculan moden internet adalah pada tahun 1957. Pada tahun 1962, *Advanced Research Projects Agency* (ARPA) memulakan satu program penyelidikan komputer dan mengeluarkan satu pelan untuk sistem rangkaian komputer dipanggil ARPANET pada tahun 1966 hingga 1967. ARPA telah mereka bentuk satu sistem yang membenarkan komputer untuk menghantar dan menerima mesej dan data yang dikenali sebagai *interface message processors* (IMPs) pada masa itu.Dalam tahun 1972, ahli sains ARPA menunjukkan kebolehan ARPANET menghubungkan komputer dari 40 lokasi yang berbeza di Persidangan Antarabangsa Mengenai Komunikasi Komputer (*International Conference on Computer Communications*). Satu program baru telah dilaksanakan oleh ARPA memudahkan mesej untuk dihantar melalui rangkaian yang membenarkan komunikasi langsung orang-ke-orang yang hari ini dikenali sebagai emel.Emel pertama dunia telah dihantar dalam tahun 1971 menyesuaikan program mel dalam berkongsi-masa yang sedia ada dan popular. Dalam tahun 1974, ahli sains ARPA bekerja dengan pakar di Stanford dan membangunkan satu bahasa umum yang membenarkan rangkaian berbeza untuk berkomunikasi dengan satu sama lain. Dalam tahun yang sama (1974), Stanford telah membuka *Telenet* yang kemudian menjadi dapat diperoleh secara terbuka pertama 'perkhidmatan data paket' ('*packet data service*') awam, satu versi komersil dari ARPANET(Murthy, 2000).

Dalam tahun 1976, makmal AT&T membangunkan satu protokol *Unix-to-Unix* dan menghantarnya kepada semua pengguna komputer *Unix*. Pada tahun 1979, *Usenet* muncul dan mewujudkan satu sistemkomunikasi emel terbuka dan percuma. Pada tahun 1981, *Bitnet* telah dicipta, satu rangkaian kerjasama di *City University of New York* menghubungkan ahli sains universiti menggunakan komputer IBM di Timur Amerika Syarikat. Pada tahun 1982, bilangan hos komputer mengatasi 200 dan rangkaian *Unix* telah ditubuhkan di Eropah dipanggil sebagai *Eunet*. Pada tahun 1984, '*Domain Name Servers*' (DNS) dibangunkan dan menyediakan satu kejayaan cemerlang penting untuk kejayaan berterusan internet dan menghentikan beberapa keraguan yang telah dibangunkan.Dalam tahun 1988, penggunaan internet mula merebak di seluruh dunia dengan cara meluas dan dalam tahun yang sama istilah '*information highway*'telah dicipta oleh Al Gore untuk melabelkan kemunculan internet. Pada tahun 1990, ARPANET telah ditamatkan dan enjin-carian yang pertamayang dipanggil sebagai *Archie*telah dibangunkan di McGill University untuk mencari dan menerima fail-fail komputer.Pada akhir tahun 1991, *World Wide Web* telah dikeluarkan kepada orang ramai. Dalam tahun 1993, Marc Andreesen telah melancarkan satu program dipanggil *Mosaic X*. Dalam tahun 1995, internet telah umumnya diakui sebagai tiba dalam masyarakat arus perdana, dengan Newsweek mengisytiharkan ia sebagai "tahun internet" ("*the year of the internet*"). Di Kanada, pada tahun 1999, StatsCan menjalankan gambar kebangsaan pertama tentang perdagangan elektronik dan penggunaan teknologi maklumat dan komunikasi. Mereka mengambil perhatian bahawa populasi perniagaan dalam talian mengembang sebanyak satu per tiga kepada 550,000 perniagaan dalam talian yang besar pada pertengahan 2000 (Murthy, 2000).Garis Masa Perkembangan Internet menurut Murthy (2000) ialah seperti dalam rajah 1.

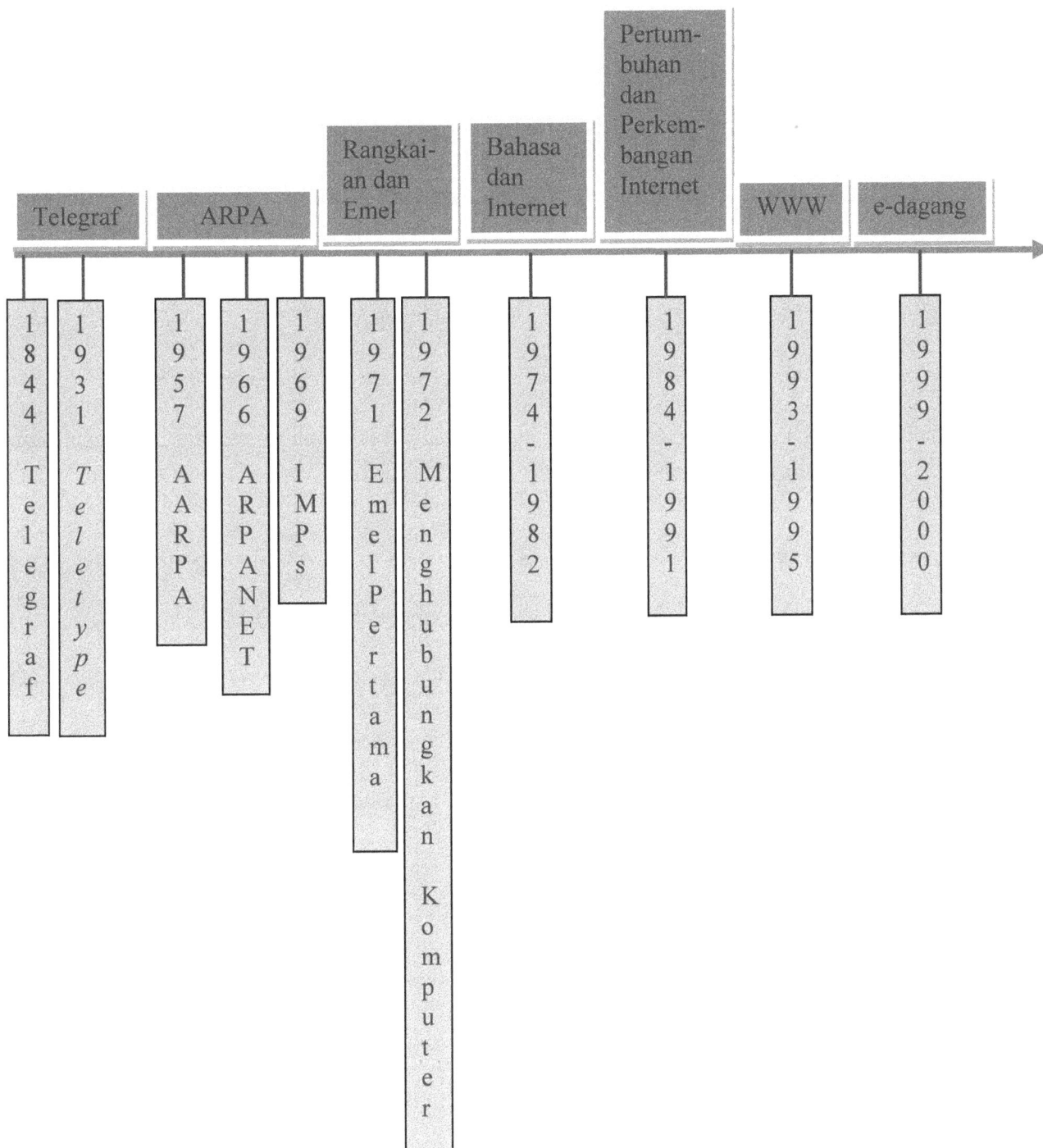

Rajah 1 Garis masa perkembangan internet menurut Murthy (2000).

Peringkat Perkembangan Internet

Rekod pertama yang menerangkan tentang interaksi sosial yang boleh dilakukan melalui rangkaian adalah satu siri memo ditulis oleh J.C.R Licklider dari MIT pada ogos 1962 yang membincangkan konsepnya iaitu *"Galactic Network"*. Beliau telah membayangkan satu set komputer saling bersambung secara global yang melaluinya setiap orang boleh akses data dan program dengan cepat dari sebarang tapak. Dari segi cara, konsep tersebut sangat seperti internet pada hari ini. Licklider ialah ketua pertama program penyelidikan komputer di *Defense Advanced Research Projects Agency* (DARPA)bermula pada Oktober 1962(Leiner et al., 2013).Penjelasan berkenaan asal usul dan pembangunan internet dalam Encyclopaedia Britannicapada tahun 2014 menggambarkan rangkaian awal. Rangkaian komputer pertama adalah menujukan khas sistem tujuan-khusus seperti SABRE (saru sistem tempahan syarikat penerbangan) dan AUTODIN I (satusistem perintah-dan-kawalan pertahanan) direkabentuk dan dilaksanakan dalam akhir tahun 1950an dan awal tahun 1960an. Menjelang awal 1960an, pengeluar-pengeluar komputer telahmula menggunakan teknologi semikonduktor dalam produk komersil dan sistem konvensional pemprosesan kelompok dan perkongsian masa yang berada di banyak syarikat-syarikat besar dengan teknologi tinggi. Sistem perkongsian masa membenarkan satu sumber komputer untuk dikongsi dalam pewarisan pantas dengan berbilang pengguna, berkitaran melalui giliran pengguna-pengguna begitu cepat bahawa komputer muncul menujukan khusus kepada setiap tugas-tugas pengguna walaupun kewujudan kebanyakan yang lain mengakses sistem "serentak". Ini membawa kepada fahaman dalam perkongsian sumber-sumber komputerdipanggil sebagai komputer hos (*host computer*) atau *simply hosts* melalui seluruh rangkaian. Interaksi hos-ke-hos telah dibayangkan, bersama-sama dengan akses ke sumber khusus seperti superkomputer dan sistem storan massa dan akses interaktif oleh pengguna terpencil ke kuasa pengkomputerandalam sistem pengingsian masa terletak di tempat lain. Idea ini direalisasikan oleh ARPANET yang menubuhkan sambungan rangkaian hos-ke-hos pertama pada 29 Oktober 1969.

Partridge (2008), menyatakan bahawa mel elektronik wujud sebelum rangkaian dilakukan. Dalam tahun 1960an, sistem operasi berkongsi-masa membangunkan sistem emel tempatan yang menghantar mel antara pengguna pada satu sistem tunggal. Pentingnya kerja ini ialah emel memerlukan sejumlah tertentu dalam infrastruktur tempatan. Terdapat keperluan pada satu tempat untuk meletakkan setiap emel pengguna dan perlu satu cara bagi pengguna untuk mendapati bahawa mereka mempunyai emel baru. Pada awal 1970an, banyak sistem operasi mempunyai kemudahan ini.Dalam tulisan oleh Elon University School of Communications, satelit dan rangkaian komunikasi jalur lebar adalah membantu manusia termasuk yang berada di lokasi terpencil untuk mencari jalan menyambung dengan manusia yang lain. Menangani kebimbangan awal bahawa pengkomersilan akan mengehadkan kreativiti atau kebebasan untuk bercakap, internet telah menjadi satu campuran bahagian-bahagian tidak terselaras tapak komersil, maklumat kerajaan dan halaman amat menarik minat yang dibina oleh individu yang mahu untuk berkongsi pandangan mereka. Bilangan orang yang membuat halaman internet terus berkembang. Sehingga pertengahan tahun 2004, lebih daripada 63 juta nama domain telah didaftarkan iaitu kira-kira satu bagi setiap orang yang hidup di dunia (Elon University School of Communications, n.d.).

Matthew Alan Zook pada tahun 2001 menulis bahawa internet telah berkembang dari eksperimen akademik dan sistem komunikasi tentera ke dalam satu fenomena arus perdana berkembang secara eksponen. Ia telah menangkap imaginasi dunia dengan keupayaannya untuk mengedarkan maklumat pada satu asas masa sebenar di seluruh dunia. Keupayaan ini telah menyebabkan manusia meneka bahawa teknologi ini akan membenarkan ekonomi untuk mengatasi geografi dan membawa kepada kematian jarak.Internet telah membuang "batasan geografi" dan sebaliknya menunjukkan bahawa industri internet ialah sangat tertumpu di kawasan dan bandar raya khusus. Industri internet ialah syarikat-syarikat terlibat dalam penciptaan, organisasi dan penyebaran produk maklumat di mana sebahagian penting dari perniagaan ialah dijalankan melalui internet. Produk maklumat seperti penjualan barangan fizikal sebagai contohnya eBay atau Webvan; penjualan atau pengedaran produk digital sebagai contohnya Napster; penjualan dan penggunaan perkhidmatan sebagai contohnya Travelocity atau E*Trade; penggunaan enjin carian pangkalan data sebagai contohnya Inktomi atau Google; atau kemudahan laman destinasi/portal sebagai contohnya Yahoo, dikeluarkan semula dengan kebenaran pemilik hak cipta. Modal usaha niaga menyumbang kepada pengelompokkan industri internet. Memandangkan konsentrasi sumber modal usaha niaga di beberapa kawasan dan orientasi tempatan dalam kebanyakan pemodal usaha niaga, penekanan pada pembiayaan usaha niaga secara kuat disumbangkan kepada konsentrasi firma-firma internet (Zook, 2001).

Industri internet terdiri daripada empat segmen iaitu pertama, penerbitan; kedua,filem dan rakaman bunyi; ketiga, penyiaran dan telekomunikasi; dan keempat, perkhidmatan maklumat dan pemprosesan data (Han, 2002). John Palfrey pada tahun 2010 melalui tulisan bertajuk *Four phases of internet regulation*" dalam *Social Research* menggambarkan empat fasa peraturan internet iaitu tempoh "*open internet*", "*access denied*", "*access controlled*" dan "*access contested*". Fasa *Open Internet* (pada tahun 1960an hingga 2000)sesiapa sahaja berfikir secara serius tentang peraturan iaitu internet sendiri adalah ruang yang berasingan yang sering dipanggil "*cyberspace*".Konsep ruang siber mencampurkan bersama elemen berbeza kreativiti penulis fiksyen sains dengan cita-cita ahli teori demokratik untuk permulaan baru. Istilah *Open Internet* bertujuan untuk menyampaikan makna deskriptif, ramalan dan normatif. Makna deskriptif ialah terdapat banyak kebenaran untuk hujah: sehingga akhir 1990an kebanyakan negeri cenderung sama ada untuk mengabaikan aktiviti-aktiviti dalam talian atau untuk mengawal mereka dengan sangat mudah. Makna ramalan (*predictive*) ialah tidak tepat dengan fenomena apabila negara-negara memberi perhatian kepada aktiviti-aktiviti dalam talian, mereka cenderung untuk memikirkan dan memperlakukan mereka dengan sangat berbeza daripada aktiviti-aktiviti dalam ruang-sebenar. Makna normatif ialah apabila masih menonjol kepada konsep rangkaian terbuka yang adalah bernilai untuk berterusan mengingati. Kuasabesar internet sebagai satu kuasa untuk pendemokrasian adalah dalam tindakan kolektif. Kesan meluaskan teknologi internet dan media digital juga dilihat dalam pembentukan kumpulan dan kuasa. Internet boleh berkhidmat sebagai pembantu dalam pembentukan kumpulan dalam talian, yang seterusnya akan mempunyai satu kesan ke atas demokrasi dan urus tadbir.

Terdapat kuasa yang besar dalam tanggapan ini tentang membentuk dengan cepat dan melenyapkan kumpulan dalam bentuk *flash mobs* (Dalam Collins pada tahun 2014, *flash mob* bermaksud sekumpulan manusia diselaraskan oleh emel dan media sosial untuk bertemu bagi melaksanakan beberapa tindakan yang telah ditetapkan terlebih dahulu di tempat dan masa tertentu serta kemudian bersurai dengan cepat.). Elemen deskriptif dan sesetengah elemen normatif dalam teori-teori "*open net*" asal adalah bukan sahaja tepat, tetapi tetap membantu dan penting sehingga hari ini.Bahagian dalam teori-teori "*open net*" yangsilap adalah orang-orang yang menegaskan "sifat" tertentu dalam rangkaian yang akan berterusan dari masa ke semasa. Fahaman atau tanggapan adalah bahawa ruang siber terasing daripada sempadan-sempadan geografi(Palfrey, 2010).

Fasakedua pembangunan internet ialah tempohaccess denied (tahun 2000 hingga 2005) iaitu negara-negara dan yang lain memikirkan tentang aktiviti-aktiviti dan ungkapan tentang internet sebagai benda yang perlu disekat dan diuruskan dengan pelbagai cara.Pemikiran adalah bahawa tindakan-tindakan tertentu dalam ucapan dan mengatur dalam talian perlu diselaraskan seperti mana-mana yang lain. Dunia boleh muncul tanpa sempadan apabila dilihat dari ruang siber, tetapi garis geopolitik adalah sebenarnya dalam talian yang mantap. Hakikat bahawa penapisan internet yang meluas berlaku pada tahap kebangsaan di seluruh dunia adalah dengan jelas didokumenkan. Takat, lokus (tempat atau kawasan tertentu di mana sesuatu wujud atau berlaku), dan watak penapisan internet adalah berbeza dari negara ke negara dan melalui masa. Negara yang ingin menapis akses rakyat ke internet mempunyai beberapa pilihan awam: penapisan DNS, penapisan IP atau penapisan URL. Sesetengah dari teori paling awal tentang kawalan dalam persekitaran dalam talian, daripada tempoh "*open net*", mencadangkan bahawa kaawalan oleh kerajaan demikian dalam aktiviti internet tidak akan berjaya(Palfrey, 2010).

Fasa ketiga pembanguna internet ialah *access controlled*(tahun 2005 hingga 2010)menggambarkan kawalan akses dipengaruhi ciri-ciri satu tempoh negara-negara menekankan pendekatan kawal selia yang berfungsi bukan sahaja seperti penapis atau blok tetapi juga sebagai kawalan pemboleh ubah. Ciri-ciri menonjol dalam fasa ini ialah fahaman bahawa terdapat satu siri besar dalam mekanisme, di pelbagai titik kawalan, yang boleh digunakan untuk membataskan akses kepada pengetahuan dan maklumat. Mekanisme ini boleh berlapis di atas penapis dan blok asas yang ditubuhkan semasa era terdahulu. Mekanisme dalam tempoh *"access controlled"* adalah lebih halus dan nuansa daripada mekanisme penapisan dan blok generasi pertama yang mereka melengkapi. Kawalan ini boleh berubah melalui masa untuk bergerak balas kepada perubahan persekitaran berkenaan politik dan kebudayaan yang timbul dalam talian dan luar talian. Semasa tempoh *"access controlled"* ini, negara-negara juga telah meningkat bilangan titik kawalan yang adalah munasabah pada rangkaian ini dan penggunaannya dalam gabungan. Negara-negara mengawal persekitaran dalam talian tidak hanya di sempadan kebangsaan, sebagaimana maklumat mengalir dalam dan luar negara, tetapi dalam kebanyakan persekitaran dalam negara. Sebagai contoh, di Turki untuk log masuk ke internet di kafe siber, individu perlu membuktikan identiti, log masuk di bahagian depan kedai supaya pemilikboleh menghubungkan aktiviti-aktiviti dalam talian pelanggan ke satu mesin, alamat IP dan tempoh masa tertentu. Negara-negara sendiri tidak boleh melaksanakan tahap kawalan yang mereka mencuba melalui aktiviti rangkaian tersebut secara terus, oleh itu strategi kawalan mereka diperluas untuk merangkumi tekanan ke atas pihak-pihak swasta (Palfrey, 2010).

Fasa keempat ialah *access contested*(tahun 2010 dan seterusnya) yang idea utama adalah mengundur terhadap beberapa kawalan ke atas akses internet. Keutamaan semakin meningkat tentang aktiviti dalam talian kepada kehidupan secara amnya merupakan pemacu utama dalam pertandingan ini. Dalam fasa *"access contested"*, peraturan yang negara kenakan dalam fasa lebih awal adalah menimbulkan tindak balas kuat daripada sektor swasta dan daripada negara lain tidak gembira dengan peraturan ini.Reaksi orang awam kepada peraturan internet juga mengenal pasti pertandingan tersebut bahawa adalah permulaan untuk bermain dalam arena awam di seluruh dunia(Palfrey, 2010).

Perkembangan Internet Di Malaysia

Keadaan internet di Malaysia ialah terdapat kira-kira 1.2 juta pelanggan internet yang menterjemahkan kepada anggaran empat juta pengguna atau 17.2 peratus dari penduduk pada tahun 2000. Terdapat sambungan yang tinggi di semua kementerian dan kerajaan negeri serta peringkat universiti dan sekolah. Akses tempatan kelajuan tinggi ialah terhad dengan talian pajak dan *Integrated Services Digital Network* (ISDN) menjadi kaedah akses utama. Dua *Internet Service Providers* (ISPs) utama, JARING dan TMnet menguasai perkhidmatan internet. Kerajaan Malaysia telah melengkapi kawasan teras di *Multimedia Super Corridor* (MSC) dengan rangkaian logistik dan telekomunikasi global kapasiti-tinggi. Sebanyak 77.7 peratus pengguna emel manakala pada tahun 2000 ia telah meningkat kepada 89.9 peratus. Kebanyakan syarikat iaitu 94.2 peratus mempunyai akses ke internet dan 85 peratus dari mereka menggunakan mel pesanan. Internet membenarkan pengguna untuk mendapat berita dan rujukan iaitu sebanyak 74.4 peratus, membenarkan pengguna untuk membuat penyelidikan perniagaan iaitu sebanyak 67.6 peratus. Hanya 24.2 peratus mengguna internet untuk membuat operasi jualan dan pembelian dalam talian. Sebanyak 62.3 peratus dari syarikat mempunyai laman web mereka sendiri dan kebanyakan dari mereka iaitu sebanyak 63.8 peratus menggunakan internet untuk menyokong fungsi pemasaran (Goi, 2008).

KAFE SIBER

Kafe siber mula diwujudkan pada bulan Julai tahun 1991 di San Francisco apabila Wayne Gregori memulakan *Sfnet Coffeehouse Network*. Terminal kafe didail ke dalam 32 baris Sistem papan Buletin yang menawarkan kumpulan perkhidmatan elektronik termasuk mel FIDOnet dalam dalam tahun 1992, mel internet. Di Kanada, Binary Cafe adalah kafe siber yang pertama yang bermula pada bulan Jun 1994 dan pada hari ini terdapat beribu-ribu kafe siber di seluruh dunia yang menyediakan komputer dan akses internet yang diperlukan oleh manusia untuk menjalani kehidupan harian mereka. Kafe awam pertama, kafe internet Amerika komersil telah difikirkan dan dibuka oleh Jeff Anderson pada bulan Ogos 1994 di Infomart, Dallas, Texas dan telah dipanggil sebagai *The High Tech Cafe*. Konsep kafe dengan akses penuh internet (dan yang dinamakan kafe siber) telah dicipta pada awal tahun 1994 oleh Ivan Pope (Computer Hope, 2014; StudyMode, 2014).Ivan Pope kemudiannya telah menyempurnakan pembangunan kafe dengan akses internet daripada mejanya. Syarikat komersil pertama adalah Cafe Cyberia yang berasaskan London (Articleworld.org, 2014). Perkembangan atau evolusi konsep adalah dengan ketat berkaitan dengan perkembangan internet itu sendiri. Kini kafe siber cenderung untuk muncul di seluruh dunia dan juga cenderung untuk menggabungkan perkhidmatan LAN Gaming yang mana tidak terdapat rangkaian lebih daripada rangkaian dibesar-besarkan dalam reka bentuk komputer untuk permainan *Personal Computer* (PC). Internet kafe juga mempunyai pebezaan agak tidak ketara bergantung pada kebudayaan yang ia miliki. Sebagai contohnya di Asia Tenggara iaitu di Korea Selatan ia dipanggil kesan tiba-tiba PC dan sebahagian besarnya memfokuskan pada permainan. Sebaliknya di dunia barat, arah aliran adalah untuk menurunkan harga dan tidak meneruskan penawaran perkhidmatan zon kelabu seperti memasukkan data ke CD, untuk mengelakkan masalah berkaitan hak cipta dan juga fokus beralih lebih pada penggunaan mel web dan sistem mesej segera. Di negara sedang membangun sebaliknya kafe internet adalah dilihat sebagai alat penting dalam menurunkan jurang berkenaan teknologi, manusia di kawasan ini cenderung untuk menggunakan ia lebih untuk urusan serius seperti mencari maklumat atau menguruskan perniagaan. Di negara berfahaman totalitarian seperti China ia adalah tertakluk kepada menghadapi penapisan dan kawalan. Arah aliran pada masa kini adalah untuk mengaburkan perbezaan antara kafe tradisional dan netcafe, kerana semakin banyak kafe menawarkan perkhidmatan internet. Tahun-tahun lepas juga menunjukkan kemunculan kiosk internet yang merupakan pusat akses internet tersebar di tempat-tempat seperti hotel, restoran dan perhentian trak. Kafe internet juga membantu dalam meningkatkan imej bahawa internet berada di peringkat awal dan menjenamakan semula ia sebagai '*cool*' (Articleworld.org, 2014).

Kafe siber difahami oleh Anikar M. Haseloff dalam tulisannya pada tahun 2005 sebagai kemudahan untuk keuntungan, terbuka kepada orang ramai untuk akses internet, kemudahan rangkaian yang lain dan pelbagai alat teknologi maklumat pada satu asas kontrak sementara (bayar setiap penggunaan) tanpa keperluan untuk pengguna untuk memiliki perkakasan dan perisian mereka sendiri. Takrifan ini mengasingkan kafe siber dari projek internet luar bandar yang dilaksanakan dengan organisasi, kerajaan atau institusi terutamanya pembangunan sikap dan matlamat. Satu dari perbezaan utama kafe siber bandar dengan projek internet luar bandar yang dilaksanakan dengan organisasi mungkin dilihat dalam matlamat pengurusan dari model berbeza. Manakala projek internet luar bandar sering kali mensasarkan kumpulan pendapatan rendah dan adalah mampu untuk menawarkan perkhidmatan mereka secara percuma atau dengan subsidi yang ketara, kafe siber adalah dalam persaingan sengit dan biasanya mensasarkan bahagian yang lebih kaya dalam masyarakat. Kafe siber pada hari ini muncul dalam pelbagai model berbeza yang dalam lingkungan daripada model usahawan skala kecil asal di mana satu bilangan kecil komputer menggunakan sambungan dailan perlahanCybercafes and their potential as community development tools in India (2005). *The Journal of Community Informatics*, Vol 1, No 3 (2005). Atas talian pada 19 Februari 2014, dari http://ci-journal.net/index.php/ciej/article/view/226/181

Tulisan bertajuk "*Cybercafes: debating the meaning and significance of internet access in a cafe environment*" oleh Sonia Liff dan Anne Sofie Laegran pada tahun 2003 menunjukkan 10 peratus dari 53 peratus orang dewasa yang telah akses internet pada bulan Oktober 2001 mengakses internet di kafe internet atau kedai.Pertumbuhan antarabangsa adalah berkaitan dengan perubahan dan perbincangan agak menentang tentang peranannya dalam menggalakkan perubahan sosial. Barangkali kerana peranan jelas mereka dalam dasar awam atau tindakan komuniti, laman akses internet yang lain seperti perpustakaan dan pusat teknologi komuniti telah menerima perhatian lebih akademik dari kafe siber.Kafe siber dalam tulisan oleh Sonia Liff dan Fred Steward pada tahun 2003 digambarkan mempunyai satu lokasi khusus sebagai tapak inovatif dalam e-akses yang baru muncul dalam tahun 1990an. Nilai dalam kebaharuannya diperiksa semula yang kelainan sebagai satu tapak yang menghubungkan yang "*real*" dan yang "*virtual*" diteorikan istilah rosak tentang rangkaian sosial dan konsep *heterotopia* oleh Foucault. Tinjauan ke atas pertumbuhan dan sifat kafe siber di United Kingdom menunjukkan bahawa sifat *heterotopia* adalah ditunjukkan dalam kafe siber tetapi untuk darjah berbeza yang diterangkan melalui jenis-jenis yang memperlihatkan pertentangan dalam amalan *boundary-spanning* (dalam tulisan Promoting Health Across Boundaries pada tahun 2014 mentakrifkan *boundary-spanning* sebagai sampai merentasi sempadan, margin atau bahagian untuk 'membina hubungan, saling hubungan dan saling bergantungan' untuk menguruskan masalah yang rumit). Dihujahkan bahawa analisis tin mempunyai implikasi untuk pengurusan dan kemudahan masa depan e-akses di kafe siber.

Tulisan bertajuk Guide for Cyber Cafe, CSC ad eCommerce Srvice Retailer yang boleh dirujuk di URL http://ccaoi.in/UI/Files/HowtobeSuccessfulCybercafeCSCeCommerceRetailer/ How_to_be__Successful_Cybercafe_CSC_eCommerce_Retailer_-_English.pdf mengandungi penjelasan berkenaan kejayaan perkhidmatan kafe siber seperti kebersihan kafe merangkumi penyejukan yang betul dan pencahayaan yang baik.

Tulisan About.com Europe Travel pada tahun 2014 yang bertajuk *What is an Internet Cafe or Cybercafe?* Menggambarkan kafe internet atau kafe siber merupakan satu tempat di mana seseorang manusia boleh "menyewa" atau menggunakan komputer denganakses internet. Istilah *Internet Point* sering kali digunakan di Eropah untuk menentukan satu tempat di mana akses ke komputer disambungkan ke internet adalah disediakan yang biasanya dengan perkhidmatan makanan atau minuman yang sangat terhad. Perkhidmatan berkaitan yang lain yang boleh ditemui di Internet Point termasuk perkhidmatan faks, permainan, percetakan foto, memasukkan data ke CD dan telefon jarak jauh. Kafe internet International Trade Centre (ITC) juga dikenali sebagai kafe siber berbeza dengan kafe awam dimana kafe awam membolehkan akses kepada internet dengan bayaran, namun kafe internet ITC di acara perdagangan mensintesiskan maklumat perdagangan dan sasaran mereka kepada peserta-peserta acara (International Trade Centre, 2001).

Cushman et al. dalam tulisan bertajuk *"small business strategy: Case study of a Cybercafe"* pada tahun 1997 dan kemudian diterbitkan semula dalam talian pada tahun 2013 menggambarkan kafe siber sebagai satu konsep baru perniagaan kecil yang mempunyai banyak unsur yang umum. Kafe siber yang dikelaskan sebagai biasa menawarkan enam komputer yang lengkap dengan akses internet untuk kegunaan pelanggan. Kebanyakan kafe siber mengenakan bayaran untuk akses internet dan kebanyakannya menyediakan kelas pada malam tertentu untuk mendidik pelanggan yang kurang celik komputer. Atmosfera kafe siber pada umumnya mengamalkan elektisisme dan membuat seseorang berasa senang dengan sofa, kerusi, meja, muzik dan poster serta lukisan di dinding. Konsep kafe siber juga mempunyai halangan di mana kos awal dan menaik taraf banyak komputer boleh jadi mahal. Perbelanjaan ini boleh sangat meningkatkan kos operasi untuk kebanyakan perniagaan kecil yang beroperasi sebagai kafe siber. Kafe siber adalah konsep perniagaan kecil yang unik, kreatif dan futuristik yang boleh menjadi usaha menarik kerana pelaburan modal minimum.

BAB 3

INTERNET DAN PENGURUSAN

PENGURUSAN INTERNET

Yang, J. et al. (2009) menjelaskan bahawa kualiti yang dapat diuruskan atau dikawal ialah merupakan satu ciri yang penting kepada generasi internet masa depan. Adalah perlu untuk mencipta satu seni bina pengurusan rangkaian baru untuk menampung keperluan keupayaan dalam sistem komputer untuk menyesuaikan dengan permintaan yang semakin meningkat dan keupayaan untuk dilanjutkan dalam pengurusan internet generasi masa depan. Bob Francis pada tahun 1996 dalam *Computerworld* menunjukkan pengurus yang menggunakan intranet dan internet adalah memerlukan alat pengurursan. Alat pengurusan yang diperlukan ialah alat pengurusan internet dan intranet. Hart et al. (2010) menunjukkan pengurusan internet untuk entiti bukan keuntungan perlu menguruskan penggunaan internet dengan lebih baik sebagai satu cara untuk mendidik, memupuk, mencari pelanggan dan berkomunikasi dengan penderma semasa serta berpotensi.Michael Cooney dalam tulisan bertajuk *"IBM to pull out Internet management stops"* pada tahun 1996 menunjukkan perisian Penghantar jaring (rangkaian) syarikat yang berdasarkan pada laman web besar IBM beroperasi semasa Olimpik Musim Panas membantu pelanggan menggunakan apliaksi Web lebihpantas, muatan trafik internet seimbang di kalangan pelayan dan mengikat pelayan Web kepada sumber data yang ditanggung selepas projek. Perisian Penghantar jaring (rangkaian) kekal berhubung pada mesin yang terletak di hadapan satu siri pelayan Web beroperasi pada IBM atau lain-lain perkakasan vendor dan trafik menerima langsung kepada yang bersesuaian. Sekiranya ia mengesan satu pelayan menerima terlalu banyak trafik, ia akan mengarahkan trafik ke satu atau lebihpelayan dalam satu berkelompok untuk mengimbangi beban.

Frank Straub dan Torsten Klie pada tahun 2003 dalam Integrated Network Management VIII menunjukkan pengurusan internet ialah berasaskan pada spesifikasi *Internet Engineering Task Force*(IETF) yang telah dibangunkan dan digunakan selama 14 tahun yang lepas. Terdapat banyak versi dan pilihan dalam protokol pengurusan (*Simple Network Management Protocol*/SNMP), dua versi dalam bahasa untuk menyatakan struktur pengurusan maklumat (*structure of management information*/SMI) dan lebih daripada 160 piawai modul MIB. Chapter IV Internet Management menggambarkan bahawa pendekatan pengurusan yang dipiawaikan oleh IETF juga dikenali sebagai SNMP atau pendekatan pengurusan TCP/IP. Dalam separuh kedua dekad yang lalu, Internet meningkat kepada saiz pengurusan dalam Internet yang tidak lagi boleh disediakan pada satu asas *ad hoc* (untuk tujuan tertentu sahaja) iaitu ia memerlukan satu pendekatan berstruktur dan dipiawaikan untuk pengurusan internet. Dalam tahun 1987, tiga cadangan pengurusan telah muncul. Satu daripada cadangan tersebut ialah *High-level Entity Management System/Protocol* (HEMS/HEMP)[RFC 1021-1022: *High-level Entity Management System* (HEMS)adalah telah ditarik balik tidak lama kemudian, oleh itu dua cadangan yang tinggal ialah *Simple Network Management Protocol* (SNMP) dan *Common Management OverTCP/IP* (CMOT). Pada Mac 1988 mesyuarat lembaga Internet yang menghasilkan keputusan untuk menggunakan SNMP dalam tempoh jangka pendek dan CMOT dalam tempoh jangka panjang. CMOT menghadapi masalah yang sama seperti OSI dan semua kerja CMOT telah dihentikan pada tahun 1992. Idea-idea yang muncul dari penerbitan yang menerangkan prinsip-prinsip di sebalik pengurusan internet merangkumi semua sistem bersambung ke rangkaian seharusnya boleh diurus dengan SNMP; kos dalam menambah pengurusan rangkaian untuk sistem yang sedia ada seharusnya kecil (minima); ia seharusnya agak mudah untuk melanjutkan keupayaan pengurusan dalam sistem yang sedia ada (melalui melanjutkan *Management Information Base*); dan Pengurusan rangkaian mesti kuat. Walaupun dalam hal kegagalan, satu set kecil dalam keupayaan pengurusan masih perlu disediakan. SNMP masih mempunyai beberapa kekurangan dan pada tahun 1992 telah mula dibangunkan satu versi lebih baik dalam SNMP yang dipanggil SNMPv2.

Analisis tentang pengurusan internet dalam Chapter IV Internet Management menggambarkan pengurusan internet boleh dibandingkan dengan pengurusan OSI dan banyak konsep yang wujud dalam OSI digunakan dalam pengurusan internet padamasa SNMP bermula. Walau bagaimanapun pengurusan internet menggunakan bahagian kecil dalam fungsi pengurusan untuk pertukaran dalam pengurusan maklumat dan masalah berkaitan dengan pengurusan rosak kurang kemungkinan untuk berlaku. Untuk mendapatkan pemahaman tentang senibina pengurusan internet, perlu memperolehi makna dalam konsep-konsep berbeza dari piawai protokol yang merupakan satu masalah bagi SNMPv2. Tanpa pemahaman yang baik berkenaan konsep tersebut, sukar untuk melaksanakan SNMPv2. Pengurus-pengurus mesti memahami makna yang tepat dalam banyak pembolehubah pengurusan.Piawai pengurusan internet menerangkan bagaimana pengurusan individu beroperasi seperti bagaimana GET dan SET boleh dilaksanakan. Pengurusan mesti menentukan fungsi dan kandungan yang tepat dalam operasi. Piawai pengurusan internet mentakrifkan debugger yang diedarkan dan debugger tersebut membenarkan pengurus untuk menonton dan mengubah suai pembolehubah-pembolehubah pengurusan. Ia tidak memberitahu pembolehubah-pembolehubah yang mesti ditonton dan yang mesti diubah suai. Keputusan tersebut mesti diambil oleh 'fungsi khusus pengurus' sebagai contohnya operator. Piawai pengurusan internet hanya memberitahu bagaimana untuk akses pembolehubah-pembolehubah pengurusan.

SISTEMPENGURUSANINTERNET

Sistem pengurusan internet telah dilaksanakan di seluruh dunia antaranya universiti-universiti di dunia melaksanakan Sistem Pengurusan Internet (*Internet Management System*/IMS) untuk membantu manusia sedar tentang penggunaan internet mereka dan untuk menyediakan satu percubaan audit bagi memastikan pematuhan kepada dasar-dasar seperti akses ke internet dan penggunaan kemudahan dan perkhidmatan ICT. University of Tasmania, Australia adalah contoh yang melaksanakan sistem pengurusan internet (University of Tasmania, 2013). Terdapat beberapa syarikat yang menawarkan perkhidmatan dan barangan berkenaan Sistem Pengurusan Internet seperti SourceForge merupakan sebahagian daripada sebuah syarikat yang memiliki pemegang saham yang mengambil peluang dalam perdagangan perkhidmatan sistem pengurusan internet untuk pengguna LAN. Sistem tersebut melaksanakan pentadbiran pengguna dengan akses internet melalui alamat IP statik atau sesi PPPoE, menghadkan kelajuan mereka dan secara automatik menghentikan perkhidmatan yang disediakan selepas tarikh yang ditetapkan (SourceForge, 2014). Techmedia Network sebuah syarikat kepentingan menawarkan perisian pengurusan internet kepada pemilik perniagaan atau pengurus yang mencari pemantau aktiviti internet pekerja-pekerja mereka atau untuk menghadkan akses internet sama sekali untuk meningkatkan produktiviti atau jika mahu memastikan rahsia syarikat mereka kekal rahsia. Antara pilihan sistem pengurusan internet yang ditawarkan oleh Techmedia network ialah Interguard, Pearl Echo dan CurrentWare (Techmedia Network, 2014[a]).

Snoke (2014) menunjukkan 24 ciri-ciri dan pilihan yang merupakan perisian pengurusan internet terbaik telah dinilai dan diuji termasuk memberikan pemberat tertinggi kepada ciri-ciri yang ada untuk menentukan kebolehgunaan. Kriteria adalah piawai industri yang diiktiraf dan kedudukan direka bentuk untuk membantu pengguna memilih perisian untuk syarikat dan pejabat merangkumi ciri-ciri, analisis, format laporan dan bantuan serta sokongan.Kriteria penting apabila menilai perisian pengurusan internet ialah sama ada keluaran mengurangkan ancaman keselamatan dalaman dan luaran ke atas peniagaan sama ada perisian melaksanakan penyelenggaraan sendiri, ciri-ciri skrin menangkap dan amaran jika tindakan tidak sesuai berlaku. Capaian jauh dari komputer yang lain ialah satu kelebihan, kerana capaian mudah alih, percubaan percuma dan keupayaan untuk muat turun kemaskini kepada perisian.

Perisian pengurusan internet boleh mengesan tabiat bekerja kakitangan untuk membantu mengekalkan piawai atau standard syarikat. Pengesanan ini perlu bagi menangani keadaan kakitangan yang tidak mempunyai prestasi yang baik, gagal untuk bekerja dengan masa penuh iaitu lapan jam sehari atau hanya menghabiskan masa syarikat melayari laman web yang boleh memberi kesan negatif kepada perniagaan atau syarikat yang ditafsirkan sebagai kejadian kakitangan menyalahgunakan masa syarikat untuk tujuan kepentingan peribadi mereka. Banyak aplikasi berbeza yang menawarkan aras berbeza dalam pengesanan, rakaman dan menyekat laman web serta program komputer. Perisian yang terbaik untuk sesuatu organisasi bergantung pada bilangan kakitangan dan jenis organisasi atau perniagaan yang dijalankan. Kebanyakan aplikasi memantau laman web dan merekod serta menyekat laman web tersebut dan pencarian internet dianggap tidak produktif atau dilarang. Ini boleh termasuk laman web tidak senonoh, permainan dalam talian, sukan, laman web berita, Facebook, laman web rangkaian sosial, chat dan emel yang mungkin bersifat peribadi. Sistem pengurusan internet boleh menghalang atau menghadkan akses ke mana-mana laman web atau komunikasi yang adalah mengalih perhatian dan menghalang produktiviti syarikat(Techmedia Network, 2014[b]).

Beberapa aplikasi sistem pengurusan internet mengesan dan menghalang akses untuk muat turun dan pemindahan fail yang boleh melindungi sistem komputer daripada malware dan virus. Aplikasi juga boleh menghadkan akses ke komputer melalui menghalang port USB dan lain-lain serta sebagai mengawal data yang boleh dipindahkan. Ciri-ciri ini merupakan satu cara untuk melindungi maklumat pemilik.Amaran pentadbiran adalah ciri wajar ditawarkan dalam beberapa perisian pengurusan internet. Jika pekerja melihat maklumat yang tidak sesuai di internet atau muat turun sesuatu mereka tidak sepatutnya melakukannya atau memindahkan maklumat yang ialah sensitif kakitangan dan pentadbir akan menerima amaran melalui emel. Untuk pengawasan yang lebih segera bebrapaaplikasi menawarkan pemantauan masa nyata. Kakitangan dan pentadbir boleh melihat semua benda yang dizahirkan oleh mana-mana komputer kakitangan. Ini adalah ciri yang baik untuk syarikat-syarikat yang menguruskan maklumat pemilik dan maklumat yang sangat sensitif. Apabila memilih perisian individu memastikan melihat pilihan sokongan pelanggan. Banyak tawaran disokong melalui telefon, emel dan live chat tetapi beberapa tawaran hanya melalui sokongan emel. Sistem pengurusan internet boleh mencegah kehilangan melalui kecurian, melindungi syarikat, mempunyai potensi untuk kebolehoperasian jangka panjang dan pendapatan masa depan(Techmedia Network, 2014[b]).

Rami Hijazi dalam tulisan bertajuk *Pearl Echo Internet Management Software For Windows 7* pada tahun 2014 dalam laman web Techmedia Network menunjukkan Pearl Echo kini ialah Windows 7 dan 2008R2 serasi. Versi terkini Pearl Echo kini mampu dalam kefungsian tambahan untuk pemantauan dan kawalan laman web yang selamat (https). Pengguna boleh menghalang semua protokol https, membenarkan semua https, menghalang alamat https khusus atau membenarkan alamat https tertentu. Pearl Echo Admin secara automatik menukarkan aktiviti IP https ke dalam nama domain berkelayakan sepenuhnya (*fully qualified domain names*/FQDN) sekiranya ia wujud. Ini membantu laporan yang kini menunjukkan IP dan FQDN. Tambahan lagi, Pearl Echo kini mempunyai kefungsian tambahan untuk tidak memasukkan semua laman web https dari di log keluar jika dikehendaki sedemikian oleh pengguna. Selain tiu, dasar akses internet berdasarkan pada nama pengguna dan nama kumpulan direktori aktif, syarikat menambah kemampuan untuk menetapkan dasar berdasarkan pada nama komputer. Inia dalah berguna dalam keadaan di mana batasan perlu digunakan kepada satu terminal tanpa mengira siapa yang menggunakannya. Perkhidmatan Pearl Echo merupakan Domain-Aware dan akan secara automatik mencari direktori pengguna AD, kumpulan dan komputer. Jika persekitaran tidak mempunyai Direktori Aktif, Pearl Echo akan secara automatik kembali ke senarai pengguna dan kumpulan mesin tempatan LDAP (Techmedia Network, 2014[c]).

Pearl Echo akan menampung pemasangan lebih kecil rakan-ke-rakan (peer-to-peer) dan membenarkan internet mengakses profil berdasarkan pada nama log masuk tempatan dan nama komputer. Perisian Pearl Echo Server akan secara automatik mengesan persekitarannya dan akan mentatarajah sendiri dengan sewajarnya, menjadikan ia kekal satu dari perisian pengurusan internet paling mudah yang dikaji. Spector Pro telah mengeluarkan versi 2010 yang adalah mampu merakamkan semua kejadian-kejadian pada komputer kanak-kanak dan kakitangan. Versi baru menyediakan pentadbir dengan pilihan rakaman penuh dalam aktiviti-aktiviti MySpace dan Facebook. Melaporakan ciri-ciri bersama-sama dengan internet dan sekatan chat (sembang) telah melihat beberapa kemas kini kecil(Techmedia Network, 2014[c]).

Havalah Gholdston dalam Techmedia Network (2014) menunjukkan majikan, perniagaan-perniagaan dan syarikat-syarikat di Amerika dan seluruh dunia mengambil satu kawalan yang lebih berat dalam keselamatan maklumat pemilik, perisian, perkakasan dan masa pekerja. Syarikat ini memegang kerugian kewangan sangat besar setiap tahun sejajar dengan penyalahgunaan internetyang dipanggil sebagai *"office slackers"* (penumpang pejabat), kecurian dan pengintipan oleh kakitangan, penggodam dan lain-lain usahawan bermasalah yang beroperasi di luar undang-undang. Malangnya untuk setiap orang yang lain ini biasanya bermakna tindakan keras autoritarian ke atas semua sistem dan masa yang dipunyai oleh syarikat. Majikan di mana sahaja adalah belajar bahawa rahsia untuk mengurangkan sebarang risiko keselamatan melibatkan dasar-dasar sempadan-bermusuhan dan dasar-dasar tentang penggunaan internet, perisian dan perkakasan. Iniadalah dari mana perisian pengurusan internet datang: program-progrma ini adalah ditulis untuk memasukkan pemantau, log dan laporan tentang segala-galanya dari kekunci operasi tunggal untuk melawat laman web sehingga kandungan emel, mesej segera dan sembang (*chats*). Ukuran keselamatan perisian pengurusan internet ini juga diambil dan dipasarkan untuk penggunaan oleh ibu bapa untuk mengawasi aktiviti-aktiviti komputer anak-anak mereka. Kajian menunjukkan 70 peratus syarikat mempunyai akses ke laman web lucah menggunakan rangkaian mereka. (Techmedia Network, 2014[d]).

96

BAB 4
PENGGUNAAN INTERNET

LATAR BELAKANG DEMOGRAFI PENGGUNA INTERNET DI KAFE SIBER

Gender

Mod pemboleh ubah gender ialah 1.00, 59 orang (94.3 peratus) responden kajian ialah lelaki dan 11 orang (15.7 peratus) responden kajian adalah perempuan. Jadual 1 menunjukkan statistik gender pengguna internet dikafe siber yang menjadi responden kajian.

Jadual 4.1: Gender responden kajian

Gender	Kekerapan	Peratus (%)
Lelaki	59	84.3
Perempuan	11	15.7
Jumlah	70	100

Umur

Mod umur responden kajian ialah 2.00, 33 orang (47.1 peratus) responden adalah dalam kategori umur 11 tahun hingga 20 tahun, 19 orang (27.1 peratus) responden adalah dalam lingkungan umur 21 tahun hingga 30 tahun, 4 orang (5.7 peratus) adalah beumur 31 tahun hingga 40 tahun dan 12 orang (17.1 peratus) responden kajian adalah berumur 41 tahun ke atas. Jadual 4.2 menunjukkan statistik umur responden kajian.

Jadual 4.2: Kategori umur responden kajian

Kategori Umur	Kekerapan	Peratus (%)
11 tahun hingga 20 tahun	33	48.5
21 tahun hingga 30 tahun	19	27.9
31 tahun hingga 40 tahun	4	5.9
41 tahun ke atas	12	17.6
Jumlah	68	100

Bangsa

Mod pemboleh ubah bangsa ialah 1.00, 57 orang (87.7 peratus) responden ialah Melayu, 2 orang (3.1 peratus) ialah Cina, 5 orang (7.7 peratus) ialah India dan 1 orang (1.5 peratus) responden adalah dari lain-lain bangsa. Jadual 4.3 menunjukkan statistik pemboleh ubah bangsa.

Jadual 4.3: Kategori bangsa responden kajian

Kategori Bangsa	Kekerapan	Peratus (%)
Melayu	57	87.7
Cina	2	3.1
India	5	7.7
Lain-lain	1	1.5
Jumlah	65	100

Agama

Mod pemboleh ubah agama ialah 1.00, 59 orang (89.4 peratus) responden ialah beragama Islam, 1 orang (1.5 peratus) beragama Buddha, 5 orang (7.6 peratus) beragama Hindu dan 1 orang (1.5 peratus) responden dalam kategori lain-lain agama. Jadual 4.4 menunjukkan statistik pemboleh ubah agama.

Jadual 4.4: Kategori agama responden kajian

Kategori Agama	Kekerapan	Peratus (%)
Islam	59	89.4
Buddha	1	1.5
Hindu	5	7.6
Lain-lain	1	1.5
Jumlah	1	100

Status Perkahwinan

Mod pemboleh ubah status perkahwinan ialah 1.00, 48 orang (82.8 peratus) responden adalah kategori bujang, 9 orang (15.5 peratus) responden adalah kategori berkahwin dan 1 orang (1.7 peratus) responden adalah kategori janda/duda. Jadual 4.5 menunjukkan statistik status perkahwinan responden.

Jadual 4.5: Kategori status perkahwinan responden kajian

Kategori Status Perkahwinan	Kekerapan	Peratus (%)
Bujang	48	82.8
Berkahwin	9	15.5
Janda/Duda	1	1.7
Jumlah	58	100

Pendapatan

Min pemboleh ubah pendapatan 3.5161, sisihan piawai ialah 1.90549, 21 orang (33.9 peratus) responden ialah berpendapatan RM2000 ke bawah sebulan, 2 orang (3.2 peratus) responden ialah berpendapatan RM2000 hingga RM4000 sebulan, 1 orang (1.6 peratus) responden ialah berpendapatan RM4001 hingga RM6000 sebulan dan 38 orang (61.3 peratus) responden tiada pendapatan (RM0.00 sebulan). Jadual 4.6 menunjukkan statistik pemboleh ubah pendapatan.

Jadual 4.6: Pendapatan responden kajian sebulan

Kategori Pendapatan	Kekerapan	Peratus (%)
RM2000 ke bawah	21	33.9
RM2001-RM4000	2	3.2
RM4001-RM6000	1	1.6
RM0.00 (Tiada pendapatan)	38	61.3
Jumlah	62	100

Pekerjaan

Mod pemboleh ubah pekerjaan ialah 5.00, 5 orang (8.1 peratus) responden ialah bekerja sendiri, 5 orang (7.1 peratus) responden bekerja dalam sektor perkhidmatan, 11 orang (17.7 peratus) responden bekerja dalam sektor perkilangan, 1 orang (1.6 peratus) bekerja sebagai buruh dan 40 orang (64.5 peratus) responden tidak bekerja. Jadual 4.7 menunjukkan statistik pemboleh ubah pekerjaan.

Jadual 4.7: Pekerjaan responden kajian

Kategori Pekerjaan	Kekerapan	Peratus (%)
Bekerja sendiri	5	8.1
Perkhidmatan	5	8.1
Perkilangan	11	17.7
Buruh	1	1.6
Tidak bekerja	40	64.5
Jumlah	62	100

Pendidikan

Mod pemboleh ubah pendidikan ialah 6.00, kategori sekolah rendah ialah 1 orang (1.8 peratus), 4 orang (7.3 peratus) respoden adalah pendidikan tahap PMR, 11 orang (20 peratus) responden kategori tahap pendidikan SPM, 3 orang (5.5 peratus) responden adalah kategori STPM/STAM, 16 orang (29.1 peratus) adalah kategori Sijil/Diploma, 5 orang (12.7 peratus) kategori Ijazah Sarjana Muda, 2 orang (3.6 peratus) responden Ijazah Sarjana, 1 orang (1.8 peratus) responden pelajar di institut latihan, 9 orang (16.4 peratus) responden adalah pelajar sekolah, 1 orang (1.8 peratus) responden dalam kategori tahap pendidikan tertinggi, 1 orang (1.8 peratus) responden mempunyai sijil profesional, 1 orang (1.8 peratus) tidak mempunyai pendidikan. Jadual 4.8 menunjukkan statistik pendidikan responden.

Jadual 4.8: Tahap pendidikan responden

Kategori Tahap Pendidikan	Kekerapan	Peratus (%)
Sekolah rendah	1	1.8
PMR	4	7.3
SPM	11	20
STPM/STAM	3	5.5
Sijil/Diploma	16	29.1
Ijazah Sarjana Muda	5	9.1
Ijazah Sarjana	2	3.6
Pelajar di Institut Latihan	1	1.8
Pelajar sekolah	9	16.4
Tertinggi	1	1.8
Sijil profesional	1	1.8
Tiada	1	1.8
Jumlah	55	100

Komunikasi Interpersonal

Emel

Jadual 4.9: Item pemboleh ubah Emel

Item Emel	Kekerapan		Peratus (%)	Median	Julat	Kedudukan percentile (30)
Saya menggunakan emel untuk menghantar mesej	TT	6	8.6	4.0000	4.00	3.3000
	STS	2	2.9			
	TS	13	18.6			
	S	36	51.4			
	SS	13	18.6			
	Σ	70	100			
Saya menggunakan emel untuk menghantar maklumat	TT	6	8.6	4.0000	4.00	4.0000
	STS	1	1.4			
	TS	8	11.4			
	S	41	58.6			
	SS	14	20			
	Σ	70	100			
Saya menggunakan emel untuk menghantar dokumen	TT	10	14.3	4.000	4.00	3.0000
	STS	3	4.3			
	TS	13	18.6			
	S	30	42.9			
	SS	14	20			
	Σ	70	100			
Saya menggunakan *Webmail*	TT	31	44.3	3.0000	4.00	1.0000
	STS	2	2.9			
	TS	14	20			
	S	17	24.3			
	SS	6	8.6			
	Σ	70	100			
Saya menggunakan Perkhidmatan POP3 emel	TT	48	68.6	1.0000	4.00	1.0000
	STS	4	5.7			
	TS	13	18.6			
	S	4	5.7			
	SS	1	1.4			
	Σ	70	100			
Saya menggunakan Pelayan emel IMAP	TT	46	65.7	1.0000	3.00	1.0000
	STS	7	10			
	TS	11	15.7			
	S	6	8.6			
	SS	-	-			
	Σ	70	100			

						Kedudukan percentile
Saya menggunakan Pelayan emel MAPI	TT	51	72.9	1.0000	4.00	1.0000
	STS	2	2.9			
	TS	13	18.6			
	S	3	4.3			
	SS	1	1.4			
	Σ	70	100			

Jadual 4.10: Kekerapan pemboleh ubah emel

Emel	Kekerapan	Peratus (%)	Median	Julat	Kedudukan percentile
Tidak tahu	5	7.1	3.0000	4.00	3.0000
Sangat tidak setuju	7	10			
Tidak setuju	39	55.7			
Setuju	18	25.7			
Sangat setuju	1	1.4			
Jumlah	70	100			

Median pemboleh ubah emel ialah 3.0000 dan beberapa item emel mempunyai median 4.0000.

Internet Relay Chat /Internet Relay Chatroom (IRC)

Jadual 4.11: Item pemboleh ubah*Internet Relay Chat /Internet Relay Chatroom* (IRC)

Item		Kekerapan	Peratus (%)	Median	Julat	Kedudukan percentile
Saya menggunakan *Internet Relay Chat* (IRC) untuk memindahkan teks	TT	35	50	1.5000	4.00	1.0000
	STS	5	7.1			
	TS	13	18.6			
	S	16	22.9			
	SS	1	1.4			
	Σ	70	100			
Saya menggunakan *Internet Relay Chat* (IRC) untuk memindahkan fail	TT	41	58.6	1.0000	3.00	1.0000
	STS	6	8.6			
	TS	17	24.3			
	S	6	8.6			
	SS	-	-			
	Σ	70	100			
Saya menggunakan *Internet Relay Chat* (IRC) untuk berbual	TT	33	47.1	2.0000	4.00	1.0000
	STS	6	8.6			
	TS	9	12.9			
	S	18	25.7			
	SS	4	5.7			
	Σ	70	100			
Saya menggunakan *Internet Relay Chat* (IRC) untuk	TT	39	55.7	1.0000	4.00	1.0000
	STS	7	10			
	TS	9	12.9			

komunikasi forum	S	14	20			
	SS	1	1.4			
	Σ	70	100			
Saya menggunakan *Internet Relay Chat* (IRC) untuk komunikasi satu-sama-satu	TT	28	40	2.5000	4.00	1.0000
	STS	7	10			
	TS	9	12.9			
	S	24	34.3			
	SS	2	2.9			
	Σ	70	100			
Saya mengakses rangkaian *Internet Relay Chat* (IRC) dengan menyambung pada klien *Windows*	TT	38	54.3	1.0000	3.00	1.0000
	STS	9	12.9			
	TS	11	15.7			
	S	12	17.1			
	SS	-	-			
	Σ	70	100			
Saya mengakses rangkaian *Internet Relay Chat* (IRC) dengan menyambung pada klien Unix dan Linux	TT	42	60	1.0000	4.00	1.0000
	STS	9	12.9			
	TS	10	14.3			
	S	7	10			
	SS	2	2.9			
	Σ	70	100			
Saya mengakses rangkaian *Internet Relay Chat* (IRC) dengan menyambung pada klien Mac OS X	TT	44	62.9	1.0000	3.00	1.0000
	STS	7	10			
	TS	13	18.6			
	S	6	8.6			
	SS	-	-			
	Σ	70	100			
Saya mengakses rangkaian *Internet Relay Chat* (IRC) dengan mcnyambung pada klien iOS	TT			1.0000	3.00	1.0000
	STS	45	64.3			
	TS	10	14.3			
	S	10	14.3			
	SS	5	7.1			
	Σ	70	100			
Saya mengakses rangkaian *Internet Relay Chat* (IRC) dengan menyambung pada klien Android	TT	42	60	1.0000	4.00	1.0000
	STS	8	11.4			
	TS	11	15.7			
	S	8	11.4			
	SS	1	1.4			
	Σ	70	100			

Jadual 4.12: Kekerapan pemboleh ubah *Internet Relay Chat /Internet Relay Chatroom* (IRC)

Internet Relay Chat /Internet Relay Chatroom (IRC)	Kekerapan	Peratus (%)	Median	Julat	Kedudukan percentile
Tidak tahu	27	38.6	2.0000	3.00	1.0000
Sangat tidak setuju	14	20			
Tidak setuju	15	21.4			
Setuju	14	20			
Sangat setuju	-	-			
Jumlah	70	100			

Median pemboleh ubah IRC ialah 2.0000 dan beberapa item IRC mempunyai median 1.0000.

Multi-User Dungeons (MUDs)

Jadual 4.13: Item pemboleh ubah *Multi-User Dungeons* (MUDs)

Item	Kekerapan		Peratus (%)	Median	Julat	Kedudukan percentile
Saya menggunakan *Multi-User Dungeons* (MUDs) untuk tujuan pertempuran	TT	47	68.1	1.0000	4.00	1.0000
	STS	5	7.2			
	TS	10	14.5			
	S	5	7.2			
	SS	2	2.9			
	Σ	69	100			
Saya menggunakan *Multi-User Dungeons* (MUDs) untuk tujuan perangkap	TT	52	74.3	1.0000	4.00	1.0000
	STS	3	4.3			
	TS	8	11.4			
	S	5	7.1			
	SS	2	2.9			
	Σ	70	100			
Saya menggunakan *Multi-User Dungeons* (MUDs) untuk tujuan teka-teki	TT	51	72.9	1.0000	4.00	1.0000
	STS	2	2.9			
	TS	9	12.9			
	S	4	5.7			
	SS	4	5.7			
	Σ	70	100			
Saya menggunakan *Multi-User Dungeons* (MUDs) untuk tujuan sihir	TT	51	72.9	1.0000	4.00	1.0000
	STS	5	7.1			
	TS	12	17.1			
	S	-	-			
	SS	2	2.9			
	Σ	70	100			
Saya menggunakan *Multi-User Dungeons* (MUDs) untuk tujuan	TT	51	72.9	1.0000	4.00	1.0000
	STS	5	7.1			
	TS	12	17.1			

sistem ekonomi mudah	S	1	1.4			
	SS	1	1.4			
	Σ	70	100			
Saya menggunakan elemen *Multi-User Dungeons* (MUDs) *Hack and slash MUDs*	TT	55	78.6	1.0000	4.00	1.0000
	STS	2	2.9			
	TS	8	11.4			
	S	3	4.3			
	SS	2	2.9			
	Σ	70	100			
Saya menggunakan elemen *Multi-User Dungeons* (MUDs) MUDs pemain melawan pemain	TT	47	67.1	1.0000	4.00	1.0000
	STS	4	5.7			
	TS	9	12.9			
	S	6	8.6			
	SS	4	5.7			
	Σ	70	100			
Saya menggunakan elemen *Multi-User Dungeons* (MUDs) MUDs bermain peranan	TT	45	64.3	1.0000	4.00	1.0000
	STS	2	2.9			
	TS	14	20			
	S	7	10			
	SS	2	2.9			
	Σ	70	100			
Saya menggunakan elemen *Multi-User Dungeons* (MUDs) MUDs sosial	TT	47	67.1	1.0000	4.00	1.0000
	STS	3	4.3			
	TS	6	8.6			
	S	12	17.1			
	SS	2	2.9			
	Σ	70	100			
Saya menggunakan elemen *Multi-User Dungeons* (MUDs) *Talkers*	TT	52	74.3	1.0000	4.00	1.0000
	STS	3	4.3			
	TS	8	11.4			
	S	5	7.1			
	SS	2	2.9			
	Σ	70	100			
Saya menggunakan elemen *Multi-User Dungeons* (MUDs) MUDs pendidikan	TT	44	62.9	1.0000	4.00	1.0000
	STS	4	5.7			
	TS	5	7.1			
	S	13	18.6			
	SS	4	5.7			
	Σ	70	100			
Saya menggunakan	TT	44	62.9	1.0000	4.00	1.0000

elemen *Multi-User*	STS	5	7.1
Dungeons (MUDs)	TS	9	12.9
MUDs grafik	S	9	12.9
	SS	3	4.3
	Σ	70	100

Jadual 4.14: Kekerapan pemboleh ubah *Multi-User Dungeons* (MUDs)

Multi-User Dungeons (MUDs)	Kekerapan	Peratus (%)	Median	Julat	Kedudukan *percentile*
Tidak tahu	34	49.3	2.0000	4.00	1.0000
Sangat tidak setuju	15	21.7			
Tidak setuju	11	15.9			
Setuju	8	11.6			
Sangat setuju	1	1.4			
Jumlah	69	100			

Median MUDs ialah 2.0000 dan median bagi semua item MUDs ialah 1.0000.

Papan Mesej

Jadual 4.15: Item pemboleh ubah Papan Mesej

Item	Kekerapan	Peratus (%)	Median	Julat	Kedudukan *percentile*
Saya menggunakan papan mesej untuk menghantar mesej	TT	17	24.6	4.0000	4.00	2.0000
	STS	4	5.8			
	TS	5	7.2			
	S	32	46.4			
	SS	11	15.9			
	Σ	69	100			
Saya menggunakan papan mesej untuk menghantar mesej awam	TT	20	28.6	4.0000	4.00	2.0000
	STS	3	4.3			
	TS	10	14.3			
	S	30	42.9			
	SS	7	10			
	Σ	70	100			
Saya menggunakan papan mesej untuk membaca mesej	TT	16	22.9	4.0000	4.00	2.3000
	STS	5	7.1			
	TS	6	8.6			
	S	35	50			
	SS	8	11.4			

		70	100			
Saya menggunakan papan mesej untuk memberi maklum balas kepada mesej	TT	17	24.3	4.0000	4.00	2.0000
	STS	7	10			
	TS	4	5.7			
	S	35	50			
	SS	7	10			
	Σ	70	100			

Jadual 4.16: Kekerapan pemboleh ubah Papan Mesej

Papan Mesej	Kekerapan	Peratus (%)	Median	Julat	Kedudukan percentile
Tidak tahu	15	21.7	4.0000	4.00	3.0000
Sangat tidak setuju	4	5.8			
Tidak setuju	7	10.1			
Setuju	34	49.3			
Sangat setuju	9	13			
Jumlah	69	100			

Median bagi pemboleh ubah papan mesej ialah 4.0000 dan semua item-item papan mesej mempunyai median 4.0000.

Jadual 17: Kekerapan pemboleh ubah tujuan komunikasi Interpersonal

Komunikasi Interpersonal	Kekerapan	Peratus (%)	Median	Julat	Kedudukan percentile
Tidak tahu	15	21.7	4.0000	4.00	3.0000
Sangat tidak setuju	4	5.8			
Tidak setuju	7	10.1			
Setuju	34	49.3			
Sangat setuju	9	13			
Jumlah	69	100			

Keseluruhan pemboleh ubah komunikasi interpersonal mempunyai median 2.0000.

Pemerolehan maklumat dan Hiburan

Penyelidikan

Jadual 4.18: Item pemboleh ubah Penyelidikan

Item		Kekerapan	Peratus (%)	Median	Julat	Kedudukan *percentile*
Saya menggunakan internet untuk penyelidikan peribadi mengenai subjek tertentu (sesuatu yang disebut dalam berita, masalah kesihatan, dan lain-lain)	TT	5	7.1	4.0000	4.00	4.0000
	STS	2	2.9			
	TS	3	4.3			
	S	36	51.4			
	SS	24	34.3			
	Σ	70	100			
Saya menggunakan internet untuk penyelidikan pelajar	TT	7	10	4.0000	4.00	4.0000
	STS	1	1.4			
	TS	2	2.9			
	S	34	48.6			
	SS	26	37.1			
	Σ	70	100			
Saya menggunakan internet untuk penyelidikan wartawan dan lain-lain penulis	TT	12	17.1	3.0000	4.00	3.0000
	STS	5	7.1			
	TS	19	27.1			
	S	24	34.3			
	SS	10	14.3			
	Σ	70	100			
Saya menggunakan internet untuk penyelidikan saintifik	TT	10	14.3	4.0000	4.00	3.3000
	STS	2	2.9			
	TS	9	12.9			
	S	34	48.6			
	SS	15	21.4			
	Σ	70	100			

Jadual 4.19: Kekerapan pemboleh ubah Penyelidikan

Penyelidikan	Kekerapan	Peratus (%)	Median	Julat	Kedudukan *percentile*
Tidak tahu	4	5.7	4.0000	4.00	4.0000
Sangat tidak setuju	2	2.9			
Tidak setuju	8	11.4			
Setuju	31	44.3			
Sangat setuju	25	35.7			
Jumlah	70	100			

Median bagi pemboleh ubah penyelidikan ialah 4.0000 dan item-item pemboleh ubah penyelidikan ialah kebanyakannya 4.0000.

Perjalanan

Jadual 4.20: Item pemboleh ubah Perjalanan

Item	Kekerapan		Peratus (%)	Median	Julat	Kedudukan percentile
Saya menggunakan internet untuk mencari maklumat perjalanan	TT	5	7.1	4.0000	4.00	4.0000
	STS	-	-			
	TS	4	5.7			
	S	44	62.9			
	SS	17	24.3			
	Σ	70	100			
Saya menggunakan internet untuk mencipta ruang maklumat perjalanan	TT	12	17.1	4.0000	4.00	3.0000
	STS	3	4.3			
	TS	10	14.3			
	S	36	51.4			
	SS	9	12.9			
	Σ	70	100			

Jadual 4.21: Kekerapan pemboleh ubah Perjalanan

Perjalanan	Kekerapan	Peratus (%)	Median	Julat	Kedudukan percentile
Tidak tahu	4	5.7	4.0000	4.00	4.0000
Sangat tidak setuju	2	2.9			
Tidak setuju	11	15.7			
Setuju	37	52.9			
Sangat setuju	16	22.9			
Jumlah	70	100			

Median pemboleh ubah perjalanan ialah 4.0000 dan item pemboleh ubah perjalanan ialah 4.0000.

Membina Laman Web

Jadual 4.22: Item pemboleh ubah Membina Laman Web

Item	Kekerapan		Peratus (%)	Median	Julat	Kedudukan percentile
Saya menggunakan internet untuk membina laman web	TT	15	21.4	4.0000	4.00	3.0000
	STS	3	4.3			
	TS	13	18.6			
	S	27	38.6			
	SS	12	17.1			
	Σ	70	100			

Jadual 4.23: Kekerapan pemboleh ubah Membina Laman Web

Membina Laman Web	Kekerapan	Peratus (%)	Median	Julat	Kedudukan percentile
Tidak tahu	15	21.4	4.0000	4.00	3.0000
Sangat tidak setuju	3	4.3			
Tidak setuju	13	18.6			
Setuju	27	38.6			
Sangat setuju	12	17.1			
Jumlah	70	100			

Median pemboleh ubah membina laman web ialah 4.0000.

Kewangan

Jadual 4.24: Item pemboleh ubah Kewangan

Item		Kekerapan	Peratus (%)	Median	Julat	Kedudukan percentile
Saya menggunakan internet untuk perkhidmatan maklumat	TT	7	10	4.0000	4.00	4.0000
	STS	1	1.4			
	TS	4	5.7			
	S	35	50			
	SS	23	32.9			
	Σ	70	100			
Saya menggunakan internet untuk perkhidmatan transaksi	TT	10	14.3	4.0000	4.00	3.0000
	STS	3	4.3			
	TS	19	27.1			
	S	26	37.1			
	SS	12	17.1			
	Σ	70	100			
Saya menggunakan internet untuk pembrokeran runcit	TT	17	24.3	3.0000	4.00	2.0000
	STS	6	8.6			
	TS	26	37.1			
	S	16	22.9			
	SS	5	7.1			
	Σ	70	100			
Saya menggunakan internet untuk perbankan dalam talian	TT	15	21.4	3.0000	4.00	2.0000
	STS	7	10			
	TS	21	30			
	S	19	27.1			
	SS	8	11.4			
	Σ	70	100			
Saya menggunakan internet untuk tujuan kad kredit	TT	16	22.9	3.0000	4.00	2.0000
	STS	10	14.3			
	TS	30	42.9			
	S	12	17.1			

	SS	2	2.9			
	Σ	70	100			
Saya menggunakan internet untuk tujuan gadai janji	TT	16	22.9	3.0000	4.00	2.0000
	STS	16	22.9			
	TS	29	41.4			
	S	7	10			
	SS	2	2.9			
	Σ	70	100			
Saya menggunakan internet untuk tujuan insurans	TT	16	22.9	3.0000	4.00	2.0000
	STS	9	12.9			
	TS	25	35.7			
	S	19	27.1			
	SS	1	1.4			
	Σ	70	100			
Saya menggunakan internet untuk tujuan maklumat produk	TT	9	12.9	4.0000	4.00	4.0000
	STS	3	4.3			
	TS	7	10			
	S	38	54.3			
	SS	13	18.6			
	Σ	70	100			
Saya menggunakan internet untuk tujuan maklumat kewangan	TT	15	21.4	3.5000	4.00	3.0000
	STS	5	7.1			
	TS	15	21.4			
	S	26	37.1			
	SS	9	12.9			
	Σ	70	100			
Saya menggunakan internet untuk tujuan perkhidmatan berita	TT	8	11.4	4.0000	4.00	4.0000
	STS	1	1.4			
	TS	6	8.6			
	S	38	54.3			
	SS	17	24.3			
	Σ	70	100			
Saya menggunakan internet untuk tujuan penilaian dan perbandingan	TT	7	10	4.0000	4.00	3.0000
	STS	3	4.3			
	TS	12	17.1			
	S	32	45.7			
	SS	16	22.9			
	Σ	70	100			
Saya menggunakan internet untuk tujuan	TT	18	25.7	3.0000	4.00	2.0000
	STS	5	7.1			

perancangan dan pelaburan perbankan	TS	18	25.7			
	S	20	28.6			
	SS	9	12.9			
	Σ	70	100			
Saya menggunakan internet untuk tujuan insurans	TT	19	27.1	3.0000	4.00	2.0000
	STS	6	8.6			
	TS	20	28.6			
	S	20	28.6			
	SS	5	7.1			
	Σ	70	100			

Jadual 4.25: Kekerapan pemboleh ubah Kewangan

Kewangan	Kekerapan	Peratus (%)	Median	Julat	Kedudukan percentile
Tidak tahu	5	7.1	4.0000	4.00	3.0000
Sangat tidak setuju	5	7.1			
Tidak setuju	15	21.4			
Setuju	36	51.4			
Sangat setuju	9	12.9			
Jumlah	70	100			

Median pemboleh ubah kewangan ialah 4.0000 dan item-item pemboleh ubah ewangan mempunyai median 3.0000 hingga 4.0000.

Pendidikan

Jadual 4.26: Item pemboleh ubah Pendidikan

Item	Kekerapan	Peratus (%)	Median	Julat	Kedudukan percentile
Saya menggunakan internet untuk tujuan bahan-bahan rujukan dan perpustakaan dalam talian	TT	5	7.1	4.0000	4.00	4.0000
	STS	2	2.9			
	TS	3	4.3			
	S	36	51.4			
	SS	24	34.3			
	Σ	70	100			
Saya menggunakan internet untuk tujuan pengetahuan baru	TT	7	10	4.0000	4.00	4.0000
	STS	1	1.4			
	TS	2	2.9			
	S	34	48.6			
	SS	26	37.1			
	Σ	70	100			
Saya menggunakan internet untuk tujuan pembelajaran	TT	12	17.1	4.0000	4.00	4.0000
	STS	5	7.1			
	TS	19	27.1			

112

	S	24	34.3		
	SS	10	14.3		
	Σ	70	100		
Saya menggunakan internet untuk tujuan peperiksaan	TT	10	14.3	4.0000	4.00	4.0000
	STS	2	2.9		
	TS	9	12.9		
	S	34	48.6		
	SS	15	21.4		
	Σ	70	100		

Jadual 4.27: Kekerapan pemboleh ubah Pendidikan

Pendidikan	Kekerapan	Peratus (%)	Median	Julat	Kedudukan percentile
Tidak tahu	4	5.7	4.0000	4.00	4.0000
Sangat tidak setuju	2	2.9			
Tidak setuju	8	11.4			
Setuju	31	44.3			
Sangat setuju	25	35.7			
Jumlah	70	100			

Median pemboleh ubah pendidikan ialah 4.000 dan item-item pemboleh ubah pendidikan mempunyai median 4.0000.

Kedai

Jadual 4.28: Item pemboleh ubah kedai

Item	Kekerapan	Peratus (%)	Median	Julat	Kedudukan percentile
Saya menggunakan internet untuk tujuan membeli-belah	TT	8	11.4	4.0000	4.00	3.0000
	STS	8	11.4			
	TS	18	25.7			
	S	31	44.3			
	SS	5	7.1			
	Σ	70	100			
Saya menggunakan internet untuk tujuan menjalankan perniagaan	TT	14	20	4.0000	4.00	3.0000
	STS	5	7.1			
	TS	14	20			
	S	21	30			
	SS	16	22.9			
	Σ	70	100			

Jadual 4.29: Kekerapan pemboleh ubah kedai

Perjalanan	Kekerapan	Peratus (%)	Median	Julat	Kedudukan percentile
Tidak tahu	7	10	4.0000	4.00	3.0000
Sangat tidak setuju	7	10			
Tidak setuju	15	21.4			
Setuju	28	40			
Sangat setuju	13	18.6			
Jumlah	70	100			

Median pemboleh ubah kedai ialah 4.0000 dan item-item pemboleh ubah kedai mempunyai median 4.0000.

Mendengar Siaran Audio

Jadual 4.30: Item pemboleh ubah Mendengar Siaran Audio

Item	Kekerapan		Peratus (%)	Median	Julat	Kedudukan percentile
Saya menggunakan internet untuk tujuan mendengar siaran audio **Radio Wi-Fi**	TT	43	61.4	3.5000	4.00	3.0000
	STS	5	7.1			
	TS	15	21.4			
	S	6	8.6			
	SS	1	1.4			
	Σ	70	100			
Saya menggunakan internet untuk tujuan mendengar siaran audio *RealAudio*	TT	42	60	3.0000	4.00	3.0000
	STS	4	5.7			
	TS	18	25.7			
	S	4	5.7			
	SS	2	2.9			
	Σ	70	100			

Jadual 4.31: Kekerapan pemboleh ubah Mendengar Siaran Audio

Mendengar Siaran Audio	Kekerapan	Peratus (%)	Median	Julat	Kedudukan percentile
Tidak tahu	7	10	4.0000	4.00	4.0000
Sangat tidak setuju	8	11			
Tidak setuju	22	31.4			
Setuju	22	31.4			
Sangat setuju	11	15.7			
Jumlah	70	100			

Median pemboleh ubah mendengar siaran audio ialah 4.0000 dan item-item pemboleh ubah mendengar siaran audio ialah antara 3.0000 hingga 3.5000.

Cari perkara-perkara Yang Secara Biasa Sukar Untuk Mencari

Jadual 4.32: Item pemboleh ubah Mendengar Siaran Audio

Item	Kekerapan		Peratus (%)	Median	Julat	Kedudukan percentile
Saya menggunakan internet untuk tujuan mencari benda yang secara biasa sukar untuk dicari	TT	5	61.4	4.0000	4.00	4.0000
	STS	-	-			
	TS	1	1.4			
	S	32	45.7			
	SS	32	45.7			
	Σ	70	100			
Saya menggunakan internet untuk tujuan mencari orang yang secara biasa sukar untuk dicari	TT	10	14.3	4.0000	4.00	3.0000
	STS	3	4.3			
	TS	9	12.9			
	S	30	42.9			
	SS	18	25.7			
	Σ	70	100			

Jadual 4.33: Kekerapan pemboleh ubah Mendengar Siaran Audio

Mendengar Siaran Audio	Kekerapan	Peratus (%)	Median	Julat	Kedudukan percentile
Tidak tahu	5	10	4.0000	4.00	4.0000
Sangat tidak setuju	-	-			
Tidak setuju	6	8.6			
Setuju	32	45.7			
Sangat setuju	27	38.6			
Jumlah	70	100			

Median pemboleh ubah cari perkara-perkara yang secara biasa sukar untuk mencari ialah 4.0000 dan item-item pemboleh ubah cari perkara-perkara yang secara biasa sukar untuk mencari mempunyai median 4.0000.

Berita Terkini

Jadual 4.34: Item pemboleh ubah Berita Terkini

Item	Kekerapan		Peratus (%)	Median	Julat	Kedudukan *percentile*
Saya menggunakan internet untuk tujuan berita terkini kejadian baru	TT	5	7.1	4.0000	4.00	4.0000
	STS	2	2.9			
	TS	3	4.3			
	S	30	42.9			
	SS	30	42.9			
	Σ	70	100			
Saya menggunakan internet untuk tujuan berita terkini tentang sesuatu yang belum diketahui	TT	7	10	4.0000	4.00	4.0000
	STS	3	4.3			
	TS	3	4.3			
	S	24	34.3			
	SS	33	47.1			
	Σ	70	100			
Saya menggunakan internet untuk tujuan berita terkini berkenaan sesuatu yang akhir-akhir ini terjadi	TT	5	7.1	4.0000	4.00	4.0000
	STS	1	1.4			
	TS	2	2.9			
	S	37	52.9			
	SS	25	35.7			
	Σ	70	100			
Saya menggunakan internet untuk tujuan berita terkini sesuatu yang pelik	TT	5	7.1	4.0000	4.00	4.0000
	STS	2	2.9			
	TS	6	8.6			
	S	34	48.6			
	SS	23	32.9			
	Σ	70	100			

Jadual 4.35: Kekerapan pemboleh ubah Berita Terkini

Berita Terkini	Kekerapan	Peratus (%)	Median	Julat	Kedudukan *percentile*
Tidak tahu	4	5.7	4.0000	4.00	4.0000
Sangat tidak setuju	1	1.4			
Tidak setuju	4	5.7			
Setuju	28	40			
Sangat setuju	33	47.1			
Jumlah	70	100			

Median bagi pemboleh ubah berita terkini ialah 4.0000 dan item-itemnya mempunyai median 4.0000.

Jadual 36: Kekerapan pemboleh ubah tujuan pemerolehan maklumat dan hiburan

Pemerolehan maklumat dan hiburan	Kekerapan	Peratus (%)	Median	Julat	Kedudukan percentile
Tidak tahu	15	21.7	4.0000	4.00	3.0000
Sangat tidak setuju	4	5.8			
Tidak setuju	7	10.1			
Setuju	34	49.3			
Sangat setuju	9	13			
Jumlah	69	100			

Secara keseluruhan median pemboleh ubah pemerolehan maklumat dan hiburan ialah 4.0000.

K omunikasi Interpersonal

Melawat Profil Rangkaian Sosial

Jadual 4.37: Item pemboleh ubah Melawat Profil Rangkaian Sosial

Item	Kekerapan		Peratus (%)	Median	Julat	Kedudukan percentile
Saya mencipta "profil"melalui melawat profil rangkaian sosial	TT	10	14.3	4.0000	4.00	3.0000
	STS	3	4.3			
	TS	9	12.9			
	S	29	41.4			
	SS	19	27.1			
	Σ	70	100			
Saya membuat pertukaran mesej (awam atau swasta) melalui melawat profil rangkaian sosial	TT	18	25.7	3.0000	4.00	3.0000
	STS	2	2.9			
	TS	18	25.7			
	S	26	34.3			
	SS	12	11.4			
	Σ	70	100			
Kandungan maklumat adalah dalam bentuk teks	TT	15	21.4	4.0000	4.00	3.0000
	STS	4	5.7			
	TS	8	11.4			
	S	34	48.6			
	SS	9	12.9			
	Σ	70	100			
Kandungan maklumat adalah dalam bentuk imej	TT	13	18.6	4.0000	4.00	3.0000
	STS	1	1.4			
	TS	12	17.1			
	S	33	47.1			
	SS	11	15.7			
	Σ	70	100			
Kandungan maklumat adalah dalam bentuk video	TT	14	20	4.0000	4.00	3.0000
	STS	1	1.4			
	TS	15	21.4			
	S	31	44.3			
	SS	9	12.9			
	Σ	70	100			

Jadual 4.38: Kekerapan pemboleh ubah Melawat Profil Rangkaian Sosial

Melawat Profil Rangkaian Sosial	Kekerapan	Peratus (%)	Median	Julat	Kedudukan percentile
Tidak tahu	7	10	4.0000	4.00	4.0000
Sangat tidak setuju	6	8.6			
Tidak setuju	7	10			
Setuju	38	54.3			
Sangat setuju	12	17.1			
Jumlah	70	100			

Median pemboleh ubah melawat profail rangkaian sosial ialah 4.0000 dan item-itemnya mempunyaimedian antara 3.0000 hingga 4.0000.

Menggunakan Pesanan Segera

Jadual 4.39: Item pemboleh ubah Pesanan Segera

Item		Kekerapan	Peratus (%)	Median	Julat	Kedudukan percentile
Saya menghantar pesanan segera untuk sembang persendirian dengan individu lain	TT	7	10	4.0000	4.00	4.0000
	STS	2	2.9			
	TS	9	12.9			
	S	34	48.6			
	SS	18	25.7			
	Σ	70	100			
Saya membaca pesanan segera untuk sembang persendirian dengan individu lain	TT	6	8.6	4.0000	4.00	4.0000
	STS	3	4.3			
	TS	9	12.9			
	S	35	50			
	SS	17	24.3			
	Σ	70	100			

Jadual 4.40: Kekerapan pemboleh ubah Pesanan Segera

Pesanan Segera	Kekerapan	Peratus (%)	Median	Julat	Kedudukan percentile
Tidak tahu	6	8.6	4.0000	4.00	4.0000
Sangat tidak setuju	2	2.9			
Tidak setuju	10	14.3			
Setuju	33	47.1			
Sangat setuju	19	27.1			
Jumlah	70	100			

Median pemboleh ubah pesanan segera ialah 4.0000 dan item-itemnya mempunyai median 4.0000.

Meletakkan (atau Mengepos) Mesej di Laman Web

Jadual 4.41: Item pemboleh ubah Meletakkan (atau Mengepos) Mesej di Laman Web

Item	Kekerapan		Peratus (%)	Median	Julat	Kedudukan percentile
Saya membuat rekod mesej di laman *web*	TT	7	10	4.0000	4.00	4.0000
	STS	2	2.9			
	TS	9	12.9			
	S	34	48.6			
	SS	18	25.7			
	Σ	70	100			
Saya menulis mesej ke dalam laman *web*	TT	13	18.6	4.0000	4.00	4.0000
	STS	4	5.7			
	TS	22	31.4			
	S	28	40			
	SS	3	4.3			
	Σ	70	100			

Jadual 4.42: Kekerapan pemboleh ubah Meletakkan (atau Mengepos) Mesej di Laman Web

Meletakkan (atau Mengepos) Mesej di Laman Web	Kekerapan	Peratus (%)	Median	Julat	Kedudukan percentile
Tidak tahu	6	8.6	3.0000	4.00	3.0000
Sangat tidak setuju	2	2.9			
Tidak setuju	10	14.3			
Setuju	33	47.1			
Sangat setuju	19	27.1			
Jumlah	70	100			

Median pemboleh ubah meletakkan (atau mengepos) mesej di laman web ialah 3.0000 dan item-itemnya mempunyai median 4.0000.

Meletakkan (atau Mengepos) Gambar

Jadual 4.43: Item pemboleh ubah Meletakkan (atau Mengepos) Gambar

Item	Kekerapan		Peratus (%)	Median	Julat	Kedudukan percentile
Saya membuat rekod gambar di laman *web*	TT	16	22.9	3.0000	4.00	2.3000
	STS	5	7.1			
	TS	23	32.9			

120

	S	22	31.4			
	SS	4	5.7			
	Σ	70	100			
Saya mendaftar gambar ke dalam laman *web*	TT	15	21.4	3.0000	4.00	3.0000
	STS	3	4.3			
	TS	26	37.1			
	S	21	30			
	SS	5	7.1			
	Σ	70	100			

Jadual 4.44: Kekerapan pemboleh ubah Meletakkan (atau Mengepos) Gambar

Meletakkan(atau Mengepos) Gambar	Kekerapan	Peratus (%)	Median	Julat	Kedudukan *percentile*
Tidak tahu	14	20	3.0000	4.00	3.0000
Sangat tidak setuju	4	5.7			
Tidak setuju	22	31.4			
Setuju	26	37.1			
Sangat setuju	4	5.7			
Jumlah	70	100			

Median pemboleh ubah meletakkan (atau mengepos) gambar ialah 3.0000 dan item-itemnya mempunyai median 3.0000.

Melawat *Chatroom*

Jadual 4.45: Item pemboleh ubah Melawat *Chatroom*

Item	Kekerapan	Peratus (%)	Median	Julat	Kedudukan *percentile*
Saya membuat sembang berasaskan teks melalui melawat *chatroom*	TT	16	22.9	4.0000	4.00	3.0000
	STS	1	1.4			
	TS	11	15.7			
	S	37	52.9			
	SS	5	7.1			
	Σ	70	100			
Saya membuat persekitaran berbilang pengguna grafik melalui melawat *chatroom*	TT	20	28.6	3.0000	4.00	2.0000
	STS	2	2.9			
	TS	17	24.3			
	S	27	38.6			
	SS	4	5.7			
	Σ	70	100			

121

Jadual 4.46: Kekerapan pemboleh ubah Melawat *Chatroom*

Melawat Chatroom	Kekerapan	Peratus (%)	Median	Julat	Kedudukan *percentile*
Tidak tahu	12	18.6	4.0000	4.00	3.0000
Sangat tidak setuju	2	2.9			
Tidak setuju	17	24.3			
Setuju	33	47.1			
Sangat setuju	5	7.1			
Jumlah	70	100			

Median pemboleh ubah melawat *chat rooms* ialah 4.0000 dan item-itemnya mempunyai median antara 3.0000 hingga 4.0000.

Menghantar/Menerima Emel

Jadual 4.47: Item pemboleh ubah Menghantar/Menerima Emel

Item		Kekerapan	Peratus (%)	Median	Julat	Kedudukan *percentile*
Saya menghantar emel melalui internet	TT	8	11.4	4.0000	4.00	4.0000
	STS	2	2.9			
	TS	8	11.4			
	S	30	42.9			
	SS	22	31.4			
	Σ	70	100			
Saya menerima emel melalui internet	TT	7	10	4.0000	4.00	4.0000
	STS	2	2.9			
	TS	7	10			
	S	30	42.9			
	SS	24	34.3			
	Σ	70	100			

Jadual 4.48: Kekerapan pemboleh ubah Menghantar/Menerima Emel

Menghantar/Menerima Emel	Kekerapan	Peratus (%)	Median	Julat	Kedudukan *percentile*
Tidak tahu	7	10	4.0000	4.00	4.0000
Sangat tidak setuju	2	2.9			
Tidak setuju	6	8.6			
Setuju	32	45.7			
Sangat setuju	23	32.9			
Jumlah	70	100			

Median pemboleh ubah menghantar/menerima emel ialah 4.0000 dan item-itemnya ialah 4.0000.

Menulis Blog Atau Diari Dalam Talian

Jadual 4.49: Item pemboleh ubah Menulis Blog Atau Diari Dalam Talian

Item		Kekerapan	Peratus (%)	Median	Julat	Kedudukan *percentile*
Saya menulis blog melalui internet	TT	11	15.7	3.5000	4.00	3.0000
	STS	2	2.9			
	TS	22	31.4			
	S	26	37.1			
	SS	9	12.9			
	Σ	70	100			
Saya menulis diari melalui internet.	TT	13	18.6	3.0000	4.00	2.3000
	STS	8	11.4			
	TS	33	47.1			
	S	11	15.7			
	SS	5	7.1			
	Σ	70	100			

Jadual 4.50: Kekerapan pemboleh ubah Menulis Blog Atau Diari Dalam Talian

Menulis Blog Atau Diari Dalam Talian	Kekerapan	Peratus (%)	Median	Julat	Kedudukan *percentile*
Tidak tahu	10	14.3	3.0000	4.00	3.0000
Sangat tidak setuju	2	2.9			
Tidak setuju	24	34.3			
Setuju	29	41.4			
Sangat setuju	5	7.1			
Jumlah	70	100			

Median pemboleh ubah menulis blog atau diari dalam talian ialah 3.0000 dan itcm-itemnya mempunyai median 3.0000 hingga 3.5000.

123

Menggunakan Laman Web Perkongsian Fail

Jadual 4.51: Item pemboleh ubah Laman Web Perkongsian Fail

Item	Kekerapan		Peratus (%)	Median	Julat	Kedudukan *percentile*
Saya berkongsi fail audio melalui laman *web* perkongsian fail	TT	17	24.3	3.0000	4.00	2.0000
	STS	7	10			
	TS	16	22.9			
	S	23	32.9			
	SS	7	10			
	Σ	70	100			
Saya berkongsi fail video melalui laman web perkongsian fail	TT	16	22.9	3.0000	4.00	2.3000
	STS	5	7.1			
	TS	18	25.7			
	S	23	32.9			
	SS	8	11.4			
	Σ	70	100			
Saya berkongsi fail teks melalui laman web perkongsian fail	TT	16	22.9	3.0000	4.00	3.0000
	STS	3	4.3			
	TS	19	27.1			
	S	24	34.3			
	SS	8	11.4			
	Σ	70	100			

Jadual 4.52: Kekerapan pemboleh ubah Laman Web Perkongsian Fail

Laman Web Perkongsian Fail	Kekerapan	Peratus (%)	Median	Julat	Kedudukan *percentile*
Tidak tahu	12	17.1	3.0000	4.00	3.0000
Sangat tidak setuju	6	8.6			
Tidak setuju	20	28.6			
Setuju	24	34.3			
Sangat setuju	8	11.4			
Jumlah	70	100			

Median pemboleh ubah laman web perkongsian fail ialah 3.0000 dan item-itemnya mempunyai median 3.0000.

Jadual 53: Kekerapan pemboleh ubah aktiviti komunikasi Interpersonal

Komunikasi Interpersonal	Kekerapan	Peratus (%)	Median	Julat	Kedudukan percentile
Tidak tahu	15	21.7	4.0000	4.00	3.0000
Sangat tidak setuju	4	5.8			
Tidak setuju	7	10.1			
Setuju	34	49.3			
Sangat setuju	9	13			
Jumlah	69	100			

Secara keseluruhan median bagi pemboleh ubah aktiviti komunikasi interpersonal ialah 4.0000.

Pemerolehan Maklumat dan Hiburan

Membaca/Menonton Berita di Internet

Jadual 4.54: Item pemboleh ubah Membaca/Menonton Berita di Internet

Item		Kekerapan	Peratus (%)	Median	Julat	Kedudukan percentile
Saya membaca berita maklumat terpilih tentang peristiwa-peristiwa di internet	TT	9	12.9	4.0000	4.00	4.0000
	STS	3	4.3			
	TS	3	4.3			
	S	38	54.3			
	SS	17	24.3			
	Σ	70	100			
Saya menonton berita maklumat terpilih tentang peristiwa-peristiwa di internet	TT	10	14.3	4.0000	4.00	4.0000
	STS	4	5.7			
	TS	3	4.3			
	S	39	55.7			
	SS	14	20			
	Σ	70	100			

Jadual 4.55: Kekerapan pemboleh ubah membaca/menonton berita di internet

Membaca/menonton berita di internet	Kekerapan	Peratus (%)	Median	Julat	Kedudukan percentile
Tidak tahu	7	10	4.0000	4.00	4.0000
Sangat tidak setuju	4	5.7			
Tidak setuju	6	8.6			
Setuju	34	48.6			
Sangat setuju	19	27.1			
Jumlah	70	100			

Median pemboleh ubah membaca/menonton berita di internet ialah 4.0000 dan item-itemnya mempunyai median 4.0000.

Bermain Permainan Internet yang Dimainkan Sendiri Atau Menentang Komputer

Jadual 4.56: Item pemboleh ubah bermain permainan internet yang dimainkan sendiri atau menentang komputer

Item	Kekerapan		Peratus (%)	Median	Julat	Kedudukan percentile
Saya bermain permainan internet dalam pelayar internet	TT	8	11.4	4.0000	4.00	3.0000
	STS	4	5.7			
	TS	10	14.3			
	S	30	42.9			
	SS	18	25.7			
	Σ	70	100			
Saya bermain permainan internet berbilang pemain	TT	9	12.9	4.0000	4.00	3.0000
	STS	4	5.7			
	TS	10	14.3			
	S	29	41.4			
	SS	18	25.7			
	Σ	70	100			
Saya menggunakan *plugin* maya Java semasa bermain permainan berbilang pemain	TT	27	38.6	3.0000	4.00	1.0000
	STS	4	5.7			
	TS	9	12.9			
	S	22	31.4			
	SS	8	11.4			
	Σ	70	100			
Saya menggunakan *pluginShockwave* semasa bermain permainan berbilang pemain	TT	29	41.4	2.5000	4.00	1.0000
	STS	6	8.6			
	TS	10	14.3			
	S	17	24.3			
	SS	8	11.4			
	Σ	70	100			
Saya menggunakan *pluginFlash* semasa bermain permainan berbilang pemain	TT	30	42.9	3.0000	4.00	1.0000
	STS	3	4.3			
	TS	13	18.6			
	S	16	22.9			
	SS	8	11.4			
	Σ	70	100			
Saya menyertai ruang permainan berbilang pemain yang sedia ada di internet	TT	20	28.6	4.0000	4.00	2.0000
	STS	3	4.3			
	TS	7	10			
	S	29	41.4			
	SS	11	15.7			

		Σ	70	100			

Saya menyertai ruang permainan berbilang pemain yang dicipta sendiri	TT	31	44.3	2.0000	4.00	1.0000
	STS	10	14.3			
	TS	19	27.1			
	S	7	10			
	SS	3	4.3			
	Σ	70	100			

Jadual 4.57: Kekerapan pemboleh ubah bermain permainan internet yang dimainkan sendiri atau menentang komputer

Bermain permainan internet yang dimainkan sendiri atau menentang komputer	Kekerapan	Peratus (%)	Median	Julat	Kedudukan percentile
Tidak tahu	6	8.6	4.0000	4.00	3.0000
Sangat tidak setuju	7	10			
Tidak setuju	25	35.7			
Setuju	23	32.9			
Sangat setuju	9	12.9			
Jumlah	70	100			

Median pemboleh ubah bermain permainan internet yang dimainkan sendiri atau menentang komputer ialah 4.0000 dan item-itemnya mempunyai median antara 2.0000 hingga 4.0000.

Bermain Permainan Dengan Orang Lain di Internet

Jadual 4.58: Item pemboleh ubah bermain permainan dengan orang lain di internet

Item		Kekerapan	Peratus (%)	Median	Julat	Kedudukan percentile
Saya bermain permainan dengan orang lain di internet sebagai tetamu	TT	13	18.6	4.0000	4.00	3.0000
	STS	4	5.7			
	TS	12	17.1			
	S	32	45.7			
	SS	9	12.9			
	Σ	70	100			
Saya bermain permainan dengan orang lain sebagai pemain berdaftar (mempunyai akaun)	TT	15	21.4	3.0000	4.00	3.0000
	STS	2	2.9			
	TS	11	15.7			
	S	32	45.7			

	SS	10	14.3		
	Σ	70	100		
Saya bermain permainan dengan orang lain di internet menggunakan *Flash* percuma	TT	25	35.7	4.0000	4.00	3.0000
	STS	3	4.3			
	TS	11	15.7			
	S	23	32.9			
	SS	8	11.4			
	Σ	70	100			
Saya bermain permainan dengan orang lain di internet menggunakan *Shockwaveadd-ons*	TT	30	42.9	4.0000	4.00	3.0000
	STS	4	5.7			
	TS	10	14.3			
	S	20	28.6			
	SS	6	8.6			
	Σ	70	100			

Jadual 4.59: Kekerapan pemboleh ubah bermain permainan dengan orang lain di internet

Bermain permainan dengan orang lain di internet	Kekerapan	Peratus (%)	Median	Julat	Kedudukan *percentile*
Tidak tahu	12	17.1	4.0000	4.00	4.0000
Sangat tidak setuju	3	4.3			
Tidak setuju	21	30			
Setuju	26	37.1			
Sangat setuju	8	11.4			
Jumlah	70	100			

Median pemboleh ubah bermain permainan dengan orang lain di internet ialah 4.0000 dan item-itemnya mempunyai median antara 3.0000 hingga 4.0000.

Menonton Klip Video

Jadual 4.60: Item pemboleh ubah menonton klip video

Item	Kekerapan	Peratus (%)	Median	Julat	Kedudukan *percentile*
Saya menonton klip video saat penting di internet yang memberi kesan kepada perkara-perkara lain	TT	14	20	4.0000	4.00	3.0000
	STS	3	4.3			
	TS	9	12.9			
	S	31	44.3			
	SS	13	18.6			
	Σ	70	100			
Saya menonton klip video lucu di internet	TT	6	8.6	3.0000	4.00	3.0000
	STS	4	5.7			
	TS	3	4.3			
	S	42	60			
	SS	15	21.4			

		Σ	70	100			
Saya menonton klip video aneh di internet		TT	9	12.9	4.0000	4.00	3.3000
		STS	6	8.6			
		TS	6	8.6			
		S	33	47.1			
		SS	16	22.9			
		Σ	70	100			
Saya menonton klip video prestasi ajaib (luar biasa) di internet		TT	9	12.9	4.0000	4.00	4.0000
		STS	4	5.7			
		TS	6	8.6			
		S	35	50			
		SS	16	22.9			
		Σ	70	100			

Jadual 4.61: Kekerapan pemboleh ubah menonton klip video

Menonton klip video	Kekerapan	Peratus (%)	Median	Julat	Kedudukan percentile
Tidak tahu	5	7.1	4.0000	4.00	4.0000
Sangat tidak setuju	4	5.7			
Tidak setuju	8	11.4			
Setuju	34	48.6			
Sangat setuju	19	27.1			
Jumlah	70	100			

Median bagi pemboleh ubah menonton klip video ialah 4.0000 dan item-itemnya mempunyai median antara 3.0000 hingga 4.0000.

Muat Turun Muzik atau Filem

Jadual 4.62: Item pemboleh ubah muat turun muzik atau filem

Item		Kekerapan	Peratus (%)	Median	Julat	Kedudukan percentile
Saya muat turun muzik di internet	TT	7	10	4.0000	4.00	4.0000
	STS	2	2.9			
	TS	1	1.4			
	S	38	54.3			
	SS	22	31.4			
	Σ	70	100			
Saya muat turun filem di internet	TT	9	12.9	4.0000	4.00	3.0000
	STS	5	7.1			
	TS	9	12.9			
	S	33	47.1			
	SS	14	20			
	Σ	70	100			

Jadual 4.63: Kekerapan pemboleh ubah muat turun muzik atau filem

Muat turun muzik atau filem	Kekerapan	Peratus (%)	Median	Julat	Kedudukan percentile
Tidak tahu	6	8.6	4.0000	4.00	4.0000
Sangat tidak setuju	2	2.9			
Tidak setuju	5	7.1			
Setuju	38	54.3			
Sangat setuju	19	27.1			
Jumlah	70	100			

Median bagi pemboleh ubah muat turun muzik atau filem ialah 4.0000 dan item-itemnya mempunyai median 4.0000.

Berkongsi Video atau Muzik Dengan Orang Lain

Jadual 4.64: Item pemboleh ubah berkongsi video atau muzik dengan orang lain

Item		Kekerapan	Peratus (%)	Median	Julat	Kedudukan percentile
Saya berkongsi video dengan orang lain di internet	TT	9	12.9	4.0000	4.00	3.0000
	STS	4	5.7			
	TS	15	21.4			
	S	30	42.9			
	SS	12	17.1			
	Σ	70	100			
Saya berkongsi muzik dengan orang lain di internet	TT	7	10	4.0000	4.00	3.3000
	STS	3	4.3			
	TS	11	15.7			
	S	33	47.1			
	SS	16	22.9			
	Σ	70	100			

Jadual 4.65: Kekerapan pemboleh ubah berkongsi video atau muzik dengan orang lain

Berkongsi video atau muzik dengan orang lain	Kekerapan	Peratus (%)	Median	Julat	Kedudukan percentile
Tidak tahu	7	10	4.0000	4.00	3.0000
Sangat tidak setuju	4	5.7			
Tidak setuju	11	15.7			
Setuju	33	47.1			
Sangat setuju	15	21.4			
Jumlah	70	100			

Median bagi pemboleh ubah berkongsi video atau muzik dengan orang lain ialah 4.0000 dan item-itemnya mempunyai median 4.0000.

Melihat atau Mendengar Video atau Muzik

Jadual 4.66: Item pemboleh ubah melihat atau mendengar video atau muzik

Item		Kekerapan	Peratus (%)	Median	Julat	Kedudukan percentile
Saya melihat atau mendengar video atau muzik sebagai penonton peribadi di internet	TT	10	14.3	4.0000	4.00	3.0000
	STS	3	4.3			
	TS	9	12.9			
	S	34	48.6			
	SS	14	20			
	Σ	70	100			
Saya melihat atau mendengar muzik atau video sebagai penonton awam di internet	TT	9	12.9	4.0000	4.00	4.0000
	STS	1	1.4			
	TS	7	10			
	S	36	51.4			
	SS	17	24.3			
	Σ	70	100			

Jadual 4.67: Kekerapan pemboleh ubah melihat atau mendengar video atau muzik

Melihat atau mendengar video atau muzik	Kekerapan	Peratus (%)	Median	Julat	Kedudukan percentile
Tidak tahu	7	10	4.0000	4.00	4.0000
Sangat tidak setuju	2	2.9			
Tidak setuju	6	8.6			
Setuju	38	54.3			
Sangat setuju	17	24.3			
Jumlah	70	100			

Median bagi pemboleh ubah melihat atau mendengar video atau muzik ialah 4.0000 dan item-itemnya mempunyai median 4.0000.

Menggunakan *Webcam*

Jadual 4.68: Item pemboleh ubah menggunakan *webcam*

Item	Kekerapan		Peratus (%)	Median	Julat	Kedudukan percentile
Saya merakam video menggunakan *webcam* di internet	TT	14	20	3.5000	4.00	3.0000
	STS	8	11.4			
	TS	28	40			
	S	14	20			
	SS	6	8.6			
	Σ	70	100			
Saya mengadakan sembang video menggunakan *webcam* di internet	TT	13	18.6	3.0000	4.00	2.3000
	STS	7	10			
	TS	13	18.6			
	S	28	40			
	SS	9	12.9			
	Σ	70	100			

Jadual 4.69: Kekerapan pemboleh ubah menggunakan *webcam*

Menggunakan webcam	Kekerapan	Peratus (%)	Median	Julat	Kedudukan percentile
Tidak tahu	12	17.1	3.0000	4.00	3.0000
Sangat tidak setuju	6	8.6			
Tidak setuju	18	25.7			
Setuju	28	40			
Sangat setuju	6	8.6			
Jumlah	70	100			

Median bagi pemboleh ubah menggunakan webcam ialah 3.0000 dan item-itemnya mempunyai median antara 3.0000 hingga 3.5000.

Mencipta Watak

Jadual 4.70: Item pemboleh ubah mencipta watak

Item	Kekerapan		Peratus (%)	Median	Julat	Kedudukan percentile
Saya mencipta watak orang maya di internet	TT	19	27.1	3.0000	4.00	2.0000
	STS	8	11.4			
	TS	25	35.7			
	S	12	17.1			
	SS	6	8.6			
	Σ	70	100			
Saya mencipta watak wanita maya di internet	TT	22	31.4	2.5000	4.00	1.0000
	STS	13	18.6			
	TS	28	40			
	S	6	8.6			
	SS	1	1.4			

132

		Σ	70	100			
Saya mencipta watak rumah maya di internet		TT	23	32.9	2.0000	4.00	1.0000
		STS	14	20			
		TS	23	32.9			
		S	9	12.9			
		SS	1	1.4			
		Σ	70	100			
Saya mencipta watak kehidupan maya dalam talian milik saya sendiri		TT	22	31.4	3.0000	4.00	1.0000
		STS	12	17.1			
		TS	23	32.9			
		S	12	17.1			
		SS	1	1.4			
		Σ	70	100			
Saya mencipta watak keluarga maya di internet		TT	25	35.7	2.0000	4.00	1.0000
		STS	11	15.7			
		TS	23	32.9			
		S	10	14.3			
		SS	1	1.4			
		Σ	70	100			
Saya mencipta watak kehidupan maya di internet		TT	24	34.3	3.0000	4.00	1.0000
		STS	9	12.9			
		TS	25	35.7			
		S	9	12.9			
		SS	3	4.3			
		Σ	70	100			
Saya mencipta watak binatang peliharaan maya di internet		TT	24	34.3	3.0000	4.00	1.0000
		STS	9	12.9			
		TS	25	35.7			
		S	9	12.9			
		SS	3	4.3			
		Σ	70	100			

Jadual 4.71: Kekerapan pemboleh ubah mencipta watak

Mencipta watak	Kekerapan	Peratus (%)	Median	Julat	Kedudukan percentile
Tidak tahu	15	21.4	3.0000	4.00	2.0000
Sangat tidak setuju	13	18.6			
Tidak setuju	26	37.1			
Setuju	15	21.4			
Sangat setuju	1	1.4			
Jumlah	70	100			

Median bagi pemboleh ubah mencipta watak ialah 3.0000 dan item-itemnya mempunyai median antara 2.0000 hingga 3.0000.

Menghabiskan Masa Dalam Dunia Maya

Jadual 4.72: Item pemboleh ubah menghabiskan masa dalam dunia maya

Item		Kekerapan	Peratus (%)	Median	Julat	Kedudukan percentile
Saya berinteraksi dengan orang lain di internet untuk menghabiskan masa dalam dunia maya	TT	10	14.3	3.0000	4.00	3.0000
	STS	9	12.9			
	TS	24	34.3			
	S	20	28.6			
	SS	7	10			
	Σ	70	100			
Saya menggunakan objek di internet untuk menghabiskan masa dalam dunia maya	TT	14	20	3.0000	4.00	2.0000
	STS	9	12.9			
	TS	28	40			
	S	15	21.4			
	SS	4	5.7			
	Σ	70	100			
Saya menggunakan objek di internet untuk menghabiskan masa dalam dunia maya	TT	21	30	3.0000	4.00	1.3000
	STS	11	15.7			
	TS	28	40			
	S	7	10			
	SS	3	4.3			
	Σ	70	100			

Jadual 4.73: Kekerapan pemboleh ubah menghabiskan masa dalam dunia maya

Menghabiskan masa dalam dunia maya	Kekerapan	Peratus (%)	Median	Julat	Kedudukan percentile
Tidak tahu	10	14.3	3.0000	4.00	3.0000
Sangat tidak setuju	2	2.9			
Tidak setuju	24	34.3			
Setuju	29	41.4			
Sangat setuju	5	7.1			
Jumlah	70	100			

Median bagi pemboleh ubah menghabiskan masa dalam dunia maya ialah 3.0000 dan item-itemnya mempunyai median 3.0000.

Jadual 4.74: Kekerapan pemboleh ubah aktiviti pemerolehan maklumat dan hiburan

Pemerolehan maklumat dan hiburan	Kekerapan	Peratus (%)	Median	Julat	Kedudukan percentile (30)
Tidak tahu	4	5.7	4.0000	4.00	3.0000
Sangat tidak setuju	5	7.1			
Tidak setuju	14	20			
Setuju	42	60			
Sangat setuju	5	7.1			
Jumlah	70	100			

Keseluruhannya, median bagi pemboleh ubah aktiviti pemerolehan maklumat dan hiburan ialah 4.0000.

Perisian Sistem

Editor teks

Jadual 4.75: Item pemboleh ubah editor teks

Item	Kekerapan		Peratus (%)	Median	Julat	Kedudukan percentile
Saya menggunakan editor teks XEDIT semasa menggunakan internet	TT	43	61.4	1.0000	4.00	1.0000
	STS	4	5.7			
	TS	19	27.1			
	S	2	2.9			
	SS	2	2.9			
	Σ	70	100			
Saya menggunakan editor teks Emacs semasa menggunakan internet	TT	45	65.2	1.0000	3.00	1.0000
	STS	5	7.2			
	TS	14	20.3			
	S	5	7.2			
	SS	-	-			
	Σ	69	100			
Saya menggunakan editor teks vi semasa menggunakan internet	TT	46	65.7	1.0000	3.00	1.0000
	STS	5	7.1			
	TS	14	20			
	S	5	7.1			
	SS	-	-			
	Σ	70	100			

Jadual 4.76: Kekerapan pemboleh ubah editor teks

Editor teks	Kekerapan	Peratus (%)	Median	Julat	Kedudukan percentile
Tidak tahu	39	56.5	1.0000	3.00	1.0000
Sangat tidak setuju	11	15.9			
Tidak setuju	12	17.4			
Setuju	7	10.1			
Sangat setuju	-	-			
Jumlah	69	100			

Median bagi pemboleh ubah editor teks ialah 1.0000 dan item-itemnya mempunyai median 1.0000.

Sistem operasi

Jadual 4.77: Item pemboleh ubah sistem operasi

Item	Kekerapan		Peratus (%)	Median	Julat	Kedudukan percentile
Saya menggunakan sistem operasi berbilang pengguna semasa menggunakan internet	TT	32	45.7	2.0000	4.00	1.0000
	STS	5	7.1			
	TS	10	14.3			
	S	22	31.4			
	SS	1	1.4			
	Σ	70	100			
Saya menggunakan sistem operasi *multiprocessing* semasa menggunakan internet	TT	42	60	1.0000	4.00	1.0000
	STS	4	5.7			
	TS	7	10			
	S	13	18.6			
	SS	4	5.7			
	Σ	70	100			
Saya menggunakan sistem operasi *multitasking* semasa menggunakan internet	TT	36	51.4	1.0000	4.00	1.0000
	STS	2	2.9			
	TS	11	15.7			
	S	16	22.9			
	SS	5	7.1			
	Σ	70	100			
Saya menggunakan sistem operasi *multithreading* semasa menggunakan internet	TT	44	62.9	1.0000	4.00	1.0000
	STS	3	4.3			
	TS	10	14.3			
	S	10	14.3			
	SS	3	4.3			
	Σ	70	100			
Saya menggunakan sistem operasi masa sebenar semasa menggunakan internet	TT	27	38.6	3.0000	4.00	1.0000
	STS	3	4.3			
	TS	10	14.3			
	S	23	32.9			
	SS	7	10			
	Σ	70	100			

Jadual 4.78: Kekerapan pemboleh ubah sistem operasi

Sistem operasi	Kekerapan	Peratus (%)	Median	Julat	Kedudukan percentile
Tidak tahu	23	32.9	1.0000	3.00	1.0000
Sangat tidak setuju	11	15.7			
Tidak setuju	15	21.4			
Setuju	19	27.1			
Sangat setuju	2	2.9			
Jumlah	70	100			

Median bagi pemboleh ubah sistem operasi ialah 1.0000 dan item-itemnya mempunyai median antara 1.0000 hingga 3.0000.

DOS

Jadual 4.79: Item pemboleh ubah DOS

Item	Kekerapan		Peratus (%)	Median	Julat	Kedudukan percentile
Saya menggunakan DOS CP/M semasa menggunakan internet	TT	46	65.7	1.0000	4.00	1.0000
	STS	4	5.7			
	TS	10	14.3			
	S	9	12.9			
	SS	1	1.4			
	Σ	70	100			
Saya menggunakan MS-DOS semasa menggunakan internet	TT	46	65.7	1.0000	4.00	1.0000
	STS	5	7.1			
	TS	9	12.9			
	S	7	10			
	SS	3	4.3			
	Σ	70	100			
Saya menggunakan DR-OpenDOS semasa menggunakan internet	TT	47	67.1	1.0000	3.00	1.0000
	STS	5	7.1			
	TS	8	11.4			
	S	10	14.3			
	SS	-	-			
	Σ	70	100			

Jadual 4.80: Kekerapan pemboleh ubah DOS

DOS	Kekerapan	Peratus (%)	Median	Julat	Kedudukan percentile
Tidak tahu	42	60	1.0000	4.00	1.0000
Sangat tidak setuju	8	11.4			
Tidak setuju	10	14.3			
Setuju	9	12.9			
Sangat setuju	1	1.4			
Jumlah	70	100			

Median bagi pemboleh ubah DOS ialah 1.0000 dan item-itemnya mempunyai median 1.0000.

Windows

Jadual 4.81: Item pemboleh ubah *windows*

Item	Kekerapan		Peratus (%)	Median	Julat	Kedudukan *percentile*
Saya menggunakan *Windows* 8 (2012) – MS Versi 6.2 semasa menggunakan internet	TT	33	47.1	2.0000	4.00	1.0000
	STS	3	4.3			
	TS	11	15.7			
	S	18	25.7			
	SS	5	7.1			
	Σ	70	100			
Saya menggunakan *Windows* 7 (2009) – MS Versi 6.1 semasa menggunakan internet	TT	25	35.7	3.0000	4.00	1.0000
	STS	1	1.4			
	TS	10	14.3			
	S	24	34.3			
	SS	10	14.3			
	Σ	70	100			
Saya menggunakan *Windows* *Vista* (2006) – MS Versi 6.0 semasa menggunakan internet	TT	29	41.4	3.0000	4.00	1.0000
	STS	3	4.3			
	TS	13	18.6			
	S	23	32.9			
	SS	2	2.9			
	Σ	70	100			
Saya menggunakan *Windows* *XP* (2001) – MS Versi 5.1 semasa menggunakan internet	TT	23	32.9	3.0000	4.00	1.0000
	STS	4	5.7			
	TS	9	12.9			
	S	25	35.7			
	SS	9	12.9			
	Σ	70	100			
Saya menggunakan *Windows* 2000 (2000) – MS Versi 5.0 semasa menggunakan internet	TT	29	41.4	3.0000	4.00	1.0000
	STS	4	5.7			
	TS	22	31.4			
	S	13	18.6			
	SS	2	2.9			
	Σ	70	100			
Saya menggunakan *Windows* *NT* (1993) – MS Versi 3.1, 3.5, 4.0 semasa menggunakan internet	TT	37	52.9	1.0000	4.00	1.0000
	STS	6	8.6			
	TS	20	28.6			
	S	4	5.7			
	SS	3	4.3			
	Σ	70	100			

Jadual 4.82: Kekerapan pemboleh ubah *windows*

Windows	Kekerapan	Peratus (%)	Median	Julat	Kedudukan percentile
Tidak tahu	17	24.3	3.0000	4.00	2.0000
Sangat tidak setuju	7	10			
Tidak setuju	20	28.6			
Setuju	23	32.9			
Sangat setuju	3	4.3			
Jumlah	70	100			

Median bagi pemboleh ubah *windows* ialah 3.0000 dan item-itemnya mempunyai median antara 1.0000 hingga 3.0000.

Unix

Jadual 4.83: Item pemboleh ubah unix

Item	Kekerapan		Peratus (%)	Median	Julat	Kedudukan percentile
Saya menggunakan Unix jenis Solaris semasa menggunakan internet	TT	44	62.9	1.0000	3.00	1.0000
	STS	6	8.6			
	TS	13	18.6			
	S	7	10			
	SS	-	-			
	Σ	70	100			
Saya menggunakan Unix jenis AIX semasa menggunakan internet	TT	43	61.4	1.0000	3.00	1.0000
	STS	7	10			
	TS	16	22.9			
	S	4	5.7			
	SS	-	-			
	Σ	70	100			
Saya menggunakan Unix jenis Digital Unix semasa menggunakan internet	TT	43	61.4	1.0000	4.00	1.0000
	STS	7	10			
	TS	14	20			
	S	5	7.1			
	SS	1	1.4			
	Σ	70	100			
Saya menggunakan Unix jenis IRIX semasa menggunakan internet	TT	44	62.9	1.0000	3.00	1.0000
	STS	5	7.1			
	TS	16	22.9			
	S	5	7.1			
	SS	-	-			
	Σ	70	100			
Saya menggunakan Unix jenis HPUX semasa menggunakan internet	TT	42	60	1.0000	4.00	1.0000
	STS	6	8.6			
	TS	16	22.9			
	S	5	7.1			

		Kekerapan	Peratus (%)	Median	Julat	Kedudukan percentile
	SS	1	1.4			
	Σ	70	100			
Saya menggunakan Unix jenis SCO semasa menggunakan internet	TT	44	62.9	1.0000	4.00	1.0000
	STS	6	8.6			
	TS	15	21.4			
	S	4	5.7			
	SS	1	1.4			
	Σ	70	100			
Saya menggunakan Unix jenis FreeBSD semasa menggunakan internet	TT	43	61.4	1.0000	4.00	1.0000
	STS	7	10			
	TS	13	18.6			
	S	5	7.1			
	SS	2	2.9			
	Σ	70	100			
Saya menggunakan Unix jenis OpenBSD semasa menggunakan internet	TT	43	61.4	1.0000	4.00	1.0000
	STS	6	8.6			
	TS	13	18.6			
	S	5	7.1			
	SS	3	4.3			
	Σ	70	100			
Saya menggunakan Unix jenis NetBSD semasa menggunakan internet	TT	45	64.3	1.0000	4.00	1.0000
	STS	7	10			
	TS	14	20			
	S	3	4.3			
	SS	1	1.4			
	Σ	70	100			
Saya menggunakan Unix jenis Linux semasa menggunakan internet	TT	45	64.3	1.0000	4.00	1.0000
	STS	5	7.1			
	TS	11	15.7			
	S	8	11.4			
	SS	1	1.4			
	Σ	70	100			

Jadual 4.84: Kekerapan pemboleh ubah unix

Unix	Kekerapan	Peratus (%)	Median	Julat	Kedudukan percentile
Tidak tahu	40	57.1	1.0000	4.00	1.0000
Sangat tidak setuju	8	11.4			
Tidak setuju	12	17.1			
Setuju	9	12.9			
Sangat setuju	1	1.4			
Jumlah	70	100			

Median bagi pemboleh ubah unix ialah 1.0000 dan item-itemnya mempunyai median 1.0000.

141

Linux

Jadual 4.85: Item pemboleh ubah *linux*

Item		Kekerapan	Peratus (%)	Median	Julat	Kedudukan *percentile*
Saya menggunakan Linux versi Intel semasa menggunakan internet	TT	43	61.4	1.0000	4.00	1.0000
	STS	4	5.7			
	TS	8	11.4			
	S	13	18.6			
	SS	2	2.9			
	Σ	70	100			
Saya menggunakan Linux versi PowerPC semasa menggunakan internet	TT	43	61.4	1.0000	4.00	1.0000
	STS	3	4.3			
	TS	14	20			
	S	9	12.9			
	SS	1	1.4			
	Σ	70	100			
Saya menggunakan Linux versi Sparc semasa menggunakan internet	TT	46	65.7	1.0000	3.00	1.0000
	STS	14	20			
	TS	16	22.9			
	S	3	4.3			
	SS	-	-			
	Σ	70	100			
Saya menggunakan Linux versi Alpha semasa menggunakan internet	TT	48	68.6	1.0000	3.00	1.0000
	STS	3	4.3			
	TS	16	22.9			
	S	3	4.3			
	SS	-	-			
	Σ	70	100			

Jadual 4.86: Kekerapan pemboleh ubah *linux*

Linux	Kekerapan	Peratus (%)	Median	Julat	Kedudukan *percentile*
Tidak tahu	38	54.3	1.0000	3.00	1.0000
Sangat tidak setuju	8	11.4			
Tidak setuju	15	21.4			
Setuju	9	12.9			
Sangat setuju	-	-			
Jumlah	70	100			

Median bagi pemboleh ubah linux ialah 1.0000 dan item-itemnya mempunyai median 1.0000.

Solaris

Jadual 4.87: Item pemboleh ubah *solaris*

Item	Kekerapan		Peratus (%)	Median	Julat	Kedudukan percentile
Saya menggunakan Solaris sistem operasi SunOS semasa menggunakan internet	TT	45	64.3	1.0000	4.00	1.0000
	STS	3	4.3			
	TS	15	21.4			
	S	4	5.7			
	SS	3	4.3			
	Σ	70	100			
Saya menggunakan Solaris sistem tetingkap (seperti OpenWindows atau CDE) semasa menggunakan internet	TT	42	60	1.0000	4.00	1.0000
	STS	3	4.3			
	TS	8	11.4			
	S	13	18.6			
	SS	4	5.7			
	Σ	70	100			

Jadual 4.88: Kekerapan pemboleh ubah *solaris*

Solaris	Kekerapan	Peratus (%)	Median	Julat	Kedudukan percentile
Tidak tahu	38	54.3	1.0000	4.00	1.0000
Sangat tidak setuju	5	7.1			
Tidak setuju	15	21.4			
Setuju	10	14.3			
Sangat setuju	2	2.9			
Jumlah	70	100			

Median bagi pemboleh ubah solaris ialah 1.0000 dan item-itemnya mempunyai median 1.0000.

Alat Pengurusan Fail

Jadual 4.89: Item pemboleh ubah alat pengurusan fail

Item	Kekerapan		Peratus (%)	Median	Julat	Kedudukan percentile
Saya menggunakan alat pengurusan fail WinMerge semasa menggunakan internet	TT	45	64.3	1.0000	3.00	1.0000
	STS	4	5.7			
	TS	11	15.7			
	S	10	14.3			
	SS	-	-			
	Σ	70	100			
Saya menggunakan alat	TT	43	61.4	1.0000	3.00	1.0000

		Kekerapan	Peratus (%)	Median	Julat	Kedudukan percentile
pengurusan fail WinDiff semasa menggunakan internet	STS	5	7.1			
	TS	15	21.4			
	S	7	10			
	SS	-	-			
	Σ	70	100			
Saya menggunakan alat pengurusan fail TreeSize Free semasa menggunakan internet	TT	43	61.4	1.0000	4.00	1.0000
	STS	5	7.1			
	TS	14	20			
	S	7	10			
	SS	1	1.4			
	Σ	70	100			
Saya menggunakan alat pengurusan fail 7-Zip semasa menggunakan internet	TT	39	55.7	1.0000	4.00	1.0000
	STS	4	5.7			
	TS	8	11.4			
	S	16	22.9			
	SS	3	4.3			
	Σ	70	100			
Saya menggunakan alat pengurusan fail SyncToy semasa menggunakan internet	TT	43	61.4	1.0000	4.00	1.0000
	STS	5	7.1			
	TS	15	21.4			
	S	6	8.6			
	SS	1	1.4			
	Σ	70	100			
Saya menggunakan alat pengurusan fail DoubleKiller semasa menggunakan internet	TT	42	60	1.0000	4.00	1.0000
	STS	4	5.7			
	TS	18	25.7			
	S	4	5.7			
	SS	2	2.9			
	Σ	70	100			

Jadual 4.90: Kekerapan pemboleh ubah alat pengurusan fail

Alat pengurusan fail	Kekerapan	Peratus (%)	Median	Julat	Kedudukan percentile
Tidak tahu	34	48.6	3.0000	4.00	2.0000
Sangat tidak setuju	12	17.1			
Tidak setuju	11	15.7			
Setuju	13	18.6			
Sangat setuju	-	-			
Jumlah	70	100			

Median bagi alat pengurusan fail ialah 3.0000 dan item-itemnya mempunyai median 1.0000.

Debuggers

Jadual 4.91: Item pemboleh ubah *debuggers*

Item	Kekerapan		Peratus (%)	Median	Julat	Kedudukan *percentile*
Saya menggunakan Debuggers Allinea DDT semasa menggunakan internet	TT	46	66.7	1.0000	3.00	1.0000
	STS	5	7.2			
	TS	13	18.8			
	S	5	7.2			
	SS	-	-			
	Σ	69	100			
Saya menggunakan GNU Debuggers (GDB) semasa menggunakan internet	TT	48	68.6	1.0000	3.00	1.0000
	STS	4	5.7			
	TS	16	22.9			
	S	2	2.9			
	SS	-	-			
	Σ	70	100			
Saya menggunakan Intel Debugger semasa menggunakan internet	TT	44	62.9	1.0000	4.00	1.0000
	STS	5	7.1			
	TS	12	17.1			
	S	8	11.4			
	SS	1	1.4			
	Σ	70	100			
Saya menggunakan LLDB debugger semasa menggunakan internet	TT	45	64.3	1.0000	4.00	1.0000
	STS	7	10			
	TS	13	18.6			
	S	4	5.7			
	SS	1	1.4			
	Σ	70	100			
Saya menggunakan Microsoft Visual Studio Debugger semasa menggunakan internet	TT	43	61.4	1.0000	3.00	1.0000
	STS	5	7.1			
	TS	12	17.1			
	S	10	14.3			
	SS	1	1.4			
	Σ	70	100			
Saya menggunakan debugger Valgrind semasa menggunakan internet	TT	50	71.4	1.0000	4.00	1.0000
	STS	6	8.6			
	TS	11	15.7			
	S	2	2.9			
	SS	1	1.4			
	Σ	70	100			
Saya menggunakan debugger WinDbg semasa menggunakan internet	TT	50	71.4	1.0000	4.00	1.0000
	STS	5	7.1			
	TS	9	12.9			
	S	4	5.7			
	SS	2	2.9			

	Σ	70	100			

Jadual 4.92: Kekerapan pemboleh ubah *debuggers*

Debuggers	Kekerapan	Peratus (%)	Median	Julat	Kedudukan percentile
Tidak tahu	40	57.1	1.0000	4.00	1.0000
Sangat tidak setuju	11	15.7			
Tidak setuju	10	14.3			
Setuju	7	10			
Sangat setuju	1	1.4			
Jumlah	70	100			

Median bagi pemboleh ubah *Debuggers* ialah 1.0000 dan item-itemnya mempunyai median 1.0000.

Program-program Muatan

Jadual 4.93: Item pemboleh ubah pogram-program muatan

Item		Kekerapan	Peratus (%)	Median	Julat	Kedudukan percentile
Saya menggunakan program-program muatan GNU *grand unified bootloader* semasa menggunakan internet	TT	49	70	1.0000	3.00	1.0000
	STS	6	8.6			
	TS	11	15.7			
	S	4	5.7			
	SS	-	-			
	Σ	70	100			
Saya menggunakan program-program muatan NT *loader* (NTLDR) semasa menggunakan internet	TT	48	68.6	1.0000	4.00	1.0000
	STS	7	10			
	TS	10	14.3			
	S	3	4.3			
	SS	2	2.9			
	Σ	70	100			
Saya menggunakan program-program muatan Linux *loader* (LILO) semasa menggunakan internet	TT	46	65.7	1.0000	3.00	1.0000
	STS	5	7.1			
	TS	13	18.6			
	S	6	8.6			
	SS	-	-			
	Σ	70	100			
Saya menggunakan program-program muatan *Network interface controller* (NIC) semasa menggunakan internet	TT	43	61.4	1.0000	4.00	1.0000
	STS	5	7.1			
	TS	4	5.7			
	S	13	18.6			
	SS	5	7.1			
	Σ	70	100			

146

Jadual 4.94: Kekerapan pemboleh ubah program-program muatan

Program-program muatan	Kekerapan	Peratus (%)	Median	Julat	Kedudukan percentile
Tidak tahu	37	52.9	1.0000	4.00	1.0000
Sangat tidak setuju	14	20			
Tidak setuju	11	15.7			
Setuju	7	10			
Sangat setuju	1	1.4			
Jumlah	70	100			

Median bagi pemboleh ubah program-program muatan ialah 1.0000 dan item-itemnya mempunyai median 1.0000.

Pemacu Peranti

Jadual 4.95: Item pemboleh ubah pemacu peranti

Item	Kekerapan		Peratus (%)	Median	Julat	Kedudukan percentile
Saya menggunakan pemacu peranti sistem operasi *Windows* semasa menggunakan internet	TT	27	38.6	3.0000	4.00	1.0000
	STS	4	5.7			
	TS	5	7.1			
	S	28	40			
	SS	6	8.6			
	Σ	70	100			
Saya menggunakan pemacu peranti maya semasa menggunakan internet	TT	33	47.1	2.0000	4.00	1.0000
	STS	4	5.7			
	TS	8	11.4			
	S	21	30			
	SS	4	5.7			
	Σ	70	100			

Jadual 4.96: Kekerapan pemboleh ubah pemacu peranti

Pemacu peranti	Kekerapan	Peratus (%)	Median	Julat	Kedudukan percentile
Tidak tahu	24	34.3	3.0000	4.00	1.0000
Sangat tidak setuju	5	7.1			
Tidak setuju	13	18.6			
Setuju	23	32.9			
Sangat setuju	5	7.1			
Jumlah	70	100			

Median bagi pemboleh ubah pemacu peranti ialah 3.0000 dan item-itemnya mempunyai median 2.0000 hingga 3.0000.

Alat Pengaturcaraan

Jadual 4.97: Item pemboleh ubah alat pengaturcaraan

Item		Kekerapan	Peratus (%)	Median	Julat	Kedudukan *percentile*
Saya menggunakan alat pengaturcaraan liputan kod semasa menggunakan internet	TT	38	54.3	1.0000	4.00	1.0000
	STS	6	8.6			
	TS	12	17.1			
	S	13	18.6			
	SS	1	1.4			
	Σ	70	100			
Saya menggunakan alat pengaturcaraan *Dissassembler* semasa menggunakan internet	TT	44	62.9	1.0000	4.00	1.0000
	STS	6	8.6			
	TS	10	14.3			
	S	9	12.9			
	SS	1	1.4			
	Σ	70	100			
Saya menggunakan alat pengaturcaraan pengeluar dokumentasi semasa menggunakan internet	TT	39	56.5	1.0000	3.00	1.0000
	STS	7	10.1			
	TS	9	13			
	S	14	20.3			
	SS	-	-			
	Σ	69	100			

Jadual 4.98: Kekerapan pemboleh ubah alat pengaturcaraan

Alat pengaturcaraan	Kekerapan	Peratus (%)	Median	Julat	Kedudukan *percentile*
Tidak tahu	35	50.7	1.0000	4.00	1.0000
Sangat tidak setuju	9	13			
Tidak setuju	14	20.3			
Setuju	10	14.5			
Sangat setuju	1	1.4			
Jumlah	69	100			

Median bagi pemboleh ubah alat pengaturcaraan ialah 1.0000 dan item-itemnya mempunyai median 1.0000.

Linkers

Jadual 4.99: Item pemboleh ubah *linkers*

Item	Kekerapan		Peratus (%)	Median	Julat	Kedudukan *percentile*
Saya menggunakan *Linkers* Id (Unix) semasa menggunakan internet	TT	51	72.9	1.0000	3.00	1.0000
	STS	4	5.7			
	TS	10	14.3			
	S	5	7.1			
	SS	-	-			
	Σ	70	100			
Saya menggunakan *Linkers* Pemaut GNU semasa menggunakan internet	TT	52	74.3	1.0000	3.00	1.0000
	STS	6	7.18.6			
	TS	7	10			
	S	5	7.1			
	SS	-	-			
	Σ	70	100			
Saya menggunakan *Linkers* Pemaut dinamik semasa menggunakan internet	TT	52	74.3	1.0000	4.00	1.0000
	STS	8	11.4			
	TS	6	8.6			
	S	3	4.3			
	SS	1	1.4			
	Σ	70	100			

Jadual 4.100: Kekerapan pemboleh ubah *linkers*

Linkers	Kekerapan	Peratus (%)	Median	Julat	Kedudukan *percentile*
Tidak tahu	48	68.6	1.0000	4.00	1.0000
Sangat tidak setuju	8	11.4			
Tidak setuju	10	14.3			
Setuju	3	4.3			
Sangat setuju	1	1.4			
Jumlah	70	100			

Median bagi pemboleh ubah Linkers ialah 1.0000 dan item-itemnya mempunyai median 1.0000.

149

Penterjemah-penterjemah Bahasa

Jadual 4.101: Item pemboleh ubah penterjemah-penterjemah bahasa

Item	Kekerapan		Peratus (%)	Median	Julat	Kedudukan *percentile*
Saya menggunakan penterjemah-penterjemah bahasa jenis pentafsir/jurubahasa semasa menggunakan internet	TT	13	18.6	4.0000	4.00	3.0000
	STS	4	5.7			
	TS	11	15.7			
	S	30	42.9			
	SS	12	17.1			
	Σ	70	100			
Saya menggunakan penterjemah-penterjemah bahasa penyusun (*compilers*) semasa menggunakan internet	TT	23	32.9	3.0000	4.00	1.0000
	STS	4	5.7			
	TS	9	12.9			
	S	26	37.1			
	SS	8	11.4			
	Σ	70	100			
Saya menggunakan penterjemah-penterjemah bahasa pemasang (*assemblers*) semasa menggunakan internet	TT	28	40	3.0000	4.00	1.0000
	STS	5	7.1			
	TS	11	15.7			
	S	22	31.4			
	SS	4	5.7			
	Σ	70	100			

Jadual 4.102: Kekerapan pemboleh ubah penterjemah-penterjemah bahasa

Penterjemah-penterjemah bahasa	Kekerapan	Peratus (%)	Median	Julat	Kedudukan *percentile*
Tidak tahu	13	18.6	3.0000	4.00	2.0000
Sangat tidak setuju	11	15.7			
Tidak setuju	13	18.6			
Setuju	27	38.6			
Sangat setuju	6	8.6			
Jumlah	70	100			

Median bagi pemboleh ubah penterjemah-penterjemahbahasa ialah 3.0000 dan item-itemnya mempunyai median 3.0000 hingga 4.0000.

Pentafsir/Jurubahasa

Jadual 4.103: Item pemboleh ubah pentafsir/jurubahasa

Item		Kekerapan	Peratus (%)	Median	Julat	Kedudukan *percentile*
Saya menggunakan pentafsir/jurubahasa jenis BASIC semasa menggunakan internet	TT	28	40	3.0000	4.00	1.0000
	STS	4	5.7			
	TS	12	17.1			
	S	21	30			
	SS	5	7.1			
	Σ	70	100			
Saya menggunakan pentafsir/jurubahasa jenis LISP semasa menggunakan internet	TT	40	57.1	1.0000	4.00	1.0000
	STS	5	7.1			
	TS	17	24.3			
	S	6	8.6			
	SS	2	2.9			
	Σ	70	100			

Jadual 4.104: Kekerapan pemboleh ubah pentafsir/jurubahasa

Pentafsir/jurubahasa	Kekerapan	Peratus (%)	Median	Julat	Kedudukan *percentile*
Tidak tahu	26	37.1	3.0000	4.00	1.0000
Sangat tidak setuju	7	10			
Tidak setuju	23	32.9			
Setuju	13	18.6			
Sangat setuju	1	1.4			
Jumlah	70	100			

Median bagi pemboleh ubah pentafsir/jurubahasa ialah 3.0000 dan item-itemnya mempunyai median 1.0000 hingga 3.0000.

Penyusun

Jadual 4.105: Item pemboleh ubah penyusun

Item		Kekerapan	Peratus (%)	Median	Julat	Kedudukan *percentile*
Saya menggunakan penyusun jenis FORTRAN semasa menggunakan internet	TT	46	65.7	1.0000	3.00	1.0000
	STS	3	4.3			
	TS	14	20			
	S	7	10			
	SS	-	-			

		Σ	70	100			
Saya menggunakan penyusun jenis Cfront semasa menggunakan internet		TT	47	67.1	1.0000	3.00	1.0000
		STS	4	5.7			
		TS	14	20			
		S	5	7.1			
		SS	-	-			
		Σ	70	100			

Jadual 4.106: Kekerapan pemboleh ubah penyusun

Penyusun	Kekerapan	Peratus (%)	Median	Julat	Kedudukan percentile
Tidak tahu	44	62.9	1.0000	3.00	1.0000
Sangat tidak setuju	6	8.6			
Tidak setuju	14	20			
Setuju	6	8.6			
Sangat setuju	-	-			
Jumlah	70	100			

Median bagi pemboleh ubah penyusun ialah 1.0000 dan item-itemnya mempunyaim edian 1.0000.

Pemasang

Jadual 4.107: Item pemboleh ubah pemasang

Item	Kekerapan		Peratus (%)	Median	Julat	Kedudukan percentile
Saya menggunakan pemasang jenis SPARC semasa menggunakan internet	TT	47	67.1	1.0000	4.00	1.0000
	STS	5	7.1			
	TS	11	15.7			
	S	6	8.6			
	SS	1	1.4			
	Σ	70	100			
Saya menggunakan pemasang jenis POWER semasa menggunakan internet	TT	39	56.5	1.0000	3.00	1.0000
	STS	4	5.8			
	TS	10	14.5			
	S	16	23.2			
	SS	-	-			
	Σ	69	100			
Saya menggunakan pemasang jenis x86 semasa menggunakan internet	TT	47	67.1	1.0000	4.00	1.0000
	STS	4	5.7			
	TS	10	14.3			
	S	8	11.4			
	SS	1	1.4			
	Σ	70	100			
Saya menggunakan	TT	47	67.1	1.0000	4.00	1.0000

pemasang jenis x86-64 semasa menggunakan internet	STS	4	5.7
	TS	9	12.9
	S	9	12.9
	SS	1	1.4
	Σ	70	100

Jadual 4.108: Kekerapan pemboleh ubah pemasang

Pemasang	Kekerapan	Peratus (%)	Median	Julat	Kedudukan percentile
Tidak tahu	34	49.3	2.0000	3.00	1.0000
Sangat tidak setuju	16	23.2			
Tidak setuju	8	11.6			
Setuju	11	15.9			
Sangat setuju	-	-			
Jumlah	69	100			

Median bagi pemboleh ubah pemasang ialah 2.0000 dan item-itemnya mempunyai median 1.0000.

Pengurusan Data

Jadual 4.109: Item pemboleh ubah pengurusan data

Item	Kekerapan	Peratus (%)	Median	Julat	Kedudukan percentile
Saya menggunakan perisian pengurusan data semasa menggunakan internet	TT	26	37.1	3.0000	4.00	1.0000
	STS	3	4.3			
	TS	9	12.9			
	S	30	42.9			
	SS	2	2.9			
	Σ	70	100			

Jadual 4.110: Kekerapan pemboleh ubah pengurusan data

Pengurusan data	Kekerapan	Peratus (%)	Median	Julat	Kedudukan percentile
Tidak tahu	26	37.1	3.0000	4.00	1.0000
Sangat tidak setuju	3	4.3			
Tidak setuju	9	12.9			
Setuju	30	42.9			
Sangat setuju	2	2.9			
Jumlah	70	100			

Median bagi pemboleh ubah perisian pengurusan data ialah 3.0000.

153

Editor

Jadual 4.111: Item pemboleh ubah *editor*

Item	Kekerapan		Peratus (%)	Median	Julat	Kedudukan percentile
Saya menggunakan *line editors* semasa menggunakan internet	TT	35	50	1.5000	4.00	1.0000
	STS	5	7.1			
	TS	10	14.3			
	S	17	24.3			
	SS	3	4.3			
	Σ	70	100			
Saya menggunakan editor berorientasikan –skrin semasa menggunakan internet	TT	37	52.9	1.0000	4.00	1.0000
	STS	4	5.7			
	TS	8	11.4			
	S	19	27.1			
	SS	2	2.9			
	Σ	70	100			

Jadual 4.112: Kekerapan pemboleh ubah *editor*

Editor	Kekerapan	Peratus (%)	Median	Julat	Kedudukan percentile
Tidak tahu	32	45.7	2.0000	4.00	1.0000
Sangat tidak setuju	5	7.1			
Tidak setuju	14	20			
Setuju	17	24.3			
Sangat setuju	2	2.9			
Jumlah	70	100			

Median bagi pemboleh ubah editor ialah 2.0000 dan item-itemnya mempunyai median 1.0000 hingga 1.5000.

Utiliti

Jadual 4.113: Item pemboleh ubah utiliti

Item	Kekerapan		Peratus (%)	Median	Julat	Kedudukan percentile
Saya menggunakan perisian utiliti jenis cakera semasa menggunakan internet	TT	36	51.4	1.0000	4.00	1.0000
	STS	5	7.1			
	TS	11	15.7			
	S	16	22.9			
	SS	2	2.9			
	Σ	70	100			
Saya menggunakan perisian	TT	29	41.4	3.0000	4.00	1.0000

utiliti jenis fail dan direktori semasa menggunakan internet	STS	2	2.9			
	TS	11	15.7			
	S	23	32.9			
	SS	5	7.1			
	Σ	70	100			
Saya menggunakan perisian utiliti jenis keselamatan semasa menggunakan internet	TT	25	35.7	3.0000	4.00	1.0000
	STS	4	5.7			
	TS	7	10			
	S	28	40			
	SS	6	8.6			
	Σ	70	100			
Saya menggunakan perisian utiliti jenis editor untuk format kegunaan umum semasa menggunakan internet	TT	33	47.1	2.0000	4.00	1.0000
	STS	5	7.1			
	TS	9	12.9			
	S	20	28.6			
	SS	3	4.3			
	Σ	70	100			
Saya menggunakan perisian utiliti jenis komunikasi semasa menggunakan internet	TT	33	47.1	2.0000	4.00	1.0000
	STS	5	7.1			
	TS	8	11.4			
	S	22	31.4			
	SS	2	2.9			
	Σ	70	100			
Saya menggunakan perisian utiliti jenis pembangunan perisian semasa menggunakan internet	TT	42	60	1.0000	4.00	1.0000
	STS	5	7.1			
	TS	5	7.1			
	S	15	21.4			
	SS	3	4.3			
	Σ	70	100			
Saya menggunakan perisian utiliti jenis pembangunan perkakasan semasa menggunakan internet	TT	38	54.3	1.0000	4.00	1.0000
	STS	5	7.1			
	TS	8	11.4			
	S	16	22.9			
	SS	3	4.3			
	Σ	70	100			

Jadual 4.114: Kekerapan pemboleh ubah utiliti

Utiliti	Kekerapan	Peratus (%)	Median	Julat	Kedudukan percentile
Tidak tahu	22	31.4	3.0000	4.00	1.0000
Sangat tidak setuju	12	17.1			
Tidak setuju	11	15.7			
Setuju	22	31.4			
Sangat setuju	3	4.3			
Jumlah	70	100			

155

Median bagi pemboleh ubah perisian utiliti ialah 3.0000 dan item-itemnya mempunyai median 1.0000 hingga 3.0000.

Jadual 4.115: Kekerapan pemboleh ubah perisian sistem

Perisian sistem	Kekerapan	Peratus (%)	Median	Julat	Kedudukan percentile
Tidak tahu	5	7.5	4.0000	4.00	3.0000
Sangat tidak setuju	34	50.7			
Tidak setuju	19	28.4			
Setuju	9	13.4			
Sangat setuju	-	-			
Jumlah	67	100			

Median bagi pemboleh ubah perisian sistem ialah 4.0000.

Perisian Aplikasi

Perisian Aplikasi Tujuan Am

Jadual 4.116: Item pemboleh ubah aplikasi tujuan am

Item	Kekerapan		Peratus (%)	Median	Julat	Kedudukan percentile
Saya menggunakan perisian Aplikasi Tujuan Am jenis MS Office semasa menggunakan internet	TT	34	48.6	2.0000	4.00	1.0000
	STS	6	8.6			
	TS	10	14.3			
	S	13	18.6			
	SS	7	10			
	Σ	70	100			
Saya menggunakan perisian Aplikasi Tujuan Am jenis Corel Draw semasa menggunakan internet	TT	38	54.3	1.0000	4.00	1.0000
	STS	4	5.7			
	TS	17	24.3			
	S	7	10			
	SS	4	5.7			
	Σ	70	100			
Saya menggunakan perisian Aplikasi Tujuan Am jenis Page Maker semasa menggunakan internet	TT	40	58	1.0000	4.00	1.0000
	STS	6	8.7			
	TS	14	20.3			
	S	7	10.1			
	SS	2	2.9			
	Σ	69	100			

Saya menggunakan perisian Aplikasi Tujuan Am jenis Adobe Photo Shop semasa menggunakan internet	TT	36	51.4	1.0000	4.00	1.0000
	STS	3	4.3			
	TS	10	14.3			
	S	16	22.9			
	SS	5	7.1			
	Σ	70	100			

Jadual 4.117: Kekerapan pemboleh ubah aplikasi tujuan am

Aplikasi tujuan am	Kekerapan	Peratus (%)	Median	Julat	Kedudukan percentile
Tidak tahu	28	40	2.0000	4.00	1.0000
Sangat tidak setuju	13	18.6			
Tidak setuju	9	12.9			
Setuju	17	24.3			
Sangat setuju	2	2.9			
Jumlah	69	100			

Median bagi pemboleh ubah perisian aplikasi tujuan am ialah 2.0000 dan item-itemnya mempunyai median antara 1.0000 hingga 2.0000.

Perisian Aplikasi Tujuan Khas

Jadual 4.118: Item pemboleh ubah aplikasi tujuan khas

Item	Kekerapan	Peratus (%)	Median	Julat	Kedudukan percentile
Saya menggunakan perisian Aplikasi Tujuan Khusus jenis TurboTax v	TT	46	66.7	1.0000	4.00	1.0000
	STS	6	8.7			
	TS	14	20.3			
	S	2	2.9			
	SS	1	1.4			
	Σ	69	100			

Jadual 4.119: Kekerapan pemboleh ubah aplikasi tujuan khas

Aplikasi tujuan khas	Kekerapan	Peratus (%)	Median	Julat	Kedudukan percentile
Tidak tahu	46	66.7	1.0000	4.00	1.0000
Sangat tidak setuju	6	8.7			
Tidak setuju	14	20.3			
Setuju	2	2.9			
Sangat setuju	1	1.4			
Jumlah	69	100			

Median pemboleh ubah perisian aplikasi tujuan khas ialah 1.0000.

Jadual 4.120: Kekerapan pemboleh ubah perisian aplikasi

Perisian aplikasi	Kekerapan	Peratus (%)	Median	Julat	Kedudukan percentile (30)
Tidak tahu	28	40.6	3.0000	4.00	3.0000
Sangat tidak setuju	14	20.3			
Tidak setuju	10	14.5			
Setuju	15	21.7			
Sangat setuju	2	2.9			
Jumlah	69	100			

Median bagi pemboleh ubah perisian palikasi ialah 3.0000.

Perkakasan Dalaman

Blu-Ray

Jadual 4.121: Item pemboleh ubah *blu-ray*

Item		Kekerapan	Peratus (%)	Median	Julat	Kedudukan percentile
Saya menggunakan Blu-Ray jenis BonusView dan BD_Line semasa menggunakan internet	TT	41	58.6	1.0000	4.00	1.0000
	STS	4	5.7			
	TS	13	18.6			
	S	11	15.7			
	SS	1	1.4			
	Σ	70	100			
Saya menggunakan Blu-Ray jenis ROM, R dan Format RE semasa menggunakan internet	TT	35	50	1.5000	4.00	1.0000
	STS	5	7.1			
	TS	9	12.9			
	S	16	22.9			
	SS	5	7.1			
	Σ	70	100			
Saya menggunakan Blu-Ray jenis BDXL semasa menggunakan internet	TT	44	62.9	1.0000	4.00	1.0000
	STS	6	8.6			
	TS	10	14.3			
	S	8	11.4			
	SS	2	2.9			
	Σ	70	100			

Jadual 4.122: Kekerapan pemboleh ubah *blu-ray*

Blu-ray	Kekerapan	Peratus (%)	Median	Julat	Kedudukan percentile
Tidak tahu	31	44.3	2.0000	4.00	1.0000
Sangat tidak setuju	11	15.7			
Tidak setuju	17	24.3			
Setuju	10	14.3			
Sangat setuju	1	1.4			

Jumlah	70	100

Median bagi pemboleh ubah blu-ray ialah 2.0000 dan item-itemnya mempunyai median 1.0000 hingga 1.5000.

CD-ROM

Jadual 4.123: Item pemboleh ubah CD-ROM

Item	Kekerapan		Peratus (%)	Median	Julat	Kedudukan percentile
Saya menggunakan CD-ROM semasa menggunakan internet	TT	19	27.1	4.0000	4.00	2.0000
	STS	4	5.7			
	TS	10	14.3			
	S	28	40			
	SS	9	12.9			
	Σ	70	100			

Jadual 4.124: Kekerapan pemboleh ubah CD-ROM

CD-ROM	Kekerapan	Peratus (%)	Median	Julat	Kedudukan percentile
Tidak tahu	19	27.1	4.0000	4.00	2.0000
Sangat tidak setuju	4	5.7			
Tidak setuju	10	14.3			
Setuju	28	40			
Sangat setuju	9	12.9			
Jumlah	70	100			

Median bagi pemboleh ubah CD-ROM ialah 4.0000.

DVD

Jadual 4.125: Item pemboleh ubah DVD

Item	Kekerapan		Peratus (%)	Median	Julat	Kedudukan percentile
Saya menggunakan DVD semasa menggunakan internet	TT	13	18.6	4.0000	4.00	3.0000
	STS	7	10			
	TS	14	20			
	S	27	38.6			
	SS	9	12.9			
	Σ	70	100			

Jadual 4.126: Kekerapan pemboleh ubah DVD

DVD	Kekerapan	Peratus (%)	Median	Julat	Kedudukan percentile
Tidak tahu	13	18.6	4.0000	4.00	3.0000
Sangat tidak setuju	7	10			
Tidak setuju	14	20			
Setuju	27	38.6			
Sangat setuju	9	12.9			
Jumlah	70	100			

Median bagi pemboleh ubah DVD ialah 4.0000.

CPU

Jadual 4.127: Item pemboleh ubah CPU

Item	Kekerapan		Peratus (%)	Median	Julat	Kedudukan percentile
Saya menggunakan CPU semasa menggunakan internet	TT	8	10	4.0000	4.00	4.0000
	STS	2	2.9			
	TS	-	-			
	S	42	60			
	SS	18	25.7			
	Σ	70	100			

Jadual 4.128: Kekerapan pemboleh ubah CPU

CPU	Kekerapan	Peratus (%)	Median	Julat	Kedudukan percentile
Tidak tahu	8	11.4	4.0000	4.00	4.0000
Sangat tidak setuju	2	2.9			
Tidak setuju	-	-			
Setuju	42	60			
Sangat setuju	18	25.7			
Jumlah	70	100			

Median bagi pemboleh ubah CPU ialah 4.0000.

Hard drive

Jadual 4.129: Item pemboleh ubah *hard drive*

Item		Kekerapan	Peratus (%)	Median	Julat	Kedudukan percentile
Saya menggunakan *hard drive* semasa menggunakan internet	TT	13	18.8	4.0000	4.00	4.0000
	STS	1	1.4			
	TS	4	5.8			
	S	36	52.2			
	SS	15	21.7			
	Σ	69	100			

Jadual 4.130: Kekerapan pemboleh ubah *hard drive*

Hard drive	Kekerapan	Peratus (%)	Median	Julat	Kedudukan percentile
Tidak tahu	13	18.8	4.0000	4.00	4.0000
Sangat tidak setuju	1	1.4			
Tidak setuju	4	5.8			
Setuju	36	52.2			
Sangat setuju	15	21.7			
Jumlah	70	100			

Median bagi pemboleh ubah hard drive ialah 4.0000.

Motherboard

Jadual 4.131: Item pemboleh ubah *motherboard*

Item		Kekerapan	Peratus (%)	Median	Julat	Kedudukan percentile
Saya menggunakan *motherboard* semasa menggunakan internet	TT	17	24.3	4.0000	4.00	4.0000
	STS	-	-			
	TS	2	2.9			
	S	35	50			
	SS	16	22.9			
	Σ	70	100			

Jadual 4.132: Kekerapan pemboleh ubah *motherboard*

Motherboard	Kekerapan	Peratus (%)	Median	Julat	Kedudukan percentile
Tidak tahu	17	24.3	4.0000	4.00	4.0000
Sangat tidak setuju	-	-			
Tidak setuju	2	2.9			
Setuju	35	50			

Sangat setuju	16	22.9
Jumlah	70	100

Median bagi pemboleh ubah motherboard ialah 4.0000.

RAM

Jadual 4.133: Item pemboleh ubah RAM

Item	Kekerapan		Peratus (%)	Median	Julat	Kedudukan percentile
Saya menggunakan RAM jenis DRAM semasa menggunakan internet	TT	23	32.9	4.0000	4.00	1.0000
	STS	3	4.3			
	TS	2	2.9			
	S	27	38.6			
	SS	15	21.4			
	Σ	70	100			
Saya menggunakan RAM jenis SRAM semasa menggunakan internet	TT	28	40	3.0000	4.00	1.0000
	STS	3	4.3			
	TS	10	14.3			
	S	21	30			
	SS	8	11.4			
	Σ	70	100			

Jadual 4.134: Kekerapan pemboleh ubah RAM

RAM	Kekerapan	Peratus (%)	Median	Julat	Kedudukan percentile
Tidak tahu	23	32.9	4.0000	4.00	1.0000
Sangat tidak setuju	1	1.4			
Tidak setuju	8	11.4			
Setuju	29	41.4			
Sangat setuju	9	12.9			
Jumlah	70	100			

Median bagi pemboleh ubah RAM ialah 4.0000 dan item-itemnya mempunyai median antara 3.0000 hingga 4.0000.

Kad bunyi

Jadual 4.135: Item pemboleh ubah kad bunyi

Item	Kekerapan		Peratus (%)	Median	Julat	Kedudukan percentile
Saya menggunakan kad bunyi semasa menggunakan internet	TT	27	38.6	3.0000	4.00	1.0000
	STS	6	8.6			
	TS	9	12.9			
	S	20	28.6			
	SS	8	11.4			
	Σ	70	100			

Jadual 4.136: Kekerapan pemboleh ubah kad bunyi

Kad bunyi	Kekerapan	Peratus (%)	Median	Julat	Kedudukan percentile
Tidak tahu	27	38.6	3.0000	4.00	1.0000
Sangat tidak setuju	6	8.6			
Tidak setuju	9	12.9			
Setuju	20	28.6			
Sangat setuju	8	11.4			
Jumlah	70	100			

Median bagi pemboleh ubah kad bunyi ialah 3.0000.

Kad video

Jadual 4.137: Item pemboleh ubah kad video

Item	Kekerapan		Peratus (%)	Median	Julat	Kedudukan percentile
Saya menggunakan kad video semasa menggunakan internet	TT	27	38.6	3.0000	4.00	1.0000
	STS	1	1.4			
	TS	10	14.3			
	S	23	32.9			
	SS	9	12.9			
	Σ	70	100			

Jadual 4.138: Kekerapan pemboleh ubah kad video

Kad video	Kekerapan	Peratus (%)	Median	Julat	Kedudukan percentile
Tidak tahu	27	38.6	3.0000	4.00	1.0000
Sangat tidak setuju	1	1.4			
Tidak setuju	10	14.3			
Setuju	23	32.9			

Sangat setuju	9	12.9
Jumlah	70	100

Median bagi pemboleh ubah kad video ialah 3.0000.

Jadual 4.139: Kekerapan pemboleh ubah perkakasan dalaman

Perkakasan dalaman	Kekerapan	Peratus (%)	Median	Julat	Kedudukan *percentile* (30)
Tidak tahu	6	8.7	4.0000	4.00	3.0000
Sangat tidak setuju	8	11.6			
Tidak setuju	19	27.5			
Setuju	30	43.5			
Sangat setuju	6	8.7			
Jumlah	69	100			

Median bagi pemboleh ubah perkakasan dalaman ialah 4.0000.

Perkakasan Luaran

Skrin Rata

Jadual 4.140: Item pemboleh ubah skrin rata

Item		Kekerapan	Peratus (%)	Median	Julat	Kedudukan *percentile*
Saya menggunakan skrin rata semasa menggunakan internet	TT	18	25.7	4.0000	4.00	3.0000
	STS	2	2.9			
	TS	3	4.3			
	S	34	48.6			
	SS	13	18.6			
	Σ	70	100			

Jadual 4.141: Kekerapan pemboleh ubah skrin rata

Skrin rata	Kekerapan	Peratus (%)	Median	Julat	Kedudukan *percentile*
Tidak tahu	18	25.7	4.0000	4.00	3.0000
Sangat tidak setuju	2	2.9			
Tidak setuju	3	4.3			
Setuju	34	48.6			
Sangat setuju	13	18.6			
Jumlah	70	100			

Median bagi pemboleh ubah skrin rata ialah 4.0000.

Monitor

Jadual 4.142: Item pemboleh ubah *monitor*

Item		Kekerapan	Peratus (%)	Median	Julat	Kedudukan percentile
Saya menggunakan monitor semasa menggunakan internet	TT	11	15.7	4.0000	4.00	4.0000
	STS	2	2.9			
	TS	5	7.1			
	S	34	48.6			
	SS	18	25.7			
	Σ	70	100			

Jadual 4.143: Kekerapan pemboleh ubah *monitor*

Monitor	Kekerapan	Peratus (%)	Median	Julat	Kedudukan percentile
Tidak tahu	11	15.7	4.0000	4.00	4.0000
Sangat tidak setuju	2	2.9			
Tidak setuju	5	7.1			
Setuju	34	48.6			
Sangat setuju	18	25.7			
Jumlah	70	100			

Median bagi pemboleh ubah monitor ialah 4.0000.

LCD

Jadual 4.144: Item pemboleh ubah LCD

Item		Kekerapan	Peratus (%)	Median	Julat	Kedudukan percentile
Saya menggunakan LCD semasa menggunakan internet	TT	10	14.3	4.0000	4.00	4.0000
	STS	3	4.3			
	TS	7	10			
	S	34	48.6			
	SS	16	22.9			
	Σ	70	100			

Jadual 4.145: Kekerapan pemboleh ubah LCD

LCD	Kekerapan	Peratus (%)	Median	Julat	Kedudukan percentile
Tidak tahu	10	14.3	4.0000	4.00	4.0000
Sangat tidak setuju	3	4.3			
Tidak setuju	7	10			
Setuju	34	48.6			
Sangat setuju	16	22.9			
Jumlah	70	100			

Median bagi pemboleh ubah LCD ialah 4.0000.

Papan kekunci *(Keyboard)*

Jadual 4.146: Item pemboleh ubah papan kekunci

Item		Kekerapan	Peratus (%)	Median	Julat	Kedudukan percentile
Saya menggunakan papan kekunci semasa menggunakan internet	TT	8	11.4	4.0000	4.00	4.0000
	STS	-	-			
	TS	2	2.9			
	S	40	57.1			
	SS	20	28.6			
	Σ	70	100			

Jadual 4.147: Kekerapan pemboleh ubah papan kekunci

Papan kekunci	Kekerapan	Peratus (%)	Median	Julat	Kedudukan percentile
Tidak tahu	8	8.6	4.0000	4.00	4.0000
Sangat tidak setuju	-	-			
Tidak setuju	2	2.9			
Setuju	40	57.1			
Sangat setuju	20	28.6			
Jumlah	70	100			

Median bagi pemboleh ubah papan kekunci ialah 4.0000.

Tetikus

Jadual 4.148: Item pemboleh ubah tetikus

Item	Kekerapan		Peratus (%)	Median	Julat	Kedudukan percentile
Saya menggunakan tetikus mekanikal semasa menggunakan internet	TT	11	15.7	4.0000	4.00	4.0000
	STS	3	4.3			
	TS	4	5.7			
	S	37	52.9			
	SS	15	21.4			
	Σ	70	100			
Saya menggunakan tetikus Optomekanikal semasa menggunakan internet	TT	15	21.4	4.0000	4.00	3.0000
	STS	2	2.9			
	TS	9	12.9			
	S	36	51.4			
	SS	8	11.4			
	Σ	70	100			
Saya menggunakan tetikus optik semasa menggunakan internet	TT	13	18.6	4.0000	4.00	4.0000
	STS	1	1.4			
	TS	6	8.6			
	S	40	57.1			
	SS	10	14.3			
	Σ	70	100			

Jadual 4.149: Kekerapan pemboleh ubah tetikus

Tetikus	Kekerapan	Peratus (%)	Median	Julat	Kedudukan percentile
Tidak tahu	8	11.4	4.0000	4.00	4.0000
Sangat tidak setuju	4	5.7			
Tidak setuju	7	10			
Setuju	39	55.7			
Sangat setuju	12	17.1			
Jumlah	70	100			

Median bagi pemboleh ubah tetikus ialah 4.0000 dan item-itemnya mempunyai median 4.0000.

Pencetak

Jadual 4.150: Item pemboleh ubah pencetak

Item	Kekerapan		Peratus (%)	Median	Julat	Kedudukan percentile
Saya menggunakan pencetak roda daisy semasa menggunakan internet	TT	40	58	1.0000	4.00	1.0000
	STS	4	5.8			
	TS	13	18.8			
	S	10	14.5			
	SS	2	2.9			
	Σ	69	100			
Saya menggunakan pencetak dot-matriks semasa menggunakan internet	TT	38	54.3	1.0000	4.00	1.0000
	STS	7	10			
	TS	14	20			
	S	9	12.9			
	SS	1	1.4			
	Σ	70	100			
Saya menggunakan pencetak dakwat-jet semasa menggunakan internet	TT	20	29	2.0000	4.00	2.0000
	STS	3	4.3			
	TS	2	2.9			
	S	35	50.7			
	SS	9	13			
	Σ	69	100			
Saya menggunakan pencetak laser semasa menggunakan internet	TT	24	34.8	3.0000	4.00	1.0000
	STS	2	2.9			
	TS	10	14.5			
	S	25	36.2			
	SS	8	11.6			
	Σ	70	100			
Saya menggunakan pencetak LCD dan LED semasa menggunakan internet	TT	22	31.9	3.0000	4.00	1.0000
	STS	5	7.2			
	TS	10	14.5			
	S	23	33.3			
	SS	9	13			
	Σ	69	100			
Saya menggunakan pencetak baris semasa menggunakan internet	TT	31	44.9	2.0000	4.00	1.0000
	STS	5	7.2			
	TS	17	24.6			
	S	12	17.4			
	SS	4	5.8			
	Σ	69	100			
Saya menggunakan pencetak terma semasa menggunakan internet	TT	34	49.3	2.0000	4.00	1.0000
	STS	5	7.2			
	TS	17	24.6			
	S	12	17.4			
	SS	1	1.4			

	Σ	69	100

Jadual 4.151: Kekerapan pemboleh ubah pencetak

Pencetak	Kekerapan	Peratus (%)	Median	Julat	Kedudukan percentile
Tidak tahu	12	17.4	3.0000	4.00	2.0000
Sangat tidak setuju	13	18.8			
Tidak setuju	20	29			
Setuju	20	29			
Sangat setuju	4	5.8			
Jumlah	69	100			

Median bagi pemboleh ubah pencetak ialah 3.0000 dan item-itemnya mempunyai median antara 1.0000 hingga 3.0000.

Pengimbas

Jadual 4.152: Item pemboleh ubah pengimbas

Item		Kekerapan	Peratus (%)	Median	Julat	Kedudukan percentile
Saya menggunakan pengimbas *Flatbed* semasa menggunakan internet	TT	7	10	1.0000	4.00	1.0000
	STS	2	2.9			
	TS	1	1.4			
	S	38	54.3			
	SS	22	31.4			
	Σ	70	100			
Saya menggunakan pengimbas *sheet-fed* semasa menggunakan internet	TT	9	12.9	1.0000	4.00	1.0000
	STS	5	7.1			
	TS	9	12.9			
	S	33	47.1			
	SS	14	20			
	Σ	70	100			

Jadual 4.153: Kekerapan pemboleh ubah pengimbas

Pengimbas	Kekerapan	Peratus (%)	Median	Julat	Kedudukan percentile
Tidak tahu	40	58	1.0000	4.00	1.0000
Sangat tidak setuju	5	7.2			
Tidak setuju	11	15.9			
Setuju	11	15.9			
Sangat setuju	2	2.9			
Jumlah	69	100			

Median bagi pemboleh ubah pengimbas ialah 1.0000 dan item-itemnya mempunyai median 1.0000.

Jadual 4.154: Kekerapan pemboleh ubah perkakasan luaran

Perkakasan luaran	Kekerapan	Peratus (%)	Median	Julat	Kedudukan percentile
Tidak tahu	5	7.2	3.0000	4.00	3.0000
Sangat tidak setuju	6	8.7			
Tidak setuju	26	37.7			
Setuju	29	42			
Sangat setuju	3	4.3			
Jumlah	69	100			

Median bagi perkakasan luaran ialah 3.0000.

KANDUNGAN INTERNET YANG BOLEH DIPERCAYAI DI KAFE SIBER

U_{RL}

Jadual 4.155: Item pemboleh ubah URL

Item	Kekerapan		Peratus (%)	Median	Julat	Kedudukan percentile
Kandungan internet yang saya gunakan mempunyai URL mutlak	TT	32	46.4	3.0000	4.00	1.0000
	STS	2	2.9			
	TS	3	4.3			
	S	25	36.2			
	SS	7	10.1			
	Σ	69	100			
Kandungan internet yang saya gunakan mempunyai URL relatif	TT	33	47.8	2.0000	4.00	1.0000
	STS	2	2.9			
	TS	8	11.6			
	S	24	34.8			
	SS	2	2.9			
	Σ	69	100			

Jadual 4.156: Kekerapan pemboleh ubah URL

URL	Kekerapan	Peratus (%)	Median	Julat	Kedudukan percentile
Tidak tahu	30	43.5	3.0000	4.00	1.0000
Sangat tidak setuju	3	4.3			
Tidak setuju	5	7.2			
Setuju	27	39.1			
Sangat setuju	4	5.8			
Jumlah	69	100			

Median bagi pemboelh ubah URL ialah 3.0000 dan item-itemnya mempunyaimedian antara 2.0000 hingga 3.0000.

Rujukan

Jadual 4.157: Item pemboleh ubah rujukan

Item	Kekerapan		Peratus (%)	Median	Julat	Kedudukan percentile
Kandungan internet yang saya gunakan mempunyai rujukan	TT	18	26.1	4.0000	4.00	3.0000
	STS	-	-			
	TS	3	4.3			
	S	31	44.9			
	SS	17	24.6			
	Σ	69	100			

Jadual 4.158: Kekerapan pemboleh ubah rujukan

Rujukan	Kekerapan	Peratus (%)	Median	Julat	Kedudukan percentile
Tidak tahu	18	26.1	4.0000	4.00	3.0000
Sangat tidak setuju	-	-			
Tidak setuju	3	4.3			
Setuju	31	44.9			
Sangat setuju	17	24.6			
Jumlah	69	100			

Median bagi pemboleh ubah rujukan ialah 4.0000.

Kandungan

Jadual 4.159: Item pemboleh ubah kandungan

Item		Kekerapan	Peratus (%)	Median	Julat	Kedudukan percentile
Kandungan internet yang saya gunakan mempunyai kebolehbacaan yang baik	TT	14	20.3	4.0000	4.00	4.0000
	STS	2	2.9			
	TS	1	1.4			
	S	34	49.3			
	SS	18	26.1			
	Σ	69	100			

Jadual 4.160: Kekerapan pemboleh ubah kandungan

Kandungan	Kekerapan	Peratus (%)	Median	Julat	Kedudukan percentile
Tidak tahu	14	20.3	4.0000	4.00	4.0000
Sangat tidak setuju	2	2.9			
Tidak setuju	1	1.4			
Setuju	34	49.3			
Sangat setuju	18	26.1			
Jumlah	69	100			

Median bagi pemboleh ubah kandungan ialah 4.0000.

Jadual 4.161: Kekerapan pemboleh ubah kandungan internet yang boleh dipercayai

Kandungan internet yang boleh dipercayai	Kekerapan	Peratus (%)	Median	Julat	Kedudukan percentile
Tidak tahu	12	17.4	4.0000	4.00	3.0000
Sangat tidak setuju	5	7.2			
Tidak setuju	17	24.6			
Setuju	25	36.2			
Sangat setuju	10	14.5			
Jumlah	69	100			

Median bagi pemboleh ubah kandungan internet yang boleh dipercayai ialah 4.0000.

172

J adual 4.162 menunjukkan untuk jumlah mata keseluruhan, 10% dari nilai jatuh di bawah mata 2.0000 dan 90% dari nilai adalah lebih tinggi dari mata 2.0000. Jumlah 20% nilai adalah di bawah 3.0000 mata dan 80% adalah mempunyai mata lebih tinggi.

Jadual 4.162: *Percentile*

		Saya menggunakan emel untuk menghantar mesej
Percentile	10	2.0000
	20	3.0000
	30	3.3000
	40	4.0000
	50	4.0000
	60	4.0000
	70	4.0000
	80	4.0000
	90	5.0000

Jadual 4.163: *Percentile*

		Saya menggunakan emel untuk menghantar maklumat
Percentile	10	2.1000
	20	3.0000
	30	4.0000
	40	4.0000
	50	4.0000
	60	4.0000
	70	4.0000
	80	4.8000
	90	5.0000

Jadual 4.163 menunjukkan untuk jumlah mata keseluruhan, 10% dari nilai jatuh di bawah mata 2.1000 dan 90% dari nilai adalah lebih tinggi dari mata 2.1000. 20% nilai adalah di bawah 3.0000 mata dan 80% adalah mempunyai mata lebih tinggi.

Jadual 4.164: *Percentile*

		Saya menggunakan emel untuk menghantar dokumen
Percentile	10	1.0000
	20	3.0000
	30	3.0000
	40	4.0000
	50	4.0000
	60	4.0000
	70	4.0000
	80	4.8000
	90	5.0000

Jadual 4.164 menunjukkan untuk jumlah mata keseluruhan, 10% dari nilai jatuh di bawah mata 1.0000 dan 90% dari nilai adalah lebih tinggi dari mata 1.0000. 20% nilai adalah di bawah 3.0000 mata dan 80% adalah mempunyai mata lebih tinggi.

Jadual 4.165: *Percentile*

		Saya menggunakan *Webmail*
Percentile	10	1.0000
	20	1.0000
	30	1.0000
	40	1.0000
	50	3.0000
	60	3.0000
	70	4.0000
	80	4.0000
	90	4.0000

Jadual 4.165 menunjukkan untuk jumlah mata keseluruhan, 10% dari nilai jatuh di bawah mata 1.0000 dan 90% dari nilai adalah lebih tinggi dari mata 1.0000. 20% nilai adalah di bawah 1.0000 mata dan 80% adalah mempunyai mata lebih tinggi.

Jadual 4.166: *Percentile*

		Saya menggunakan Perkhidmatan POP3 emel
Percentile	10	1.0000
	20	1.0000
	30	1.0000
	40	1.0000
	50	1.0000
	60	1.0000
	70	2.0000
	80	3.0000
	90	3.0000

Jadual 4.166 menunjukkan untuk jumlah mata keseluruhan, 10% dari nilai jatuh di bawah mata 1.0000 dan 90% dari nilai adalah lebih tinggi dari mata 1.0000. 20% nilai adalah di bawah 1.0000 mata dan 80% adalah mempunyai mata lebih tinggi.

Jadual 4.167: *Percentile*

		Saya menggunakan Pelayan emel IMAP
Percentile	10	1.0000
	20	1.0000
	30	1.0000
	40	1.0000
	50	1.0000
	60	1.0000
	70	2.0000
	80	3.0000
	90	3.0000

Jadual 4.167 menunjukkan untuk jumlah mata keseluruhan, 10% dari nilai jatuh di bawah mata 1.0000 dan 90% dari nilai adalah lebih tinggi dari mata 1.0000. 20% nilai adalah di bawah 1.0000 mata dan 80% adalah mempunyai mata lebih tinggi.

Jadual 4.168: *Percentile*

		Saya menggunakan Pelayan emel MAPI
Percentile	10	1.0000
	20	1.0000
	30	1.0000
	40	1.0000
	50	1.0000
	60	1.0000
	70	1.0000
	80	3.0000
	90	3.0000

Jadual 4.168 menunjukkan untuk jumlah mata keseluruhan, 10% dari nilai jatuh di bawah mata 1.0000 dan 90% dari nilai adalah lebih tinggi dari mata 1.0000. 20% nilai adalah di bawah 1.0000 mata dan 80% adalah mempunyai mata lebih tinggi.

Jadual 4.169: *Percentile*

		Saya menggunakan *Internet Relay Chat* (IRC) untuk memindahkan teks
Percentile	10	1.0000
	20	1.0000
	30	1.0000
	40	1.0000
	50	1.5000
	60	3.0000
	70	3.0000
	80	4.0000
	90	4.0000

Jadual 4.169 menunjukkan untuk jumlah mata keseluruhan, 10% dari nilai jatuh di bawah mata 1.0000 dan 90% dari nilai adalah lebih tinggi dari mata 1.0000. 20% nilai adalah di bawah 1.0000 mata dan 80% adalah mempunyai mata lebih tinggi.

Jadual 4.170: *Percentile*

		Saya menggunakan *Internet Relay Chat* (IRC) untuk memindahkan fail
Percentile	10	1.0000
	20	1.0000
	30	1.0000
	40	1.0000
	50	1.0000
	60	2.0000
	70	3.0000
	80	3.0000
	90	3.0000

Jadual 4.190 menunjukkan untuk jumlah mata keseluruhan, 10% dari nilai jatuh di bawah mata 1.0000 dan 90% dari nilai adalah lebih tinggi dari mata 1.0000. 20% nilai adalah di bawah 1.0000 mata dan 80% adalah mempunyai mata lebih tinggi.

Jadual 4.171: *Percentile*

		Saya menggunakan *Internet Relay Chat* (IRC) untuk berbual
Percentile	10	1.0000
	20	1.0000
	30	1.0000
	40	1.0000
	50	1.0000
	60	3.0000
	70	4.0000
	80	4.0000
	90	4.0000

Jadual 4.171 menunjukkan untuk jumlah mata keseluruhan, 10% dari nilai jatuh di bawah mata

1.0000 dan 90% dari nilai adalah lebih tinggi dari mata 1.0000. 20% nilai adalah di bawah 1.0000 mata

dan 80% adalah mempunyai mata lebih tinggi.

Jadual 4.172: *Percentile*

		Saya menggunakan *Internet Relay Chat* (IRC) untuk komunikasi forum
Percentile	10	1.0000
	20	1.0000
	30	1.0000
	40	1.0000
	50	1.0000
	60	2.0000
	70	3.0000
	80	4.0000
	90	4.0000

Jadual 4.172 menunjukkan untuk jumlah mata keseluruhan, 10% dari nilai jatuh di bawah mata

1.0000 dan 90% dari nilai adalah lebih tinggi dari mata 1.0000. 20% nilai adalah di bawah 1.0000 mata

dan 80% adalah mempunyai mata lebih tinggi.

Jadual 4.173: *Percentile*

		Saya menggunakan *Internet Relay Chat* (IRC) untuk komunikasi satu-sama-satu
Percentile	10	1.0000
	20	1.0000
	30	1.0000
	40	1.4000
	50	2.5000
	60	3.0000
	70	4.0000
	80	4.0000
	90	4.0000

Jadual 4.173 menunjukkan untuk jumlah mata keseluruhan, 10% dari nilai jatuh di bawah mata

1.0000 dan 90% dari nilai adalah lebih tinggi dari mata 1.0000. 20% nilai adalah di bawah 1.0000 mata

dan 80% adalah mempunyai mata lebih tinggi.

Jadual 4.174: *Percentile*

Percentile		Saya mengakses rangkaian *Internet Relay Chat* (IRC) dengan menyambung pada klien *Windows*
Percentile	10	1.0000
	20	1.0000
	30	1.0000
	40	1.0000
	50	1.0000
	60	2.0000
	70	3.0000
	80	3.0000
	90	4.0000

Jadual 4.174 menunjukkan untuk jumlah mata keseluruhan, 10% dari nilai jatuh di bawah mata 1.0000 dan 90% dari nilai adalah lebih tinggi dari mata 1.0000. 20% nilai adalah di bawah 1.0000 mata dan 80% adalah mempunyai mata lebih tinggi.

Jadual 4.175: *Percentile*

Percentile		Saya mengakses rangkaian *Internet Relay Chat* (IRC) dengan menyambung pada klien Unix dan Linux
Percentile	10	1.0000
	20	1.0000
	30	1.0000
	40	1.0000
	50	1.0000
	60	1.6000
	70	2.0000
	80	3.0000
	90	4.0000

Jadual 4.175 menunjukkan untuk jumlah mata keseluruhan, 10% dari nilai jatuh di bawah mata 1.0000 dan 90% dari nilai adalah lebih tinggi dari mata 1.0000. 20% nilai adalah di bawah 1.0000 mata dan 80% adalah mempunyai mata lebih tinggi.

Jadual 4.176: *Percentile*

		Saya mengakses rangkaian *Internet Relay Chat* (IRC) dengan menyambung pada klien Mac OS X
Percentile	10	1.0000
	20	1.0000
	30	1.0000
	40	1.0000
	50	1.0000
	60	1.0000
	70	2.0000
	80	3.0000
	90	3.0000

Jadual 4.176 menunjukkan untuk jumlah mata keseluruhan, 10% dari nilai jatuh di bawah mata 1.0000 dan 90% dari nilai adalah lebih tinggi dari mata 1.0000. 20% nilai adalah di bawah 1.0000 mata dan 80% adalah mempunyai mata lebih tinggi.

Jadual 4.177: *Percentile*

		Saya mengakses rangkaian *Internet Relay Chat* (IRC) dengan menyambung pada klien iOS
Percentile	10	1.0000
	20	1.0000
	30	1.0000
	40	1.0000
	50	1.0000
	60	1.0000
	70	2.0000
	80	3.0000
	90	3.0000

Jadual 4.177 menunjukkan untuk jumlah mata keseluruhan, 10% dari nilai jatuh di bawah mata 1.0000 dan 90% dari nilai adalah lebih tinggi dari mata 1.0000. 20% nilai adalah di bawah 1.0000 mata dan 80% adalah mempunyai mata lebih tinggi.

Jadual 4.178: *Percentile*

		Saya mengakses rangkaian *Internet Relay Chat* (IRC) dengan menyambung pada klien Android.
Percentile	10	1.0000
	20	1.0000
	30	1.0000
	40	1.0000
	50	1.0000
	60	1.6000
	70	2.0000
	80	3.0000
	90	4.0000

Jadual 4.178 menunjukkan untuk jumlah mata keseluruhan, 10% dari nilai jatuh di bawah mata 1.0000 dan 90% dari nilai adalah lebih tinggi dari mata 1.0000. 20% nilai adalah di bawah 1.0000 mata dan 80% adalah mempunyai mata lebih tinggi.

Jadual 4.179: *Percentile*

		Saya menggunakan *Multi-User Dungeons* (MUDs) untuk tujuan pertempuran
Percentile	10	1.0000
	20	1.0000
	30	1.0000
	40	1.0000
	50	1.0000
	60	1.0000
	70	2.0000
	80	3.0000
	90	4.0000

Jadual 4.179 menunjukkan untuk jumlah mata keseluruhan, 10% dari nilai jatuh di bawah mata 1.0000 dan 90% dari nilai adalah lebih tinggi dari mata 1.0000. 20% nilai adalah di bawah 1.0000 mata dan 80% adalah mempunyai mata lebih tinggi.

Jadual 4.180: *Percentile*

		Saya menggunakan *Multi-User Dungeons* (MUDs) untuk tujuan perangkap
Percentile	10	1.0000
	20	1.0000
	30	1.0000
	40	1.0000
	50	1.0000
	60	1.0000
	70	1.0000
	80	3.0000
	90	3.9000

Jadual 4.180 menunjukkan untuk jumlah mata keseluruhan, 10% dari nilai jatuh di bawah mata 1.0000 dan 90% dari nilai adalah lebih tinggi dari mata 1.0000. 20% nilai adalah di bawah 1.0000 mata dan 80% adalah mempunyai mata lebih tinggi.

180

Jadual 4.181: *Percentile*

		Saya menggunakan *Multi-User Dungeons* (MUDs) untuk tujuan teka-teki
Percentile	10	1.0000
	20	1.0000
	30	1.0000
	40	1.0000
	50	1.0000
	60	1.0000
	70	1.0000
	80	3.0000
	90	4.0000

Jadual 4.181 menunjukkan untuk jumlah mata keseluruhan, 10% dari nilai jatuh di bawah mata 1.0000 dan 90% dari nilai adalah lebih tinggi dari mata 1.0000. 20% nilai adalah di bawah 1.0000 mata dan 80% adalah mempunyai mata lebih tinggi.

Jadual 4.182: *Percentile*

		Saya menggunakan *Multi-User Dungeons* (MUDs) untuk tujuan sihir
Percentile	10	1.0000
	20	1.0000
	30	1.0000
	40	1.0000
	50	1.0000
	60	1.0000
	70	1.0000
	80	2.8000
	90	3.0000

Jadual 4.182 menunjukkan untuk jumlah mata keseluruhan, 10% dari nilai jatuh di bawah mata 1.0000 dan 90% dari nilai adalah lebih tinggi dari mata 1.0000. 20% nilai adalah di bawah 1.0000 mata dan 80% adalah mempunyai mata lebih tinggi.

Jadual 4.183: *Percentile*

		Saya menggunakan *Multi-User Dungeons* (MUDs) untuk tujuan sistem ekonomi mudah
Percentile	10	1.0000
	20	1.0000
	30	1.0000
	40	1.0000
	50	1.0000
	60	1.0000

70	1.0000
80	2.8000
90	3.0000

Jadual 4.184 menunjukkan untuk jumlah mata keseluruhan, 10% dari nilai jatuh di bawah mata 1.0000 dan 90% dari nilai adalah lebih tinggi dari mata 1.0000. 20% nilai adalah di bawah 1.0000 mata dan 80% adalah mempunyai mata lebih tinggi.

Jadual 4.184: *Percentile*

		Saya menggunakan elemen *Multi-User Dungeons* (MUDs) *Hack and slash MUDs*
Percentile	10	1.0000
	20	1.0000
	30	1.0000
	40	1.0000
	50	1.0000
	60	1.0000
	70	1.0000
	80	2.0000
	90	3.0000

Jadual 4.185 menunjukkan untuk jumlah mata keseluruhan, 10% dari nilai jatuh di bawah mata 1.0000 dan 90% dari nilai adalah lebih tinggi dari mata 1.0000. 20% nilai adalah di bawah 1.0000 mata dan 80% adalah mempunyai mata lebih tinggi.

Jadual 4.185: *Percentile*

		Saya menggunakan elemen *Multi-User Dungeons* (MUDs) MUDs pemain melawan pemain
Percentile	10	1.0000
	20	1.0000
	30	1.0000
	40	1.0000
	50	1.0000
	60	1.0000
	70	2.0000
	80	3.0000
	90	4.0000

Jadual 4.185 menunjukkan untuk jumlah mata keseluruhan, 10% dari nilai jatuh di bawah mata 1.0000 dan 90% dari nilai adalah lebih tinggi dari mata 1.0000. 20% nilai adalah di bawah 1.0000 mata dan 80% adalah mempunyai mata lebih tinggi.

Jadual 4.186: *Percentile*

		Saya menggunakan elemen *Multi-User Dungeons* (MUDs) MUDs bermain peranan
Percentile	10	1.0000
	20	1.0000
	30	1.0000
	40	1.0000
	50	1.0000
	60	1.0000
	70	3.0000
	80	3.0000
	90	4.0000

Jadual 4.186 menunjukkan untuk jumlah mata keseluruhan, 10% dari nilai jatuh di bawah mata 1.0000 dan 90% dari nilai adalah lebih tinggi dari mata 1.0000. 20% nilai adalah di bawah 1.0000 mata dan 80% adalah mempunyai mata lebih tinggi.

Jadual 4.187: *Percentile*

		Saya menggunakan elemen *Multi-User Dungeons* (MUDs) MUDs sosial
Percentile	10	1.0000
	20	1.0000
	30	1.0000
	40	1.0000
	50	1.0000
	60	1.0000
	70	2.0000
	80	3.8000
	90	4.0000

Jadual 4.187 menunjukkan untuk jumlah mata keseluruhan, 10% dari nilai jatuh di bawah mata 1.0000 dan 90% dari nilai adalah lebih tinggi dari mata 1.0000. 20% nilai adalah di bawah 1.0000 mata dan 80% adalah mempunyai mata lebih tinggi.

Jadual 4.188: *Percentile*

		Saya menggunakan elemen *Multi-User Dungeons* (MUDs) *Talkers*
Percentile	10	1.0000
	20	1.0000
	30	1.0000
	40	1.0000
	50	1.0000
	60	1.0000
	70	1.0000
	80	3.0000
	90	3.9000

Jadual 4.188 menunjukkan untuk jumlah mata keseluruhan, 10% dari nilai jatuh di bawah mata

1.0000 dan 90% dari nilai adalah lebih tinggi dari mata 1.0000. 20% nilai adalah di bawah 1.0000 mata

dan 80% adalah mempunyai mata lebih tinggi.

Jadual 4.189: *Percentile*

		Saya menggunakan elemen *Multi-User Dungeons* (MUDs) MUDs pendidikan
Percentile	10	1.0000
	20	1.0000
	30	1.0000
	40	1.0000
	50	1.0000
	60	1.0000
	70	3.0000
	80	4.0000
	90	4.0000

Jadual 4.189 menunjukkan untuk jumlah mata keseluruhan, 10% dari nilai jatuh di bawah mata

1.0000 dan 90% dari nilai adalah lebih tinggi dari mata 1.0000. 20% nilai adalah di bawah 1.0000 mata

dan 80% adalah mempunyai mata lebih tinggi.

Jadual 4.190: *Percentile*

		Saya menggunakan elemen *Multi-User Dungeons* (MUDs) MUDs grafik
Percentile	10	1.0000
	20	1.0000
	30	1.0000
	40	1.0000
	50	1.0000
	60	1.0000
	70	2.7000
	80	3.0000
	90	4.0000

Jadual 4.190 menunjukkan untuk jumlah mata keseluruhan, 10% dari nilai jatuh di bawah mata

1.0000 dan 90% dari nilai adalah lebih tinggi dari mata 1.0000. 20% nilai adalah di bawah 1.0000 mata

dan 80% adalah mempunyai mata lebih tinggi.

184

Jadual 4.191: *Percentile*

		Saya menggunakan papan mesej untuk menghantar mesej
Percentile	10	1.0000
	20	1.0000
	30	2.0000
	40	4.0000
	50	4.0000
	60	4.0000
	70	4.0000
	80	4.0000
	90	5.0000

Jadual 4.191 menunjukkan untuk jumlah mata keseluruhan, 10% dari nilai jatuh di bawah mata 1.0000 dan 90% dari nilai adalah lebih tinggi dari mata 1.0000. 20% nilai adalah di bawah 1.0000 mata dan 80% adalah mempunyai mata lebih tinggi.

Jadual 4.192: *Percentile*

		Saya menggunakan papan mesej untuk menghantar mesej awam
Percentile	10	1.0000
	20	1.0000
	30	2.0000
	40	3.0000
	50	4.0000
	60	4.0000
	70	4.0000
	80	4.0000
	90	4.9000

Jadual 4.192 menunjukkan untuk jumlah mata keseluruhan, 10% dari nilai jatuh di bawah mata 1.0000 dan 90% dari nilai adalah lebih tinggi dari mata 1.0000. 20% nilai adalah di bawah 1.0000 mata dan 80% adalah mempunyai mata lebih tinggi.

Jadual 4.193: *Percentile*

		Saya menggunakan papan mesej untuk membaca mesej
Percentile	10	1.0000
	20	1.0000
	30	2.3000
	40	4.0000
	50	4.0000
	60	4.0000
	70	4.0000
	80	4.0000
	90	5.0000

Jadual 4.193 menunjukkan untuk jumlah mata keseluruhan, 10% dari nilai jatuh di bawah mata

1.0000 dan 90% dari nilai adalah lebih tinggi dari mata 1.0000. 20% nilai adalah di bawah 1.0000 mata

dan 80% adalah mempunyai mata lebih tinggi.

Jadual 4.194: *Percentile*

		Saya menggunakan papan mesej untuk memberi maklum balas kepada mesej
Percentile	10	1.0000
	20	1.0000
	30	2.0000
	40	3.4000
	50	4.0000
	60	4.0000
	70	4.0000
	80	4.0000
	90	4.9000

Jadual 4.194 menunjukkan untuk jumlah mata keseluruhan, 10% dari nilai jatuh di bawah mata

1.0000 dan 90% dari nilai adalah lebih tinggi dari mata 1.0000. 20% nilai adalah di bawah 1.0000 mata

dan 80% adalah mempunyai mata lebih tinggi.

Jadual 4.195: *Percentile*

		Saya menggunakan internet untuk penyelidikan peribadi mengenai subjek tertentu (sesuatu yang disebut dalam berita, masalah kesihatan, dan lain-lain)
Percentile	10	2.1000
	20	4.0000
	30	4.0000
	40	4.0000
	50	4.0000
	60	4.0000
	70	5.0000
	80	5.0000
	90	5.0000

Jadual 4.195 menunjukkan untuk jumlah mata keseluruhan, 10% dari nilai jatuh di bawah mata

2.1000 dan 90% dari nilai adalah lebih tinggi dari mata 2.1000. 20% nilai adalah di bawah 4.0000 mata

dan 80% adalah mempunyai mata lebih tinggi.

186

Jadual 4.196: *Percentile*

		Saya menggunakan internet untuk penyelidikan pelajar
Percentile	10	1.1000
	20	4.0000
	30	4.0000
	40	4.0000
	50	4.0000
	60	4.0000
	70	5.0000
	80	5.0000
	90	5.0000

Jadual 4.196 menunjukkan untuk jumlah mata keseluruhan, 10% dari nilai jatuh di bawah mata 1.1000 dan 90% dari nilai adalah lebih tinggi dari mata 1.1000. 20% nilai adalah di bawah 4.0000 mata dan 80% adalah mempunyai mata lebih tinggi.

Jadual 4.197: *Percentile*

		Saya menggunakan internet untuk penyelidikan wartawan dan lain-lain penulis
Percentile	10	1.0000
	20	2.0000
	30	3.0000
	40	3.0000
	50	4.0000
	60	4.0000
	70	4.0000
	80	4.0000
	90	5.0000

Jadual 4.197 menunjukkan untuk jumlah mata keseluruhan, 10% dari nilai jatuh di bawah mata 1.0000 dan 90% dari nilai adalah lebih tinggi dari mata 1.0000. 20% nilai adalah di bawah 2.0000 mata dan 80% adalah mempunyai mata lebih tinggi.

Jadual 4.198: *Percentile*

		Saya menggunakan internet untuk penyelidikan saintifik
Percentile	10	1.0000
	20	3.0000
	30	3.3000
	40	4.0000
	50	4.0000
	60	4.0000
	70	4.0000
	80	5.0000
	90	5.0000

Jadual 4.198 menunjukkan untuk jumlah mata keseluruhan, 10% dari nilai jatuh di bawah mata 1.0000 dan 90% dari nilai adalah lebih tinggi dari mata 1.0000. 20% nilai adalah di bawah 3.0000 mata dan 80% adalah mempunyai mata lebih tinggi.

Jadual 4.199: *Percentile*

		Saya menggunakan internet untuk mencari maklumat perjalanan
Percentile	10	3.0000
	20	4.0000
	30	4.0000
	40	4.0000
	50	4.0000
	60	4.0000
	70	4.0000
	80	5.0000
	90	5.0000

Jadual 4.199 menunjukkan untuk jumlah mata keseluruhan, 10% dari nilai jatuh di bawah mata 3.0000 dan 90% dari nilai adalah lebih tinggi dari mata 3.0000. 20% nilai adalah di bawah 4.0000 mata dan 80% adalah mempunyai mata lebih tinggi.

Jadual 4.200: *Percentile*

		Saya menggunakan internet untuk mencipta ruang maklumat perjalanan
Percentile	10	1.0000
	20	2.0000
	30	3.0000
	40	4.0000
	50	4.0000
	60	4.0000
	70	4.0000
	80	4.0000
	90	5.0000

Jadual 4.195 menunjukkan untuk jumlah mata keseluruhan, 10% dari nilai jatuh di bawah mata 1.0000 dan 90% dari nilai adalah lebih tinggi dari mata 1.0000. 20% nilai adalah di bawah 2.0000 mata dan 80% adalah mempunyai mata lebih tinggi.

Jadual 4.201: *Percentile*

		Saya menggunakan internet untuk membina laman web
Percentile	10	1.0000
	20	1.0000
	30	3.0000
	40	3.0000
	50	4.0000
	60	4.0000
	70	4.0000
	80	4.0000
	90	5.0000

Jadual 4.201 menunjukkan untuk jumlah mata keseluruhan, 10% dari nilai jatuh di bawah mata 1.0000 dan 90% dari nilai adalah lebih tinggi dari mata 1.0000. 20% nilai adalah di bawah 1.0000 mata dan 80% adalah mempunyai mata lebih tinggi.

Jadual 4.202: *Percentile*

		Saya menggunakan internet untuk perkhidmatan maklumat
Percentile	10	1.1000
	20	4.0000
	30	4.0000
	40	4.0000
	50	4.0000
	60	4.0000
	70	5.0000
	80	5.0000
	90	5.0000

Jadual 4.202 menunjukkan untuk jumlah mata keseluruhan, 10% dari nilai jatuh di bawah mata 1.1000 dan 90% dari nilai adalah lebih tinggi dari mata 1.1000. 20% nilai adalah di bawah 4.0000 mata dan 80% adalah mempunyai mata lebih tinggi.

Jadual 4.203: *Percentile*

		Saya menggunakan internet untuk perkhidmatan transaksi
Percentile	10	1.0000
	20	3.0000
	30	3.0000
	40	3.0000
	50	3.0000
	60	3.0000
	70	3.7000
	80	4.0000
	90	4.0000

Jadual 4.203 menunjukkan untuk jumlah mata keseluruhan, 10% dari nilai jatuh di bawah mata 1.0000 dan 90% dari nilai adalah lebih tinggi dari mata 1.0000. 20% nilai adalah di bawah 3.0000 mata dan 80% adalah mempunyai mata lebih tinggi.

Jadual 4.204: *Percentile*

		Saya menggunakan internet untuk pembrokeran runcit
Percentile	10	1.0000
	20	1.0000
	30	2.0000
	40	3.0000
	50	3.0000
	60	3.0000
	70	3.7000
	80	4.0000
	90	4.0000

Jadual 4.204 menunjukkan untuk jumlah mata keseluruhan, 10% dari nilai jatuh di bawah mata 1.0000 dan 90% dari nilai adalah lebih tinggi dari mata 1.0000. 20% nilai adalah di bawah 1.0000 mata dan 80% adalah mempunyai mata lebih tinggi.

Jadual 4.205: *Percentile*

		Saya menggunakan internet untuk perbankan dalam talian
Percentile	10	1.0000
	20	1.0000
	30	2.0000
	40	3.0000
	50	3.0000
	60	3.0000
	70	4.0000
	80	4.0000
	90	5.0000

Jadual 4.205 menunjukkan untuk jumlah mata keseluruhan, 10% dari nilai jatuh di bawah mata 1.0000 dan 90% dari nilai adalah lebih tinggi dari mata 1.0000. 20% nilai adalah di bawah 1.0000 mata dan 80% adalah mempunyai mata lebih tinggi.

Jadual 4.206: *Percentile*

		Saya menggunakan internet untuk tujuan kad kredit
Percentile	10	1.0000
	20	1.0000
	30	2.0000
	40	3.0000
	50	3.0000
	60	3.0000
	70	3.0000
	80	3.8000
	90	4.0000

Jadual 4.206 menunjukkan untuk jumlah mata keseluruhan, 10% dari nilai jatuh di bawah mata 1.0000 dan 90% dari nilai adalah lebih tinggi dari mata 1.0000. 20% nilai adalah di bawah 1.0000 mata dan 80% adalah mempunyai mata lebih tinggi.

Jadual 4.207: *Percentile*

		Saya menggunakan internet untuk tujuan gadai janji
Percentile	10	1.0000
	20	1.0000
	30	2.0000
	40	2.0000
	50	3.0000
	60	3.0000
	70	3.0000
	80	3.0000
	90	4.0000

Jadual 4.207 menunjukkan untuk jumlah mata keseluruhan, 10% dari nilai jatuh di bawah mata 1.0000 dan 90% dari nilai adalah lebih tinggi dari mata 1.0000. 20% nilai adalah di bawah 1.0000 mata dan 80% adalah mempunyai mata lebih tinggi.

Jadual 4.208: *Percentile*

		Saya menggunakan internet untuk tujuan insurans
Percentile	10	1.0000
	20	1.0000
	30	2.0000
	40	3.0000
	50	3.0000
	60	3.0000
	70	3.0000
	80	4.0000
	90	4.0000

Jadual 4.208 menunjukkan untuk jumlah mata keseluruhan, 10% dari nilai jatuh di bawah mata 1.0000 dan 90% dari nilai adalah lebih tinggi dari mata 1.0000. 20% nilai adalah di bawah 1.0000 mata dan 80% adalah mempunyai mata lebih tinggi.

Jadual 4.209: *Percentile*

		Saya menggunakan internet untuk tujuan maklumat produk
Percentile	10	1.0000
	20	3.0000
	30	4.0000
	40	4.0000
	50	4.0000
	60	4.0000
	70	4.0000
	80	4.0000
	90	5.0000

Jadual 4.209 menunjukkan untuk jumlah mata keseluruhan, 10% dari nilai jatuh di bawah mata 1.0000 dan 90% dari nilai adalah lebih tinggi dari mata 1.0000. Jumlah 20% nilai adalah di bawah 3.0000 mata dan 80% adalah mempunyai mata lebih tinggi.

Jadual 4.210: *Percentile*

		Saya menggunakan internet untuk tujuan maklumat kewangan
Percentile	10	1.0000
	20	1.0000
	30	3.0000
	40	3.0000
	50	3.5000
	60	4.0000
	70	4.0000
	80	4.0000
	90	5.0000

Jadual 4.210 menunjukkan untuk jumlah mata keseluruhan, 10% dari nilai jatuh di bawah mata 1.0000 dan 90% dari nilai adalah lebih tinggi dari mata 1.0000. 20% nilai adalah di bawah 1.0000 mata dan 80% adalah mempunyai mata lebih tinggi.

Jadual 4.211: *Percentile*

		Saya menggunakan internet untuk tujuan perkhidmatan berita
Percentile	10	1.0000
	20	3.0000
	30	4.0000
	40	4.0000
	50	4.0000
	60	4.0000
	70	4.0000
	80	5.0000
	90	5.0000

Jadual 4.211 menunjukkan untuk jumlah mata keseluruhan, 10% dari nilai jatuh di bawah mata 1.0000 dan 90% dari nilai adalah lebih tinggi dari mata 1.0000. 20% nilai adalah di bawah 3.0000 mata dan 80% adalah mempunyai mata lebih tinggi.

Jadual 4.212: *Percentile*

		Saya menggunakan internet untuk tujuan penilaian dan perbandingan
Percentile	10	1.1000
	20	3.0000
	30	3.0000
	40	4.0000
	50	4.0000
	60	4.0000
	70	4.0000
	80	5.0000
	90	5.0000

Jadual 4.212 menunjukkan untuk jumlah mata keseluruhan, 10% dari nilai jatuh di bawah mata 1.1000 dan 90% dari nilai adalah lebih tinggi dari mata 1.1000. 20% nilai adalah di bawah 3.0000 mata dan 80% adalah mempunyai mata lebih tinggi.

Jadual 4.213: *Percentile*

		Saya menggunakan internet untuk tujuan perancangan dan pelaburan perbankan
Percentile	10	1.0000
	20	1.0000
	30	2.0000
	40	3.0000
	50	3.0000
	60	4.0000
	70	4.0000
	80	4.0000
	90	5.0000

Jadual 4.213 menunjukkan untuk jumlah mata keseluruhan, 10% dari nilai jatuh di bawah mata 1.0000 dan 90% dari nilai adalah lebih tinggi dari mata 1.0000. 20% nilai adalah di bawah 1.0000 mata dan 80% adalah mempunyai mata lebih tinggi.

Jadual 4.214: *Percentile*

		Saya menggunakan internet untuk tujuan perkhidmatan kewangan pengguna
Percentile	10	1.0000
	20	1.0000
	30	2.0000
	40	3.0000
	50	3.0000
	60	3.0000
	70	4.0000
	80	4.0000
	90	4.0000

Jadual 4.214 menunjukkan untuk jumlah mata keseluruhan, 10% dari nilai jatuh di bawah mata 1.0000 dan 90% dari nilai adalah lebih tinggi dari mata 1.0000. 20% nilai adalah di bawah 1.0000 mata dan 80% adalah mempunyai mata lebih tinggi.

Jadual 4.215: *Percentile*

		Saya menggunakan internet untuk tujuan bahan-bahan rujukan dan perpustakaan dalam talian
Percentile	10	1.0000
	20	4.0000
	30	4.0000
	40	4.0000
	50	4.0000
	60	4.0000
	70	5.0000
	80	5.0000
	90	5.0000

Jadual 4.215 menunjukkan untuk jumlah mata keseluruhan, 10% dari nilai jatuh di bawah mata 1.0000 dan 90% dari nilai adalah lebih tinggi dari mata 1.0000. 20% nilai adalah di bawah 4.0000 mata dan 80% adalah mempunyai mata lebih tinggi.

Jadual 4.216: *Percentile*

		Saya menggunakan internet untuk tujuan pengetahuan baru
Percentile	10	3.1000
	20	4.0000
	30	4.0000
	40	4.0000
	50	4.5000
	60	5.0000
	70	5.0000
	80	5.0000
	90	5.0000

Jadual 4.216 menunjukkan untuk jumlah mata keseluruhan, 10% dari nilai jatuh di bawah mata 3.1000 dan 90% dari nilai adalah lebih tinggi dari mata 3.1000. 20% nilai adalah di bawah 4.0000 mata dan 80% adalah mempunyai mata lebih tinggi.

Jadual 4.217: *Percentile*

		Saya menggunakan internet untuk tujuan pembelajaran
Percentile	10	3.0000
	20	4.0000
	30	4.0000
	40	4.0000
	50	4.0000
	60	5.0000
	70	5.0000
	80	5.0000
	90	5.0000

Jadual 4.217 menunjukkan untuk jumlah mata keseluruhan, 10% dari nilai jatuh di bawah mata 3.0000 dan 90% dari nilai adalah lebih tinggi dari mata 3.0000. 20% nilai adalah di bawah 4.0000 mata dan 80% adalah mempunyai mata lebih tinggi.

Jadual 4.218: *Percentile*

		Saya menggunakan internet untuk tujuan peperiksaan
Percentile	10	2.1000
	20	3.0000
	30	4.0000
	40	4.0000
	50	4.0000
	60	4.0000
	70	5.0000
	80	5.0000
	90	5.0000

Jadual 4.218 menunjukkan untuk jumlah mata keseluruhan, 10% dari nilai jatuh di bawah mata 2.1000 dan 90% dari nilai adalah lebih tinggi dari mata 2.1000. 20% nilai adalah di bawah 3.0000 mata dan 80% adalah mempunyai mata lebih tinggi.

Jadual 4.219: *Percentile*

		Saya menggunakan internet untuk tujuan membeli-belah
Percentile	10	1.0000
	20	2.0000
	30	3.0000
	40	3.0000
	50	4.0000
	60	4.0000
	70	4.0000
	80	4.0000
	90	4.0000

Jadual 4.219 menunjukkan untuk jumlah mata keseluruhan, 10% dari nilai jatuh di bawah mata 1.0000 dan 90% dari nilai adalah lebih tinggi dari mata 1.0000. 20% nilai adalah di bawah 2.0000 mata dan 80% adalah mempunyai mata lebih tinggi.

Jadual 4.220: *Percentile*

		Saya menggunakan internet untuk tujuan menjalankan perniagaan
Percentile	10	1.0000
	20	1.2000
	30	3.0000
	40	3.0000
	50	4.0000
	60	4.0000
	70	4.0000
	80	5.0000
	90	5.0000

Jadual 4.220 menunjukkan untuk jumlah mata keseluruhan, 10% dari nilai jatuh di bawah mata 1.0000 dan 90% dari nilai adalah lebih tinggi dari mata 1.0000. 20% nilai adalah di bawah 1.2000 mata dan 80% adalah mempunyai mata lebih tinggi.

Jadual 4.221: *Percentile*

		Saya menggunakan internet untuk tujuan mendengar siaran audio Radio Wi-Fi
Percentile	10	1.1000
	20	3.0000
	30	3.0000
	40	3.0000
	50	3.5000
	60	4.0000
	70	4.0000
	80	4.0000
	90	5.0000

Jadual 4.221 menunjukkan untuk jumlah mata keseluruhan, 10% dari nilai jatuh di bawah mata 1.1000 dan 90% dari nilai adalah lebih tinggi dari mata 1.1000. 20% nilai adalah di bawah 3.0000 mata dan 80% adalah mempunyai mata lebih tinggi.

Jadual 4.222: *Percentile*

		Saya menggunakan internet untuk tujuan mendengar siaran audio *RealAudio*
Percentile	10	1.0000
	20	2.0000
	30	3.0000
	40	3.0000
	50	3.0000
	60	4.0000
	70	4.0000
	80	4.0000
	90	4.9000

Jadual 4.222 menunjukkan untuk jumlah mata keseluruhan, 10% dari nilai jatuh di bawah mata 1.0000 dan 90% dari nilai adalah lebih tinggi dari mata 1.0000. 20% nilai adalah di bawah 2.0000 mata dan 80% adalah mempunyai mata lebih tinggi.

Jadual 4.223: *Percentile*

		Saya menggunakan internet untuk tujuan mencari benda yang secara biasa sukar untuk dicari
Percentile	10	4.0000
	20	4.0000
	30	4.0000
	40	4.0000
	50	4.0000
	60	5.0000
	70	5.0000
	80	5.0000
	90	5.0000

Jadual 4.223 menunjukkan untuk jumlah mata keseluruhan, 10% dari nilai jatuh di bawah mata 4.0000 dan 90% dari nilai adalah lebih tinggi dari mata 4.0000. 20% nilai adalah di bawah 4.0000 mata dan 80% adalah mempunyai mata lebih tinggi.

Jadual 4.224: *Percentile*

		Saya menggunakan internet untuk tujuan mencari orang yang secara biasa sukar untuk dicari
Percentile	10	1.0000
	20	3.0000
	30	3.0000
	40	4.0000
	50	4.0000
	60	4.0000
	70	4.0000
	80	5.0000
	90	5.0000

Jadual 4.224 menunjukkan untuk jumlah mata keseluruhan, 10% dari nilai jatuh di bawah mata 1.0000 dan 90% dari nilai adalah lebih tinggi dari mata 1.0000. 20% nilai adalah di bawah 3.0000 mata dan 80% adalah mempunyai mata lebih tinggi.

Jadual 4.225: *Percentile*

		Saya menggunakan internet untuk tujuan berita terkini kejadian baru
Percentile	10	2.1000
	20	4.0000
	30	4.0000
	40	4.0000
	50	4.0000
	60	5.0000
	70	5.0000
	80	5.0000
	90	5.0000

Jadual 4.225 menunjukkan untuk jumlah mata keseluruhan, 10% dari nilai jatuh di bawah mata 2.1000 dan 90% dari nilai adalah lebih tinggi dari mata 2.1000. 20% nilai adalah di bawah 4.0000 mata dan 80% adalah mempunyai mata lebih tinggi.

Jadual 4.226: *Percentile*

		Saya menggunakan internet untuk tujuan berita terkini tentang sesuatu yang belum diketahui
Percentile	10	1.1000
	20	4.0000
	30	4.0000
	40	4.0000
	50	4.0000
	60	5.0000
	70	5.0000
	80	5.0000
	90	5.0000

Jadual 4.226 menunjukkan untuk jumlah mata keseluruhan, 10% dari nilai jatuh di bawah mata 1.1000 dan 90% dari nilai adalah lebih tinggi dari mata 1.1000. 20% nilai adalah di bawah 4.0000 mata dan 80% adalah mempunyai mata lebih tinggi.

Jadual 4.227: *Percentile*

		Saya menggunakan internet untuk tujuan berita terkini berkenaan sesuatu yang akhir-akhir ini terjadi
Percentile	10	3.0000
	20	4.0000
	30	4.0000
	40	4.0000
	50	4.0000
	60	4.0000
	70	5.0000
	80	5.0000
	90	5.0000

Jadual 4.227 menunjukkan untuk jumlah mata keseluruhan, 10% dari nilai jatuh di bawah mata 3.0000 dan 90% dari nilai adalah lebih tinggi dari mata 3.0000. 20% nilai adalah di bawah 4.0000 mata dan 80% adalah mempunyai mata lebih tinggi.

Jadual 4.228: *Percentile*

		Saya menggunakan internet untuk tujuan berita terkini sesuatu yang pelik
Percentile	10	2.1000
	20	4.0000
	30	4.0000
	40	4.0000
	50	4.0000
	60	4.0000
	70	5.0000
	80	5.0000
	90	5.0000

Jadual 4.228 menunjukkan untuk jumlah mata keseluruhan, 10% dari nilai jatuh di bawah mata 2.1000 dan 90% dari nilai adalah lebih tinggi dari mata 2.1000. 20% nilai adalah di bawah 4.0000 mata dan 80% adalah mempunyai mata lebih tinggi.

Jadual 4.229: *Percentile*

		Saya mencipta "profil" melalui melawat profil rangkaian sosial
Percentile	10	1.0000
	20	3.0000
	30	3.0000
	40	4.0000
	50	4.0000
	60	4.0000
	70	4.0000
	80	5.0000
	90	5.0000

Jadual 4.229 menunjukkan untuk jumlah mata keseluruhan, 10% dari nilai jatuh di bawah mata 1.0000 dan 90% dari nilai adalah lebih tinggi dari mata 1.0000. 20% nilai adalah di bawah 3.0000 mata dan 80% adalah mempunyai mata lebih tinggi.

Jadual 4.230: *Percentile*

		Saya membuat pertukaran mesej (awam atau swasta) melalui melawat profil rangkaian sosial
Percentile	10	1.0000
	20	1.0000
	30	3.0000
	40	3.0000
	50	3.0000
	60	4.0000
	70	4.0000
	80	4.0000
	90	5.0000

Jadual 4.230 menunjukkan untuk jumlah mata keseluruhan, 10% dari nilai jatuh di bawah mata 1.0000 dan 90% dari nilai adalah lebih tinggi dari mata 1.0000. 20% nilai adalah di bawah 1.0000 mata dan 80% adalah mempunyai mata lebih tinggi.

Jadual 4.231: *Percentile*

Percentile		Kandungan maklumat adalah dalam bentuk teks
Percentile	10	1.0000
	20	1.0000
	30	3.0000
	40	4.0000
	50	4.0000
	60	4.0000
	70	4.0000
	80	4.0000
	90	5.0000

Jadual 4.231 menunjukkan untuk jumlah mata keseluruhan, 10% dari nilai jatuh di bawah mata 1.0000 dan 90% dari nilai adalah lebih tinggi dari mata 1.0000. 20% nilai adalah di bawah 1.0000 mata dan 80% adalah mempunyai mata lebih tinggi.

Jadual 4.232: *Percentile*

Percentile		Kandungan maklumat adalah dalam bentuk imej
Percentile	10	1.0000
	20	2.2000
	30	3.0000
	40	4.0000
	50	4.0000
	60	4.0000
	70	4.0000
	80	4.0000
	90	5.0000

Jadual 4.232 menunjukkan untuk jumlah mata keseluruhan, 10% dari nilai jatuh di bawah mata 1.0000 dan 90% dari nilai adalah lebih tinggi dari mata 1.0000. 20% nilai adalah di bawah 2.2000 mata dan 80% adalah mempunyai mata lebih tinggi.

Jadual 4.233: *Percentile*

Percentile		Kandungan maklumat adalah dalam bentuk video
Percentile	10	1.0000
	20	1.2000
	30	3.0000
	40	3.0000
	50	4.0000
	60	4.0000
	70	4.0000
	80	4.0000
	90	5.0000

Jadual 4.233 menunjukkan untuk jumlah mata keseluruhan, 10% dari nilai jatuh di bawah mata 1.0000 dan 90% dari nilai adalah lebih tinggi dari mata 1.0000. 20% nilai adalah di bawah 1.2000 mata dan 80% adalah mempunyai mata lebih tinggi.

Jadual 4.234: *Percentile*

		Saya menghantar pesanan segera untuk sembang persendirian dengan individu lain
Percentile	10	1.1000
	20	3.0000
	30	4.0000
	40	4.0000
	50	4.0000
	60	4.0000
	70	4.0000
	80	5.0000
	90	5.0000

Jadual 4.234 menunjukkan untuk jumlah mata keseluruhan, 10% dari nilai jatuh di bawah mata 1.1000 dan 90% dari nilai adalah lebih tinggi dari mata 1.1000. 20% nilai adalah di bawah 3.0000 mata dan 80% adalah mempunyai mata lebih tinggi.

Jadual 4.235: *Percentile*

		Saya membaca pesanan segera untuk sembang persendirian dengan individu lain
Percentile	10	2.0000
	20	3.0000
	30	4.0000
	40	4.0000
	50	4.0000
	60	4.0000
	70	4.0000
	80	5.0000
	90	5.0000

Jadual 4.235 menunjukkan untuk jumlah mata keseluruhan, 10% dari nilai jatuh di bawah mata 2.0000 dan 90% dari nilai adalah lebih tinggi dari mata 2.0000. 20% nilai adalah di bawah 3.0000 mata dan 80% adalah mempunyai mata lebih tinggi.

Jadual 4.236: *Percentile*

		Saya membuat rekod mesej di laman *web*
Percentile	10	1.0000
	20	1.0000
	30	3.0000
	40	3.0000
	50	3.0000
	60	3.0000
	70	3.0000
	80	4.0000
	90	4.0000

Jadual 4.236 menunjukkan untuk jumlah mata keseluruhan, 10% dari nilai jatuh di bawah mata 1.0000 dan 90% dari nilai adalah lebih tinggi dari mata 1.0000. 20% nilai adalah di bawah 1.0000 mata dan 80% adalah mempunyai mata lebih tinggi.

Jadual 4.237: *Percentile*

		Saya menulis mesej ke dalam laman *web*
Percentile	10	1.0000
	20	1.2000
	30	3.0000
	40	3.0000
	50	3.0000
	60	4.0000
	70	4.0000
	80	4.0000
	90	4.0000

Jadual 4.176 menunjukkan untuk jumlah mata keseluruhan, 10% dari nilai jatuh di bawah mata 1.0000 dan 90% dari nilai adalah lebih tinggi dari mata 1.0000. 20% nilai adalah di bawah 1.2000 mata dan 80% adalah mempunyai mata lebih tinggi.

Jadual 4.238: *Percentile*

		Saya membuat rekod gambar di laman *web*
Percentile	10	1.0000
	20	1.0000
	30	2.3000
	40	3.0000
	50	3.0000
	60	3.0000
	70	4.0000
	80	4.0000
	90	4.0000

Jadual 4.238 menunjukkan untuk jumlah mata keseluruhan, 10% dari nilai jatuh di bawah mata 1.0000 dan 90% dari nilai adalah lebih tinggi dari mata 1.0000. 20% nilai adalah di bawah 1.0000 mata dan 80% adalah mempunyai mata lebih tinggi.

Jadual 4.239: *Percentile*

		Saya mendaftar gambar ke dalam laman *web*
Percentile	10	1.0000
	20	1.0000
	30	3.0000
	40	3.0000
	50	3.0000
	60	3.0000
	70	4.0000
	80	4.0000
	90	4.0000

Jadual 4.239 menunjukkan untuk jumlah mata keseluruhan, 10% dari nilai jatuh di bawah mata 1.0000 dan 90% dari nilai adalah lebih tinggi dari mata 1.0000. 20% nilai adalah di bawah 1.0000 mata dan 80% adalah mempunyai mata lebih tinggi.

Jadual 4.240: *Percentile*

		Saya membuat sembang berasaskan teks melalui melawat *chat rooms*
Percentile	10	1.0000
	20	1.0000
	30	3.0000
	40	3.4000
	50	4.0000
	60	4.0000
	70	4.0000
	80	4.0000
	90	4.0000

Jadual 4.240 menunjukkan untuk jumlah mata keseluruhan, 10% dari nilai jatuh di bawah mata 1.0000 dan 90% dari nilai adalah lebih tinggi dari mata 1.0000. 20% nilai adalah di bawah 1.0000 mata dan 80% adalah mempunyai mata lebih tinggi.

Jadual 4.241: *Percentile*

		Saya membuat persekitaran berbilang pengguna grafik melalui melawat *chat rooms*
Percentile	10	1.0000
	20	1.0000
	30	2.0000
	40	3.0000
	50	3.0000
	60	4.0000
	70	4.0000
	80	4.0000
	90	4.0000

Jadual 4.241 menunjukkan untuk jumlah mata keseluruhan, 10% dari nilai jatuh di bawah mata 1.0000 dan 90% dari nilai adalah lebih tinggi dari mata 1.0000. 20% nilai adalah di bawah 1.0000 mata dan 80% adalah mempunyai mata lebih tinggi.

Jadual 4.242: *Percentile*

		Saya menghantar emel melalui internet
Percentile	10	1.0000
	20	3.0000
	30	4.0000
	40	4.0000
	50	4.0000
	60	4.0000
	70	5.0000
	80	5.0000
	90	5.0000

Jadual 4.242 menunjukkan untuk jumlah mata keseluruhan, 10% dari nilai jatuh di bawah mata 1.0000 dan 90% dari nilai adalah lebih tinggi dari mata 1.0000. 20% nilai adalah di bawah 3.0000 mata dan 80% adalah mempunyai mata lebih tinggi.

Jadual 4.243: *Percentile*

		Saya menerima emel melalui internet
Percentile	10	1.1000
	20	3.0000
	30	4.0000
	40	4.0000
	50	4.0000
	60	4.0000
	70	5.0000
	80	5.0000
	90	5.0000

Jadual 4.243 menunjukkan untuk jumlah mata keseluruhan, 10% dari nilai jatuh di bawah mata 1.1000 dan 90% dari nilai adalah lebih tinggi dari mata 1.1000. 20% nilai adalah di bawah 3.0000 mata dan 80% adalah mempunyai mata lebih tinggi.

Jadual 4.244: *Percentile*

		Saya menulis blog melalui internet
Percentile	10	1.0000
	20	3.0000
	30	3.0000
	40	3.0000
	50	3.5000
	60	4.0000
	70	4.0000
	80	4.0000
	90	5.0000

Jadual 4.244 menunjukkan untuk jumlah mata keseluruhan, 10% dari nilai jatuh di bawah mata 1.0000 dan 90% dari nilai adalah lebih tinggi dari mata 1.0000. 20% nilai adalah di bawah 3.0000 mata dan 80% adalah mempunyai mata lebih tinggi.

Jadual 4.245: *Percentile*

		Saya menulis diari melalui internet
Percentile	10	1.0000
	20	2.0000
	30	2.3000
	40	3.0000
	50	3.0000
	60	3.0000
	70	3.0000
	80	4.0000
	90	4.0000

Jadual 4.245 menunjukkan untuk jumlah mata keseluruhan, 10% dari nilai jatuh di bawah mata 1.0000 dan 90% dari nilai adalah lebih tinggi dari mata 1.0000. 20% nilai adalah di bawah 2.0000 mata dan 80% adalah mempunyai mata lebih tinggi.

Jadual 4.246: *Percentile*

		Saya berkongsi fail audio melalui laman *web* perkongsian fail
Percentile	10	1.0000
	20	1.0000
	30	2.0000
	40	3.0000
	50	3.0000
	60	4.0000
	70	4.0000
	80	4.0000
	90	4.9000

Jadual 4.246 menunjukkan untuk jumlah mata keseluruhan, 10% dari nilai jatuh di bawah mata 1.0000 dan 90% dari nilai adalah lebih tinggi dari mata 1.0000. 20% nilai adalah di bawah 1.0000 mata dan 80% adalah mempunyai mata lebih tinggi.

Jadual 4.247: *Percentile*

		Saya berkongsi fail video melalui laman web perkongsian fail
Percentile	10	1.0000
	20	1.0000
	30	2.3000
	40	3.0000
	50	3.0000
	60	4.0000
	70	4.0000
	80	4.0000
	90	5.0000

Jadual 4.247 menunjukkan untuk jumlah mata keseluruhan, 10% dari nilai jatuh di bawah mata 1.0000 dan 90% dari nilai adalah lebih tinggi dari mata 1.0000. 20% nilai adalah di bawah 1.0000 mata dan 80% adalah mempunyai mata lebih tinggi.

Jadual 4.248: *Percentile*

		Saya berkongsi fail teks melalui laman web perkongsian fail
Percentile	10	1.0000
	20	1.0000
	30	3.0000
	40	3.0000
	50	3.0000
	60	4.0000
	70	4.0000
	80	4.0000
	90	5.0000

Jadual 4.248 menunjukkan untuk jumlah mata keseluruhan, 10% dari nilai jatuh di bawah mata 1.0000 dan 90% dari nilai adalah lebih tinggi dari mata 1.0000. 20% nilai adalah di bawah 1.0000 mata dan 80% adalah mempunyai mata lebih tinggi.

Jadual 4.249: *Percentile*

		Saya membaca berita maklumat terpilih tentang peristiwa-peristiwa di internet
Percentile	10	1.0000
	20	3.0000
	30	4.0000
	40	4.0000
	50	4.0000
	60	4.0000
	70	4.0000
	80	5.0000
	90	5.0000

Jadual 4.249 menunjukkan untuk jumlah mata keseluruhan, 10% dari nilai jatuh di bawah mata 1.0000 dan 90% dari nilai adalah lebih tinggi dari mata 1.0000. 20% nilai adalah di bawah 3.0000 mata dan 80% adalah mempunyai mata lebih tinggi.

Jadual 4.250: *Percentile*

		Saya menonton berita maklumat terpilih tentang peristiwa-peristiwa di internet
Percentile	10	1.0000
	20	2.2000
	30	3.3000
	40	4.0000
	50	4.0000
	60	4.0000
	70	4.0000
	80	4.8000
	90	5.0000

Jadual 4.250 menunjukkan untuk jumlah mata keseluruhan, 10% dari nilai jatuh di bawah mata 1.0000 dan 90% dari nilai adalah lebih tinggi dari mata 1.0000. 20% nilai adalah di bawah 2.2000 mata dan 80% adalah mempunyai mata lebih tinggi.

Jadual 4.251: *Percentile*

		Saya bermain permainan internet dalam pelayar internet
Percentile	10	1.0000
	20	3.0000
	30	3.0000
	40	4.0000
	50	4.0000
	60	4.0000
	70	4.0000
	80	5.0000
	90	5.0000

Jadual 4.251 menunjukkan untuk jumlah mata keseluruhan, 10% dari nilai jatuh di bawah mata 1.0000 dan 90% dari nilai adalah lebih tinggi dari mata 1.0000. 20% nilai adalah di bawah 3.0000 mata dan 80% adalah mempunyai mata lebih tinggi.

Jadual 4.252: *Percentile*

		Saya bermain permainan internet berbilang pemain
Percentile	10	1.0000
	20	3.0000
	30	3.0000
	40	4.0000
	50	4.0000
	60	4.0000
	70	4.0000
	80	5.0000
	90	5.0000

Jadual 4.252 menunjukkan untuk jumlah mata keseluruhan, 10% dari nilai jatuh di bawah mata 1.0000 dan 90% dari nilai adalah lebih tinggi dari mata 1.0000. 20% nilai adalah di bawah 3.0000 mata dan 80% adalah mempunyai mata lebih tinggi.

Jadual 4.253: *Percentile*

		Saya menggunakan *plugin* maya Java semasa bermain permainan berbilang pemain
Percentile	10	1.0000
	20	1.0000
	30	1.0000
	40	2.0000
	50	3.0000
	60	4.0000
	70	4.0000
	80	4.0000
	90	5.0000

Jadual 4.253 menunjukkan untuk jumlah mata keseluruhan, 10% dari nilai jatuh di bawah mata 1.0000 dan 90% dari nilai adalah lebih tinggi dari mata 1.0000. 20% nilai adalah di bawah 1.0000 mata dan 80% adalah mempunyai mata lebih tinggi.

Jadual 4.254: *Percentile*

		Saya menggunakan *pluginShockwave* semasa bermain permainan berbilang pemain
Percentile	10	1.0000
	20	1.0000
	30	1.0000
	40	1.0000
	50	2.5000
	60	3.0000
	70	4.0000
	80	4.0000
	90	5.0000

Jadual 4.254 menunjukkan untuk jumlah mata keseluruhan, 10% dari nilai jatuh di bawah mata 1.0000 dan 90% dari nilai adalah lebih tinggi dari mata 1.0000. 20% nilai adalah di bawah 1.0000 mata dan 80% adalah mempunyai mata lebih tinggi.

Jadual 4.255: *Percentile*

		Saya menggunakan *pluginFlash* semasa bermain permainan berbilang pemain
Percentile	10	1.0000
	20	1.0000
	30	1.0000
	40	1.0000
	50	3.0000
	60	3.0000
	70	4.0000
	80	4.0000
	90	5.0000

Jadual 4.255 menunjukkan untuk jumlah mata keseluruhan, 10% dari nilai jatuh di bawah mata 1.0000 dan 90% dari nilai adalah lebih tinggi dari mata 1.0000. 20% nilai adalah di bawah 1.0000 mata dan 80% adalah mempunyai mata lebih tinggi.

Jadual 4.256: *Percentile*

		Saya menyertai ruang permainan berbilang pemain yang sedia ada di internet
Percentile	10	1.0000

20	1.0000	
30	2.0000	
40	3.0000	
50	4.0000	
60	4.0000	
70	4.0000	
80	4.0000	
90	5.0000	

Jadual 4.256 menunjukkan untuk jumlah mata keseluruhan, 10% dari nilai jatuh di bawah mata 1.0000 dan 90% dari nilai adalah lebih tinggi dari mata 1.0000. 20% nilai adalah di bawah 1.0000 mata dan 80% adalah mempunyai mata lebih tinggi.

Jadual 4.257: *Percentile*

		Saya menyertai ruang permainan berbilang pemain yang dicipta sendiri
Percentile	10	1.0000
	20	1.0000
	30	1.0000
	40	1.0000
	50	2.0000
	60	3.0000
	70	3.0000
	80	3.0000
	90	4.0000

Jadual 4.257 menunjukkan untuk jumlah mata keseluruhan, 10% dari nilai jatuh di bawah mata 1.0000 dan 90% dari nilai adalah lebih tinggi dari mata 1.0000. 20% nilai adalah di bawah 1.0000 mata dan 80% adalah mempunyai mata lebih tinggi.

Jadual 4.258: *Percentile*

		Saya bermain permainan dengan orang lain di internet sebagai tetamu
Percentile	10	1.0000
	20	2.0000
	30	3.0000
	40	3.0000
	50	4.0000
	60	4.0000
	70	4.0000
	80	4.0000
	90	5.0000

Jadual 4.258 menunjukkan untuk jumlah mata keseluruhan, 10% dari nilai jatuh di bawah mata 1.0000 dan 90% dari nilai adalah lebih tinggi dari mata 1.0000. 20% nilai adalah di bawah 2.0000 mata dan 80% adalah mempunyai mata lebih tinggi.

Jadual 4.259: *Percentile*

		Saya bermain permainan dengan orang lain sebagai pemain berdaftar (mempunyai akaun)
Percentile	10	1.0000
	20	1.0000
	30	3.0000
	40	3.4000
	50	4.0000
	60	4.0000
	70	4.0000
	80	4.0000
	90	5.0000

Jadual 4.259 menunjukkan untuk jumlah mata keseluruhan, 10% dari nilai jatuh di bawah mata 1.0000 dan 90% dari nilai adalah lebih tinggi dari mata 1.0000. 20% nilai adalah di bawah 1.0000 mata dan 80% adalah mempunyai mata lebih tinggi.

Jadual 4.260: *Percentile*

		Saya bermain permainan dengan orang lain di internet menggunakan *Flash* percuma
Percentile	10	1.0000
	20	1.0000
	30	1.0000
	40	2.4000
	50	3.0000
	60	4.0000
	70	4.0000
	80	4.0000
	90	5.0000

Jadual 4.260 menunjukkan untuk jumlah mata keseluruhan, 10% dari nilai jatuh di bawah mata 1.0000 dan 90% dari nilai adalah lebih tinggi dari mata 1.0000. 20% nilai adalah di bawah 1.0000 mata dan 80% adalah mempunyai mata lebih tinggi.

Jadual 4.261: *Percentile*

		Saya bermain permainan dengan orang lain di internet menggunakan *Shockwaveadd-ons*
Percentile	10	1.0000
	20	1.0000
	30	1.0000
	40	1.0000
	50	3.0000
	60	3.0000
	70	4.0000
	80	4.0000
	90	4.0000

Jadual 4.261 menunjukkan untuk jumlah mata keseluruhan, 10% dari nilai jatuh di bawah mata 1.0000 dan 90% dari nilai adalah lebih tinggi dari mata 1.0000. 20% nilai adalah di bawah 1.0000 mata dan 80% adalah mempunyai mata lebih tinggi.

Jadual 4.262: *Percentile*

		Saya menonton klip video saat penting di internet yang memberi kesan kepada perkara-perkara lain
Percentile	10	1.0000
	20	1.2000
	30	3.0000
	40	4.0000
	50	4.0000
	60	4.0000
	70	4.0000
	80	4.0000
	90	5.0000

Jadual 4.262 menunjukkan untuk jumlah mata keseluruhan, 10% dari nilai jatuh di bawah mata 1.0000 dan 90% dari nilai adalah lebih tinggi dari mata 1.0000. 20% nilai adalah di bawah 1.2000 mata dan 80% adalah mempunyai mata lebih tinggi.

Jadual 4.263: *Percentile*

		Saya menonton klip video lucu di internet
Percentile	10	2.0000
	20	4.0000
	30	4.0000
	40	4.0000
	50	4.0000
	60	4.0000
	70	4.0000
	80	5.0000
	90	5.0000

Jadual 4.263 menunjukkan untuk jumlah mata keseluruhan, 10% dari nilai jatuh di bawah mata 2.0000 dan 90% dari nilai adalah lebih tinggi dari mata 2.0000. 20% nilai adalah di bawah 4.0000 mata dan 80% adalah mempunyai mata lebih tinggi.

Jadual 4.264: *Percentile*

		Saya menonton klip video aneh di internet
Percentile	10	1.0000
	20	2.0000
	30	3.3000
	40	4.0000
	50	4.0000
	60	4.0000
	70	4.0000
	80	5.0000
	90	5.0000

Jadual 4.264 menunjukkan untuk jumlah mata keseluruhan, 10% dari nilai jatuh di bawah mata 1.0000 dan 90% dari nilai adalah lebih tinggi dari mata 1.0000. 20% nilai adalah di bawah 2.0000 mata dan 80% adalah mempunyai mata lebih tinggi.

Jadual 4.265: *Percentile*

		Saya menonton klip video prestasi ajaib (luar biasa) di internet
Percentile	10	1.0000
	20	3.0000
	30	4.0000
	40	4.0000
	50	4.0000
	60	4.0000
	70	4.0000
	80	5.0000
	90	5.0000

Jadual 4.265 menunjukkan untuk jumlah mata keseluruhan, 10% dari nilai jatuh di bawah mata 1.0000 dan 90% dari nilai adalah lebih tinggi dari mata 1.0000. 20% nilai adalah di bawah 3.0000 mata dan 80% adalah mempunyai mata lebih tinggi.

Jadual 4.266: *Percentile*

		Saya muat turun muzik di internet
Percentile	10	1.1000
	20	4.0000
	30	4.0000
	40	4.0000
	50	4.0000
	60	4.0000
	70	5.0000
	80	5.0000
	90	5.0000

Jadual 4.266 menunjukkan untuk jumlah mata keseluruhan, 10% dari nilai jatuh di bawah mata 1.1000 dan 90% dari nilai adalah lebih tinggi dari mata 1.1000. 20% nilai adalah di bawah 4.0000 mata dan 80% adalah mempunyai mata lebih tinggi.

Jadual 4.267: *Percentile*

		Saya muat turun filem di internet
Percentile	10	1.0000
	20	2.2000
	30	3.0000
	40	4.0000
	50	4.0000
	60	4.0000
	70	4.0000
	80	4.8000
	90	5.0000

Jadual 4.267 menunjukkan untuk jumlah mata keseluruhan, 10% dari nilai jatuh di bawah mata 1.0000 dan 90% dari nilai adalah lebih tinggi dari mata 1.0000. 20% nilai adalah di bawah 2.2000 mata dan 80% adalah mempunyai mata lebih tinggi.

Jadual 4.268: *Percentile*

		Saya berkongsi video dengan orang lain di internet
Percentile	10	1.0000
	20	3.0000
	30	3.0000
	40	3.4000
	50	4.0000
	60	4.0000
	70	4.0000
	80	4.0000
	90	5.0000

Jadual 4.268 menunjukkan untuk jumlah mata keseluruhan, 10% dari nilai jatuh di bawah mata 1.0000 dan 90% dari nilai adalah lebih tinggi dari mata 1.0000. 20% nilai adalah di bawah 3.0000 mata dan 80% adalah mempunyai mata lebih tinggi.

Jadual 4.269: *Percentile*

		Saya berkongsi muzik dengan orang lain di internet
Percentile	10	1.1000
	20	3.0000
	30	3.3000
	40	4.0000
	50	4.0000
	60	4.0000
	70	4.0000
	80	5.0000
	90	5.0000

Jadual 4.269 menunjukkan untuk jumlah mata keseluruhan, 10% dari nilai jatuh di bawah mata 1.1000 dan 90% dari nilai adalah lebih tinggi dari mata 1.1000. 20% nilai adalah di bawah 3.0000 mata dan 80% adalah mempunyai mata lebih tinggi.

Jadual 4.270: *Percentile*

		Saya melihat atau mendengar video atau muzik sebagai penonton peribadi di internet
Percentile	10	1.0000
	20	3.0000
	30	3.0000
	40	4.0000
	50	4.0000
	60	4.0000
	70	4.0000
	80	4.8000
	90	5.0000

Jadual 4.270 menunjukkan untuk jumlah mata keseluruhan, 10% dari nilai jatuh di bawah mata 1.0000 dan 90% dari nilai adalah lebih tinggi dari mata 1.0000. 20% nilai adalah di bawah 3.0000 mata dan 80% adalah mempunyai mata lebih tinggi.

Jadual 4.271: *Percentile*

		Saya melihat atau mendengar muzik atau video sebagai penonton awam di internet
Percentile	10	1.0000
	20	3.0000
	30	4.0000
	40	4.0000
	50	4.0000
	60	4.0000
	70	4.0000
	80	5.0000
	90	5.0000

Jadual 4.271 menunjukkan untuk jumlah mata keseluruhan, 10% dari nilai jatuh di bawah mata 1.0000 dan 90% dari nilai adalah lebih tinggi dari mata 1.0000. 20% nilai adalah di bawah 3.0000 mata dan 80% adalah mempunyai mata lebih tinggi.

Jadual 4.272: *Percentile*

		Saya merakam video menggunakan *webcam* di internet
Percentile	10	1.0000
	20	1.2000
	30	2.0000
	40	3.0000
	50	3.0000
	60	3.0000
	70	3.0000
	80	4.0000
	90	4.0000

Jadual 4.272 menunjukkan untuk jumlah mata keseluruhan, 10% dari nilai jatuh di bawah mata 1.0000 dan 90% dari nilai adalah lebih tinggi dari mata 1.0000. 20% nilai adalah di bawah 1.2000 mata dan 80% adalah mempunyai mata lebih tinggi.

Jadual 4.273: *Percentile*

		Saya mengadakan sembang video menggunakan *webcam* di internet
Percentile	10	1.0000
	20	2.0000
	30	3.0000
	40	3.0000
	50	4.0000
	60	4.0000
	70	4.0000
	80	4.0000
	90	5.0000

Jadual 4.273 menunjukkan untuk jumlah mata keseluruhan, 10% dari nilai jatuh di bawah mata 1.0000 dan 90% dari nilai adalah lebih tinggi dari mata 1.0000. 20% nilai adalah di bawah 2.0000 mata dan 80% adalah mempunyai mata lebih tinggi.

Jadual 4.274: *Percentile*

		Saya mencipta watak orang maya di internet
Percentile	10	1.0000
	20	1.0000
	30	2.0000
	40	3.0000
	50	3.0000
	60	3.0000
	70	3.0000
	80	4.0000
	90	4.0000

Jadual 4.274 menunjukkan untuk jumlah mata keseluruhan, 10% dari nilai jatuh di bawah mata 1.0000 dan 90% dari nilai adalah lebih tinggi dari mata 1.0000. 20% nilai adalah di bawah 1.0000 mata dan 80% adalah mempunyai mata lebih tinggi.

Jadual 4.275: *Percentile*

		Saya mencipta watak wanita maya di internet
Percentile	10	1.0000
	20	1.0000
	30	1.0000
	40	2.0000
	50	2.5000
	60	3.0000
	70	3.0000
	80	3.0000
	90	3.9000

Jadual 4.275 menunjukkan untuk jumlah mata keseluruhan, 10% dari nilai jatuh di bawah mata 1.0000 dan 90% dari nilai adalah lebih tinggi dari mata 1.0000. 20% nilai adalah di bawah 1.0000 mata dan 80% adalah mempunyai mata lebih tinggi.

Jadual 4.276: *Percentile*

		Saya mencipta watak rumah maya di internet
Percentile	10	1.0000
	20	1.0000
	30	1.0000
	40	2.0000
	50	2.0000
	60	3.0000
	70	3.0000
	80	3.0000
	90	4.0000

Jadual 4.276 menunjukkan untuk jumlah mata keseluruhan, 10% dari nilai jatuh di bawah mata 1.0000 dan 90% dari nilai adalah lebih tinggi dari mata 1.0000. 20% nilai adalah di bawah 1.0000 mata dan 80% adalah mempunyai mata lebih tinggi.

Jadual 4.277: *Percentile*

		Saya mencipta watak kehidupan maya dalam talian milik saya sendiri
Percentile	10	1.0000
	20	1.0000
	30	1.0000
	40	2.0000
	50	3.0000
	60	3.0000
	70	3.0000
	80	3.0000
	90	4.0000

Jadual 4.277 menunjukkan untuk jumlah mata keseluruhan, 10% dari nilai jatuh di bawah mata 1.0000 dan 90% dari nilai adalah lebih tinggi dari mata 1.0000. 20% nilai adalah di bawah 1.0000 mata dan 80% adalah mempunyai mata lebih tinggi.

Jadual 4.278: *Percentile*

		Saya mencipta watak keluarga maya di internet
Percentile	10	1.0000
	20	1.0000
	30	1.0000
	40	2.0000
	50	2.0000
	60	3.0000
	70	3.0000
	80	3.0000
	90	4.0000

Jadual 4.278 menunjukkan untuk jumlah mata keseluruhan, 10% dari nilai jatuh di bawah mata 1.0000 dan 90% dari nilai adalah lebih tinggi dari mata 1.0000. 20% nilai adalah di bawah 1.0000 mata dan 80% adalah mempunyai mata lebih tinggi.

Jadual 4.279: *Percentile*

		Saya mencipta watak kehidupan maya di internet
Percentile	10	1.0000
	20	1.0000
	30	1.0000
	40	2.0000
	50	3.0000
	60	3.0000
	70	3.0000
	80	3.0000
	90	4.0000

Jadual 4.279 menunjukkan untuk jumlah mata keseluruhan, 10% dari nilai jatuh di bawah mata 1.0000 dan 90% dari nilai adalah lebih tinggi dari mata 1.0000. 20% nilai adalah di bawah 1.0000 mata dan 80% adalah mempunyai mata lebih tinggi.

Jadual 4.280: *Percentile*

		Saya mencipta watak binatang peliharaan maya di internet
Percentile	10	1.0000
	20	1.0000
	30	1.0000
	40	2.0000
	50	3.0000
	60	3.0000
	70	3.0000
	80	3.8000
	90	4.0000

Jadual 4.280 menunjukkan untuk jumlah mata keseluruhan, 10% dari nilai jatuh di bawah mata 1.0000 dan 90% dari nilai adalah lebih tinggi dari mata 1.0000. 20% nilai adalah di bawah 1.0000 mata dan 80% adalah mempunyai mata lebih tinggi.

Jadual 4.281: *Percentile*

Percentile		Saya berinteraksi dengan orang lain di internet untuk menghabiskan masa dalam dunia maya
Percentile	10	1.0000
	20	2.0000
	30	3.0000
	40	3.0000
	50	3.0000
	60	3.0000
	70	4.0000
	80	4.0000
	90	4.9000

Jadual 4.281 menunjukkan untuk jumlah mata keseluruhan, 10% dari nilai jatuh di bawah mata 1.0000 dan 90% dari nilai adalah lebih tinggi dari mata 1.0000. 20% nilai adalah di bawah 2.0000 mata dan 80% adalah mempunyai mata lebih tinggi.

Jadual 4.282: *Percentile*

Percentile		Saya menggunakan objek di internet untuk menghabiskan masa dalam dunia maya
Percentile	10	1.0000
	20	1.2000
	30	2.0000
	40	3.0000
	50	3.0000
	60	3.0000
	70	3.0000
	80	4.0000
	90	4.0000

Jadual 4.282 menunjukkan untuk jumlah mata keseluruhan, 10% dari nilai jatuh di bawah mata 1.0000 dan 90% dari nilai adalah lebih tinggi dari mata 1.0000. 20% nilai adalah di bawah 1.2000 mata dan 80% adalah mempunyai mata lebih tinggi.

Jadual 4.283: *Percentile*

Percentile		Saya mencipta objek di internet untuk menghabiskan masa dalam dunia maya
Percentile	10	1.0000
	20	1.0000
	30	1.3000
	40	2.0000
	50	3.0000
	60	3.0000
	70	3.0000
	80	3.0000
	90	4.0000

Jadual 4.283 menunjukkan untuk jumlah mata keseluruhan, 10% dari nilai jatuh di bawah mata 1.0000 dan 90% dari nilai adalah lebih tinggi dari mata 1.0000. 20% nilai adalah di bawah 1.0000 mata dan 80% adalah mempunyai mata lebih tinggi.

Jadual 4.284: *Percentile*

		Saya menggunakan editor teks XEDIT semasa menggunakan internet
Percentile	10	1.0000
	20	1.0000
	30	1.0000
	40	1.0000
	50	1.0000
	60	1.0000
	70	3.0000
	80	3.0000
	90	3.0000

Jadual 4.284 menunjukkan untuk jumlah mata keseluruhan, 10% dari nilai jatuh di bawah mata 1.0000 dan 90% dari nilai adalah lebih tinggi dari mata 1.0000. 20% nilai adalah di bawah 1.0000 mata dan 80% adalah mempunyai mata lebih tinggi.

Jadual 4.285: *Percentile*

		Saya menggunakan editor teks Emacs semasa menggunakan internet
Percentile	10	1.0000
	20	1.0000
	30	1.0000
	40	1.0000
	50	1.0000
	60	1.0000
	70	2.0000
	80	3.0000
	90	3.0000

Jadual 4.285 menunjukkan untuk jumlah mata keseluruhan, 10% dari nilai jatuh di bawah mata 1.0000 dan 90% dari nilai adalah lebih tinggi dari mata 1.0000. 20% nilai adalah di bawah 1.0000 mata dan 80% adalah mempunyai mata lebih tinggi.

Jadual 4.286: *Percentile*

		Saya menggunakan editor teks vi semasa menggunakan internet
Percentile	10	1.0000
	20	1.0000
	30	1.0000
	40	1.0000
	50	1.0000
	60	1.0000
	70	2.0000
	80	3.0000
	90	3.0000

Jadual 4.286 menunjukkan untuk jumlah mata keseluruhan, 10% dari nilai jatuh di bawah mata 1.0000 dan 90% dari nilai adalah lebih tinggi dari mata 1.0000. 20% nilai adalah di bawah 1.0000 mata dan 80% adalah mempunyai mata lebih tinggi.

Jadual 4.287: *Percentile*

		Saya menggunakan sistem operasi berbilang pengguna semasa menggunakan internet
Percentile	10	1.0000
	20	1.0000
	30	1.0000
	40	1.0000
	50	2.0000
	60	3.0000
	70	4.0000
	80	4.0000
	90	4.0000

Jadual 4.287 menunjukkan untuk jumlah mata keseluruhan, 10% dari nilai jatuh di bawah mata 1.0000 dan 90% dari nilai adalah lebih tinggi dari mata 1.0000. 20% nilai adalah di bawah 1.0000 mata dan 80% adalah mempunyai mata lebih tinggi.

Jadual 4.288: *Percentile*

		Saya menggunakan sistem operasi *multiprocessing* semasa menggunakan internet
Percentile	10	1.0000
	20	1.0000
	30	1.0000
	40	1.0000
	50	1.0000
	60	1.6000
	70	3.0000
	80	4.0000
	90	4.0000

Jadual 4.288 menunjukkan untuk jumlah mata keseluruhan, 10% dari nilai jatuh di bawah mata 1.0000 dan 90% dari nilai adalah lebih tinggi dari mata 1.0000. 20% nilai adalah di bawah 1.0000 mata dan 80% adalah mempunyai mata lebih tinggi.

Jadual 4.289: *Percentile*

		Saya menggunakan sistem operasi *multitasking* semasa menggunakan internet
Percentile	10	1.0000
	20	1.0000
	30	1.0000
	40	1.0000
	50	1.0000
	60	3.0000
	70	3.7000
	80	4.0000
	90	4.0000

Jadual 4.289 menunjukkan untuk jumlah mata keseluruhan, 10% dari nilai jatuh di bawah mata 1.0000 dan 90% dari nilai adalah lebih tinggi dari mata 1.0000. 20% nilai adalah di bawah 1.0000 mata dan 80% adalah mempunyai mata lebih tinggi.

Jadual 4.290: *Percentile*

		Saya menggunakan sistem operasi *multithreading* semasa menggunakan internet
Percentile	10	1.0000
	20	1.0000
	30	1.0000
	40	1.0000
	50	1.0000
	60	1.0000
	70	3.0000
	80	3.0000
	90	4.0000

Jadual 4.290 menunjukkan untuk jumlah mata keseluruhan, 10% dari nilai jatuh di bawah mata 1.0000 dan 90% dari nilai adalah lebih tinggi dari mata 1.0000. 20% nilai adalah di bawah 1.0000 mata dan 80% adalah mempunyai mata lebih tinggi.

Jadual 4.291: *Percentile*

		Saya menggunakan sistem operasi masa sebenar semasa menggunakan internet
Percentile	10	1.0000
	20	1.0000
	30	1.0000
	40	2.0000
	50	3.0000
	60	4.0000
	70	4.0000
	80	4.0000
	90	4.9000

Jadual 4.291 menunjukkan untuk jumlah mata keseluruhan, 10% dari nilai jatuh di bawah mata 1.0000 dan 90% dari nilai adalah lebih tinggi dari mata 1.0000. 20% nilai adalah di bawah 1.0000 mata dan 80% adalah mempunyai mata lebih tinggi.

Jadual 4.292: *Percentile*

		Saya menggunakan DOS CP/M semasa menggunakan internet
Percentile	10	1.0000
	20	1.0000
	30	1.0000
	40	1.0000
	50	1.0000
	60	1.0000
	70	2.0000
	80	3.0000
	90	4.0000

Jadual 4.292 menunjukkan untuk jumlah mata keseluruhan, 10% dari nilai jatuh di bawah mata 1.0000 dan 90% dari nilai adalah lebih tinggi dari mata 1.0000. 20% nilai adalah di bawah 1.0000 mata dan 80% adalah mempunyai mata lebih tinggi.

Jadual 4.293: *Percentile*

		Saya menggunakan MS-DOS semasa menggunakan internet
Percentile	10	1.0000
	20	1.0000
	30	1.3000
	40	1.0000
	50	1.0000
	60	1.0000
	70	2.0000
	80	3.0000
	90	4.0000

Jadual 4.293 menunjukkan untuk jumlah mata keseluruhan, 10% dari nilai jatuh di bawah mata

1.0000 dan 90% dari nilai adalah lebih tinggi dari mata 1.0000. 20% nilai adalah di bawah 1.0000 mata

dan 80% adalah mempunyai mata lebih tinggi.

Jadual 4.294: *Percentile*

		Saya menggunakan DR-OpenDOS semasa menggunakan internet
Percentile	10	1.0000
	20	1.0000
	30	1.0000
	40	1.0000
	50	1.0000
	60	1.0000
	70	2.0000
	80	3.0000
	90	4.0000

Jadual 4.294 menunjukkan untuk jumlah mata keseluruhan, 10% dari nilai jatuh di bawah mata

1.0000 dan 90% dari nilai adalah lebih tinggi dari mata 1.0000. 20% nilai adalah di bawah 1.0000 mata

dan 80% adalah mempunyai mata lebih tinggi.

Jadual 4.295: *Percentile*

		Saya menggunakan *Windows* 8 (2012) – MS Versi 6.2 semasa menggunakan internet
Percentile	10	1.0000
	20	1.0000
	30	1.0000
	40	1.0000
	50	2.0000
	60	3.0000
	70	4.0000
	80	4.0000
	90	4.0000

Jadual 4.295 menunjukkan untuk jumlah mata keseluruhan, 10% dari nilai jatuh di bawah mata

1.0000 dan 90% dari nilai adalah lebih tinggi dari mata 1.0000. 20% nilai adalah di bawah 1.0000 mata

dan 80% adalah mempunyai mata lebih tinggi.

Jadual 4.296: *Percentile*

		Saya menggunakan *Windows* 7 (2009) – MS Versi 6.1 semasa menggunakan internet
Percentile	10	1.0000
	20	1.0000
	30	1.0000
	40	3.0000
	50	3.0000
	60	4.0000
	70	4.0000
	80	4.0000
	90	5.0000

Jadual 4.296 menunjukkan untuk jumlah mata keseluruhan, 10% dari nilai jatuh di bawah mata 1.0000 dan 90% dari nilai adalah lebih tinggi dari mata 1.0000. 20% nilai adalah di bawah 1.0000 mata dan 80% adalah mempunyai mata lebih tinggi.

Jadual 4.297: *Percentile*

		Saya menggunakan *Windows Vista* (2006) – MS Versi 6.0 semasa menggunakan internet
Percentile	10	1.0000
	20	1.0000
	30	1.0000
	40	1.0000
	50	3.0000
	60	3.0000
	70	4.0000
	80	4.0000
	90	4.0000

Jadual 4.297 menunjukkan untuk jumlah mata keseluruhan, 10% dari nilai jatuh di bawah mata 1.0000 dan 90% dari nilai adalah lebih tinggi dari mata 1.0000. 20% nilai adalah di bawah 1.0000 mata dan 80% adalah mempunyai mata lebih tinggi.

Jadual 4.298: *Percentile*

		Saya menggunakan *Windows XP* (2001) – MS Versi 5.1 semasa menggunakan internet
Percentile	10	1.0000
	20	1.0000
	30	1.0000
	40	3.0000
	50	3.0000
	60	4.0000
	70	4.0000
	80	4.0000
	90	5.0000

Jadual 4.298 menunjukkan untuk jumlah mata keseluruhan, 10% dari nilai jatuh di bawah mata 1.0000 dan 90% dari nilai adalah lebih tinggi dari mata 1.0000. 20% nilai adalah di bawah 1.0000 mata dan 80% adalah mempunyai mata lebih tinggi.

Jadual 4.299: *Percentile*

		Saya menggunakan *Windows* 2000 (2000) – MS Versi 5.0 semasa menggunakan internet
Percentile	10	1.0000
	20	1.0000
	30	1.0000
	40	1.0000
	50	3.0000
	60	3.0000
	70	3.0000
	80	4.0000
	90	4.0000

Jadual 4.299 menunjukkan untuk jumlah mata keseluruhan, 10% dari nilai jatuh di bawah mata 1.0000 dan 90% dari nilai adalah lebih tinggi dari mata 1.0000. 20% nilai adalah di bawah 1.0000 mata dan 80% adalah mempunyai mata lebih tinggi.

Jadual 4.300: *Percentile*

		Saya menggunakan *Windows NT* (1993) – MS Versi 3.1, 3.5, 4.0 semasa menggunakan internet
Percentile	10	1.0000
	20	1.0000
	30	1.0000
	40	1.0000
	50	1.0000
	60	2.0000
	70	3.0000
	80	3.0000
	90	3.9000

Jadual 4.300 menunjukkan untuk jumlah mata keseluruhan, 10% dari nilai jatuh di bawah mata 1.0000 dan 90% dari nilai adalah lebih tinggi dari mata 1.0000. 20% nilai adalah di bawah 1.0000 mata dan 80% adalah mempunyai mata lebih tinggi.

Jadual 4.301: *Percentile*

		Saya menggunakan Unix jenis Solaris semasa menggunakan internet
Percentile	10	1.0000
	20	1.0000
	30	1.0000
	40	1.0000
	50	1.0000
	60	1.0000
	70	2.0000
	80	3.0000
	90	3.9000

Jadual 4.301 menunjukkan untuk jumlah mata keseluruhan, 10% dari nilai jatuh di bawah mata 1.0000 dan 90% dari nilai adalah lebih tinggi dari mata 1.0000. 20% nilai adalah di bawah 1.0000 mata dan 80% adalah mempunyai mata lebih tinggi.

Jadual 4.302: *Percentile*

		Saya menggunakan Unix jenis AIX semasa menggunakan internet
Percentile	10	1.0000
	20	1.0000
	30	1.0000
	40	1.0000
	50	1.0000
	60	1.0000
	70	2.0000
	80	3.0000
	90	3.0000

Jadual 4.302 menunjukkan untuk jumlah mata keseluruhan, 10% dari nilai jatuh di bawah mata 1.0000 dan 90% dari nilai adalah lebih tinggi dari mata 1.0000. 20% nilai adalah di bawah 1.0000 mata dan 80% adalah mempunyai mata lebih tinggi.

Jadual 4.303: *Percentile*

		Saya menggunakan Unix jenis Digital Unix semasa menggunakan internet
Percentile	10	1.0000
	20	1.0000
	30	1.0000
	40	1.0000
	50	1.0000
	60	1.0000
	70	2.0000
	80	3.0000
	90	3.0000

Jadual 4.303 menunjukkan untuk jumlah mata keseluruhan, 10% dari nilai jatuh di bawah mata 1.0000 dan 90% dari nilai adalah lebih tinggi dari mata 1.0000. 20% nilai adalah di bawah 1.0000 mata dan 80% adalah mempunyai mata lebih tinggi.

Jadual 4.304: *Percentile*

		Saya menggunakan Unix jenis IRIX semasa menggunakan internet
Percentile	10	1.0000
	20	1.0000
	30	1.0000
	40	1.0000
	50	1.0000
	60	1.0000
	70	2.7000
	80	3.0000
	90	3.0000

Jadual 4.304 menunjukkan untuk jumlah mata keseluruhan, 10% dari nilai jatuh di bawah mata 1.0000 dan 90% dari nilai adalah lebih tinggi dari mata 1.0000. 20% nilai adalah di bawah 1.0000 mata dan 80% adalah mempunyai mata lebih tinggi.

Jadual 4.305: *Percentile*

		Saya menggunakan Unix jenis HPUX semasa menggunakan internet
Percentile	10	1.0000
	20	1.0000
	30	1.0000
	40	1.0000
	50	1.0000
	60	1.6000
	70	3.0000
	80	3.0000
	90	3.0000

Jadual 4.305 menunjukkan untuk jumlah mata keseluruhan, 10% dari nilai jatuh di bawah mata 1.0000 dan 90% dari nilai adalah lebih tinggi dari mata 1.0000. 20% nilai adalah di bawah 1.0000 mata dan 80% adalah mempunyai mata lebih tinggi.

Jadual 4.306: *Percentile*

		Saya menggunakan Unix jenis SCO semasa menggunakan internet
Percentile	10	1.0000
	20	1.0000
	30	1.0000
	40	1.0000
	50	1.0000
	60	1.0000
	70	2.0000
	80	3.0000
	90	3.0000

Jadual 4.306 menunjukkan untuk jumlah mata keseluruhan, 10% dari nilai jatuh di bawah mata 1.0000 dan 90% dari nilai adalah lebih tinggi dari mata 1.0000. 20% nilai adalah di bawah 1.0000 mata dan 80% adalah mempunyai mata lebih tinggi.

Jadual 4.307: *Percentile*

		Saya menggunakan Unix jenis FreeBSD semasa menggunakan internet
Percentile	10	1.0000
	20	1.0000
	30	1.0000
	40	1.0000
	50	1.0000
	60	1.0000
	70	2.0000
	80	3.0000
	90	3.9000

Jadual 4.307 menunjukkan untuk jumlah mata keseluruhan, 10% dari nilai jatuh di bawah mata 1.0000 dan 90% dari nilai adalah lebih tinggi dari mata 1.0000. 20% nilai adalah di bawah 1.0000 mata dan 80% adalah mempunyai mata lebih tinggi.

Jadual 4.308: *Percentile*

		Saya menggunakan Unix jenis OpenBSD semasa menggunakan internet
Percentile	10	1.0000
	20	1.0000
	30	1.0000
	40	1.0000
	50	1.0000
	60	1.0000
	70	2.7000
	80	3.0000
	90	4.0000

Jadual 4.308 menunjukkan untuk jumlah mata keseluruhan, 10% dari nilai jatuh di bawah mata 1.0000 dan 90% dari nilai adalah lebih tinggi dari mata 1.0000. 20% nilai adalah di bawah 1.0000 mata dan 80% adalah mempunyai mata lebih tinggi.

Jadual 4.309: *Percentile*

		Saya menggunakan Unix jenis NetBSD semasa menggunakan internet
Percentile	10	1.0000
	20	1.0000
	30	1.0000
	40	1.0000
	50	1.0000
	60	1.0000
	70	2.0000
	80	3.0000
	90	3.0000

Jadual 4.309 menunjukkan untuk jumlah mata keseluruhan, 10% dari nilai jatuh di bawah mata 1.0000 dan 90% dari nilai adalah lebih tinggi dari mata 1.0000. 20% nilai adalah di bawah 1.0000 mata dan 80% adalah mempunyai mata lebih tinggi.

Jadual 4.310: *Percentile*

		Saya menggunakan Unix jenis Linux semasa menggunakan internet
Percentile	10	1.0000
	20	1.0000
	30	1.0000
	40	1.0000
	50	1.0000
	60	1.0000
	70	2.0000
	80	3.0000
	90	4.0000

Jadual 4.310 menunjukkan untuk jumlah mata keseluruhan, 10% dari nilai jatuh di bawah mata 1.0000 dan 90% dari nilai adalah lebih tinggi dari mata 1.0000. 20% nilai adalah di bawah 1.0000 mata dan 80% adalah mempunyai mata lebih tinggi.

Jadual 4.311: *Percentile*

		Saya menggunakan Linux versi Intel semasa menggunakan internet
Percentile	10	1.0000
	20	1.0000
	30	1.0000
	40	1.0000
	50	1.0000
	60	1.0000
	70	3.0000
	80	4.0000
	90	4.0000

Jadual 4.311 menunjukkan untuk jumlah mata keseluruhan, 10% dari nilai jatuh di bawah mata 1.0000 dan 90% dari nilai adalah lebih tinggi dari mata 1.0000. 20% nilai adalah di bawah 1.0000 mata dan 80% adalah mempunyai mata lebih tinggi.

Jadual 4.312: *Percentile*

		Saya menggunakan Linux versi PowerPC semasa menggunakan internet
Percentile	10	1.0000
	20	1.0000
	30	1.0000
	40	1.0000
	50	1.0000
	60	1.0000
	70	3.0000
	80	3.0000
	90	4.0000

Jadual 4.312 menunjukkan untuk jumlah mata keseluruhan, 10% dari nilai jatuh di bawah mata 1.0000 dan 90% dari nilai adalah lebih tinggi dari mata 1.0000. 20% nilai adalah di bawah 1.0000 mata dan 80% adalah mempunyai mata lebih tinggi.

Jadual 4.313: *Percentile*

		Saya menggunakan Linux versi Sparc semasa menggunakan internet
Percentile	10	1.0000
	20	1.0000
	30	1.0000
	40	1.0000
	50	1.0000
	60	1.0000
	70	2.0000
	80	3.0000
	90	3.0000

233

Jadual 4.313 menunjukkan untuk jumlah mata keseluruhan, 10% dari nilai jatuh di bawah mata

1.0000 dan 90% dari nilai adalah lebih tinggi dari mata 1.0000. 20% nilai adalah di bawah 1.0000 mata

dan 80% adalah mempunyai mata lebih tinggi.

Jadual 4.314: *Percentile*

		Saya menggunakan Linux versi Alpha semasa menggunakan internet
Percentile	10	1.0000
	20	1.0000
	30	1.0000
	40	1.0000
	50	1.0000
	60	1.0000
	70	2.0000
	80	3.0000
	90	3.0000

Jadual 4.314 menunjukkan untuk jumlah mata keseluruhan, 10% dari nilai jatuh di bawah mata

1.0000 dan 90% dari nilai adalah lebih tinggi dari mata 1.0000. 20% nilai adalah di bawah 1.0000 mata

dan 80% adalah mempunyai mata lebih tinggi.

Jadual 4.315: *Percentile*

		Saya menggunakan Solaris sistem operasi SunOS semasa menggunakan internet
Percentile	10	1.0000
	20	1.0000
	30	1.0000
	40	1.0000
	50	1.0000
	60	1.0000
	70	3.0000
	80	3.0000
	90	3.9000

Jadual 4.315 menunjukkan untuk jumlah mata keseluruhan, 10% dari nilai jatuh di bawah mata

1.0000 dan 90% dari nilai adalah lebih tinggi dari mata 1.0000. 20% nilai adalah di bawah 1.0000 mata

dan 80% adalah mempunyai mata lebih tinggi.

Jadual 4.316: *Percentile*

		Saya menggunakan Solaris sistem tetingkap (seperti OpenWindows atau CDE) semasa menggunakan internet
Percentile	10	1.0000
	20	1.0000
	30	1.0000
	40	1.0000
	50	1.0000
	60	1.6000
	70	3.0000
	80	4.0000
	90	4.0000

Jadual 4.316 menunjukkan untuk jumlah mata keseluruhan, 10% dari nilai jatuh di bawah mata 1.0000 dan 90% dari nilai adalah lebih tinggi dari mata 1.0000. 20% nilai adalah di bawah 1.0000 mata dan 80% adalah mempunyai mata lebih tinggi.

Jadual 4.317: *Percentile*

		Saya menggunakan alat pengurusan fail WinMerge semasa menggunakan internet
Percentile	10	1.0000
	20	1.0000
	30	1.0000
	40	1.0000
	50	1.0000
	60	1.0000
	70	2.7000
	80	3.0000
	90	4.0000

Jadual 4.317 menunjukkan untuk jumlah mata keseluruhan, 10% dari nilai jatuh di bawah mata 1.0000 dan 90% dari nilai adalah lebih tinggi dari mata 1.0000. 20% nilai adalah di bawah 1.0000 mata dan 80% adalah mempunyai mata lebih tinggi.

Jadual 4.318: *Percentile*

		Saya menggunakan alat pengurusan fail WinDiff semasa menggunakan internet
Percentile	10	1.0000
	20	1.0000
	30	1.0000
	40	1.0000
	50	1.0000
	60	1.0000
	70	3.0000
	80	3.0000
	90	3.9000

Jadual 4.318 menunjukkan untuk jumlah mata keseluruhan, 10% dari nilai jatuh di bawah mata 1.0000 dan 90% dari nilai adalah lebih tinggi dari mata 1.0000. 20% nilai adalah di bawah 1.0000 mata dan 80% adalah mempunyai mata lebih tinggi.

Jadual 4.319: *Percentile*

		Saya menggunakan alat pengurusan fail TreeSize Free semasa menggunakan internet
Percentile	10	1.0000
	20	1.0000
	30	1.0000
	40	1.0000
	50	1.0000
	60	1.0000
	70	3.0000
	80	3.0000
	90	4.0000

Jadual 4.319 menunjukkan untuk jumlah mata keseluruhan, 10% dari nilai jatuh di bawah mata 1.0000 dan 90% dari nilai adalah lebih tinggi dari mata 1.0000. 20% nilai adalah di bawah 1.0000 mata dan 80% adalah mempunyai mata lebih tinggi.

Jadual 4.320: *Percentile*

		Saya menggunakan alat pengurusan fail 7-Zip semasa menggunakan internet
Percentile	10	1.0000
	20	1.0000
	30	1.0000
	40	1.0000
	50	1.0000
	60	2.0000
	70	3.0000
	80	4.0000
	90	4.0000

Jadual 4.320 menunjukkan untuk jumlah mata keseluruhan, 10% dari nilai jatuh di bawah mata 1.0000 dan 90% dari nilai adalah lebih tinggi dari mata 1.0000. 20% nilai adalah di bawah 1.0000 mata dan 80% adalah mempunyai mata lebih tinggi.

Jadual 4.321: *Percentile*

		Saya menggunakan alat pengurusan fail SyncToy semasa menggunakan internet
Percentile	10	1.0000
	20	1.0000
	30	1.0000
	40	1.0000
	50	1.0000
	60	1.0000
	70	3.0000
	80	3.0000
	90	3.9000

Jadual 4.321 menunjukkan untuk jumlah mata keseluruhan, 10% dari nilai jatuh di bawah mata 1.0000 dan 90% dari nilai adalah lebih tinggi dari mata 1.0000. 20% nilai adalah di bawah 1.0000 mata dan 80% adalah mempunyai mata lebih tinggi.

Jadual 4.322: *Percentile*

		Saya menggunakan alat pengurusan fail DoubleKiller semasa menggunakan internet
Percentile	10	1.0000
	20	1.0000
	30	1.0000
	40	1.0000
	50	1.0000
	60	1.6000
	70	3.0000
	80	3.0000
	90	3.0000

Jadual 4.322 menunjukkan untuk jumlah mata keseluruhan, 10% dari nilai jatuh di bawah mata 1.0000 dan 90% dari nilai adalah lebih tinggi dari mata 1.0000. 20% nilai adalah di bawah 1.0000 mata dan 80% adalah mempunyai mata lebih tinggi.

Jadual 4.323: *Percentile*

		Saya menggunakan Debuggers Allinea DDT semasa menggunakan internet
Percentile	10	1.0000
	20	1.0000
	30	1.0000
	40	1.0000
	50	1.0000
	60	1.0000
	70	2.0000
	80	3.0000
	90	3.0000

Jadual 4.323 menunjukkan untuk jumlah mata keseluruhan, 10% dari nilai jatuh di bawah mata 1.0000 dan 90% dari nilai adalah lebih tinggi dari mata 1.0000. 20% nilai adalah di bawah 1.0000 mata dan 80% adalah mempunyai mata lebih tinggi.

Jadual 4.324: *Percentile*

		Saya menggunakan GNU Debuggers (GDB) semasa menggunakan internet
Percentile	10	1.0000
	20	1.0000
	30	1.0000
	40	1.0000
	50	1.0000
	60	1.0000
	70	2.0000
	80	3.0000
	90	3.0000

Jadual 4.324 menunjukkan untuk jumlah mata keseluruhan, 10% dari nilai jatuh di bawah mata 1.0000 dan 90% dari nilai adalah lebih tinggi dari mata 1.0000. 20% nilai adalah di bawah 1.0000 mata dan 80% adalah mempunyai mata lebih tinggi.

Jadual 4.325: *Percentile*

		Saya menggunakan Intel Debugger semasa menggunakan internet
Percentile	10	1.0000
	20	1.0000
	30	1.0000
	40	1.0000
	50	1.0000
	60	1.0000
	70	2.7000
	80	3.0000
	90	4.0000

Jadual 4.325 menunjukkan untuk jumlah mata keseluruhan, 10% dari nilai jatuh di bawah mata 1.0000 dan 90% dari nilai adalah lebih tinggi dari mata 1.0000. 20% nilai adalah di bawah 1.0000 mata dan 80% adalah mempunyai mata lebih tinggi.

Jadual 4.326: *Percentile*

		Saya menggunakan LLDB debugger semasa menggunakan internet
Percentile	10	1.0000
	20	1.0000
	30	1.0000
	40	1.0000
	50	1.0000
	60	1.0000
	70	2.0000
	80	3.0000
	90	3.0000

Jadual 4.326 menunjukkan untuk jumlah mata keseluruhan, 10% dari nilai jatuh di bawah mata 1.0000 dan 90% dari nilai adalah lebih tinggi dari mata 1.0000. 20% nilai adalah di bawah 1.0000 mata dan 80% adalah mempunyai mata lebih tinggi.

Jadual 4.327: *Percentile*

		Saya menggunakan Microsoft Visual Studio Debugger semasa menggunakan internet
Percentile	10	1.0000
	20	1.0000
	30	1.0000
	40	1.0000
	50	1.0000
	60	1.0000
	70	3.0000
	80	3.0000
	90	4.0000

Jadual 4.327 menunjukkan untuk jumlah mata keseluruhan, 10% dari nilai jatuh di bawah mata 1.0000 dan 90% dari nilai adalah lebih tinggi dari mata 1.0000. 20% nilai adalah di bawah 1.0000 mata dan 80% adalah mempunyai mata lebih tinggi.

Jadual 4.328: *Percentile*

		Saya menggunakan debugger Valgrind semasa menggunakan internet
Percentile	10	1.0000
	20	1.0000
	30	1.0000
	40	1.0000
	50	1.0000
	60	1.0000
	70	1.0000
	80	2.8000
	90	3.0000

Jadual 4.328 menunjukkan untuk jumlah mata keseluruhan, 10% dari nilai jatuh di bawah mata 1.0000 dan 90% dari nilai adalah lebih tinggi dari mata 1.0000. 20% nilai adalah di bawah 1.0000 mata dan 80% adalah mempunyai mata lebih tinggi.

Jadual 4.329: *Percentile*

		Saya menggunakan debugger WinDbg semasa menggunakan internet
Percentile	10	1.0000
	20	1.0000
	30	1.0000
	40	1.0000
	50	1.0000
	60	1.0000
	70	1.0000
	80	3.0000
	90	3.0000

Jadual 4.329 menunjukkan untuk jumlah mata keseluruhan, 10% dari nilai jatuh di bawah mata 1.0000 dan 90% dari nilai adalah lebih tinggi dari mata 1.0000. 20% nilai adalah di bawah 1.0000 mata dan 80% adalah mempunyai mata lebih tinggi.

Jadual 4.330: *Percentile*

		Saya menggunakan program-program muatan GNU *grand unified bootloader* semasa menggunakan internet
Percentile	10	1.0000
	20	1.0000
	30	1.0000
	40	1.0000
	50	1.0000
	60	1.0000
	70	1.7000
	80	3.0000
	90	3.0000

Jadual 4.330 menunjukkan untuk jumlah mata keseluruhan, 10% dari nilai jatuh di bawah mata 1.0000 dan 90% dari nilai adalah lebih tinggi dari mata 1.0000. 20% nilai adalah di bawah 1.0000 mata dan 80% adalah mempunyai mata lebih tinggi.

Jadual 4.331: *Percentile*

		Saya menggunakan program-program muatan NT *loader* (NTLDR) semasa menggunakan internet
Percentile	10	1.0000
	20	1.0000
	30	1.0000
	40	1.0000
	50	1.0000
	60	1.0000
	70	2.0000
	80	3.0000
	90	3.0000

Jadual 4.331 menunjukkan untuk jumlah mata keseluruhan, 10% dari nilai jatuh di bawah mata 1.0000 dan 90% dari nilai adalah lebih tinggi dari mata 1.0000. 20% nilai adalah di bawah 1.0000 mata dan 80% adalah mempunyai mata lebih tinggi.

Jadual 4.332: *Percentile*

		Saya menggunakan program-program muatan Linux *loader* (LILO) semasa menggunakan internet
Percentile	10	1.0000
	20	1.0000
	30	1.0000
	40	1.0000
	50	1.0000
	60	1.0000
	70	2.0000
	80	3.0000
	90	3.0000

Jadual 4.332 menunjukkan untuk jumlah mata keseluruhan, 10% dari nilai jatuh di bawah mata 1.0000 dan 90% dari nilai adalah lebih tinggi dari mata 1.0000. 20% nilai adalah di bawah 1.0000 mata dan 80% adalah mempunyai mata lebih tinggi.

Jadual 4.333: *Percentile*

		Saya menggunakan program-program muatan *Network interface controller* (NIC) semasa menggunakan internet
Percentile	10	1.0000
	20	1.0000
	30	1.0000
	40	1.0000
	50	1.0000
	60	1.0000
	70	3.0000
	80	4.0000
	90	4.0000

Jadual 4.333 menunjukkan untuk jumlah mata keseluruhan, 10% dari nilai jatuh di bawah mata

1.0000 dan 90% dari nilai adalah lebih tinggi dari mata 1.0000. 20% nilai adalah di bawah 1.0000 mata

dan 80% adalah mempunyai mata lebih tinggi.

Jadual 4.334: *Percentile*

		Saya menggunakan pemacu peranti sistem operasi *Windows* semasa menggunakan internet
Percentile	10	1.0000
	20	1.0000
	30	1.0000
	40	1.0000
	50	2.0000
	60	3.0000
	70	4.0000
	80	4.0000
	90	4.0000

Jadual 4.334 menunjukkan untuk jumlah mata keseluruhan, 10% dari nilai jatuh di bawah mata

1.0000 dan 90% dari nilai adalah lebih tinggi dari mata 1.0000. 20% nilai adalah di bawah 1.0000 mata

dan 80% adalah mempunyai mata lebih tinggi.

Jadual 4.335: *Percentile*

		Saya menggunakan pemacu peranti maya semasa menggunakan internet
Percentile	10	1.0000
	20	1.0000
	30	1.0000
	40	1.0000
	50	2.0000
	60	3.0000
	70	4.0000
	80	4.0000
	90	4.0000

Jadual 4.335 menunjukkan untuk jumlah mata keseluruhan, 10% dari nilai jatuh di bawah mata

1.0000 dan 90% dari nilai adalah lebih tinggi dari mata 1.0000. 20% nilai adalah di bawah 1.0000 mata

dan 80% adalah mempunyai mata lebih tinggi.

242

Jadual 4.336: *Percentile*

		Saya menggunakan alat pengaturcaraan liputan kod semasa menggunakan internet
Percentile	10	1.0000
	20	1.0000
	30	1.0000
	40	1.0000
	50	1.0000
	60	2.0000
	70	3.0000
	80	3.8000
	90	4.0000

Jadual 4.336 menunjukkan untuk jumlah mata keseluruhan, 10% dari nilai jatuh di bawah mata 1.0000 dan 90% dari nilai adalah lebih tinggi dari mata 1.0000. 20% nilai adalah di bawah 1.0000 mata dan 80% adalah mempunyai mata lebih tinggi.

Jadual 4.337: *Percentile*

		Saya menggunakan alat pengaturcaraan *Dissassembler* semasa menggunakan internet
Percentile	10	1.0000
	20	1.0000
	30	1.0000
	40	1.0000
	50	1.0000
	60	1.0000
	70	2.0000
	80	3.0000
	90	4.0000

Jadual 4.337 menunjukkan untuk jumlah mata keseluruhan, 10% dari nilai jatuh di bawah mata 1.0000 dan 90% dari nilai adalah lebih tinggi dari mata 1.0000. 20% nilai adalah di bawah 1.0000 mata dan 80% adalah mempunyai mata lebih tinggi.

Jadual 4.338: *Percentile*

		Saya menggunakan alat pengaturcaraan pengeluar dokumentasi semasa menggunakan internet
Percentile	10	1.0000
	20	1.0000
	30	1.0000
	40	1.0000
	50	1.0000
	60	2.0000
	70	3.0000
	80	4.0000
	90	4.0000

Jadual 4.338 menunjukkan untuk jumlah mata keseluruhan, 10% dari nilai jatuh di bawah mata 1.0000 dan 90% dari nilai adalah lebih tinggi dari mata 1.0000. 20% nilai adalah di bawah 1.0000 mata dan 80% adalah mempunyai mata lebih tinggi.

Jadual 4.339: *Percentile*

		Saya menggunakan *Linkers* Id (Unix) semasa menggunakan internet
Percentile	10	1.0000
	20	1.0000
	30	1.0000
	40	1.0000
	50	1.0000
	60	1.0000
	70	1.0000
	80	3.0000
	90	3.0000

Jadual 4.340 menunjukkan untuk jumlah mata keseluruhan, 10% dari nilai jatuh di bawah mata 1.0000 dan 90% dari nilai adalah lebih tinggi dari mata 1.0000. 20% nilai adalah di bawah 1.0000 mata dan 80% adalah mempunyai mata lebih tinggi.

Jadual 4.340: *Percentile*

		Saya menggunakan *Linkers* Pemaut GNU semasa menggunakan internet
Percentile	10	1.0000
	20	1.0000
	30	1.0000
	40	1.0000
	50	1.0000
	60	1.0000
	70	1.0000
	80	2.0000
	90	3.0000

Jadual 4.340 menunjukkan untuk jumlah mata keseluruhan, 10% dari nilai jatuh di bawah mata 1.0000 dan 90% dari nilai adalah lebih tinggi dari mata 1.0000. 20% nilai adalah di bawah 1.0000 mata dan 80% adalah mempunyai mata lebih tinggi.

Jadual 4.341: *Percentile*

		Saya menggunakan *Linkers* Pemaut dinamik semasa menggunakan internet
Percentile	10	1.0000
	20	1.0000
	30	1.0000
	40	1.0000
	50	1.0000
	60	1.0000
	70	1.0000
	80	2.0000
	90	3.0000

Jadual 4.341 menunjukkan untuk jumlah mata keseluruhan, 10% dari nilai jatuh di bawah mata 1.0000 dan 90% dari nilai adalah lebih tinggi dari mata 1.0000. 20% nilai adalah di bawah 1.0000 mata dan 80% adalah mempunyai mata lebih tinggi.

Jadual 4.342: *Percentile*

		Saya menggunakan penterjemah-penterjemah bahasa jenis pentafsir/jurubahasa semasa menggunakan internet
Percentile	10	1.0000
	20	2.0000
	30	3.0000
	40	3.4000
	50	4.0000
	60	4.0000
	70	4.0000
	80	4.0000
	90	5.0000

Jadual 4.342 menunjukkan untuk jumlah mata keseluruhan, 10% dari nilai jatuh di bawah mata 1.0000 dan 90% dari nilai adalah lebih tinggi dari mata 1.0000. 20% nilai adalah di bawah 2.0000 mata dan 80% adalah mempunyai mata lebih tinggi.

Jadual 4.343: *Percentile*

		Saya menggunakan penterjemah-penterjemah bahasa penyusun (*compilers*) semasa menggunakan internet
Percentile	10	1.0000
	20	1.0000
	30	1.0000
	40	3.0000
	50	3.0000
	60	4.0000
	70	4.0000
	80	4.0000
	90	5.0000

Jadual 4.343 menunjukkan untuk jumlah mata keseluruhan, 10% dari nilai jatuh di bawah mata 1.0000 dan 90% dari nilai adalah lebih tinggi dari mata 1.0000. 20% nilai adalah di bawah 1.0000 mata dan 80% adalah mempunyai mata lebih tinggi.

Jadual 4.344: *Percentile*

		Saya menggunakan penterjemah-penterjemah bahasa pemasang (*assemblers*) semasa menggunakan internet
Percentile	10	1.0000
	20	1.0000
	30	1.0000
	40	1.4000
	50	3.0000
	60	3.0000
	70	4.0000
	80	4.0000
	90	4.0000

Jadual 4.344 menunjukkan untuk jumlah mata keseluruhan, 10% dari nilai jatuh di bawah mata 1.0000 dan 90% dari nilai adalah lebih tinggi dari mata 1.0000. 20% nilai adalah di bawah 1.0000 mata dan 80% adalah mempunyai mata lebih tinggi.

Jadual 4.345: *Percentile*

		Saya menggunakan pentafsir/jurubahasa jenis BASIC semasa menggunakan internet
Percentile	10	1.0000
	20	1.0000
	30	1.0000
	40	1.4000
	50	3.0000
	60	3.0000
	70	4.0000
	80	4.0000
	90	4.0000

Jadual 4.345 menunjukkan untuk jumlah mata keseluruhan, 10% dari nilai jatuh di bawah mata 1.0000 dan 90% dari nilai adalah lebih tinggi dari mata 1.0000. 20% nilai adalah di bawah 1.0000 mata dan 80% adalah mempunyai mata lebih tinggi.

Jadual 4.346: *Percentile*

		Saya menggunakan pentafsir/jurubahasa jenis LISP semasa menggunakan internet
Percentile	10	1.0000
	20	1.0000
	30	1.0000
	40	1.0000
	50	1.0000
	60	2.0000
	70	3.0000
	80	3.0000
	90	4.0000

Jadual 4.346 menunjukkan untuk jumlah mata keseluruhan, 10% dari nilai jatuh di bawah mata 1.0000 dan 90% dari nilai adalah lebih tinggi dari mata 1.0000. 20% nilai adalah di bawah 1.0000 mata dan 80% adalah mempunyai mata lebih tinggi.

Jadual 4.347: *Percentile*

		Saya menggunakan penyusun jenis FORTRAN semasa menggunakan internet
Percentile	10	1.0000
	20	1.0000
	30	1.0000
	40	1.0000
	50	1.0000
	60	1.0000
	70	2.7000
	80	3.0000
	90	3.9000

Jadual 4.347 menunjukkan untuk jumlah mata keseluruhan, 10% dari nilai jatuh di bawah mata 1.0000 dan 90% dari nilai adalah lebih tinggi dari mata 1.0000. 20% nilai adalah di bawah 1.0000 mata dan 80% adalah mempunyai mata lebih tinggi.

Jadual 4.348: *Percentile*

		Saya menggunakan penyusun jenis Cfront semasa menggunakan internet
Percentile	10	1.0000
	20	1.0000
	30	1.0000
	40	1.0000
	50	1.0000
	60	1.0000
	70	2.0000
	80	3.0000
	90	3.0000

Jadual 4.348 menunjukkan untuk jumlah mata keseluruhan, 10% dari nilai jatuh di bawah mata 1.0000 dan 90% dari nilai adalah lebih tinggi dari mata 1.0000. 20% nilai adalah di bawah 1.0000 mata dan 80% adalah mempunyai mata lebih tinggi.

Jadual 4.349: *Percentile*

		Saya menggunakan pemasang jenis SPARC semasa menggunakan internet
Percentile	10	1.0000
	20	1.0000
	30	1.0000
	40	1.0000
	50	1.0000
	60	1.0000
	70	2.0000
	80	3.0000
	90	3.9000

Jadual 4.349 menunjukkan untuk jumlah mata keseluruhan, 10% dari nilai jatuh di bawah mata 1.0000 dan 90% dari nilai adalah lebih tinggi dari mata 1.0000. 20% nilai adalah di bawah 1.0000 mata dan 80% adalah mempunyai mata lebih tinggi.

Jadual 4.350: *Percentile*

		Saya menggunakan pemasang jenis POWER semasa menggunakan internet
Percentile	10	1.0000
	20	1.0000
	30	1.0000
	40	1.0000
	50	1.0000
	60	2.0000
	70	3.0000
	80	4.0000
	90	4.0000

Jadual 4.350 menunjukkan untuk jumlah mata keseluruhan, 10% dari nilai jatuh di bawah mata 1.0000 dan 90% dari nilai adalah lebih tinggi dari mata 1.0000. 20% nilai adalah di bawah 1.0000 mata dan 80% adalah mempunyai mata lebih tinggi.

Jadual 4.351: *Percentile*

		Saya menggunakan pemasang jenis x86 semasa menggunakan internet
Percentile	10	1.0000
	20	1.0000
	30	1.0000
	40	1.0000
	50	1.0000
	60	1.0000
	70	2.0000
	80	3.0000
	90	4.0000

Jadual 4.351 menunjukkan untuk jumlah mata keseluruhan, 10% dari nilai jatuh di bawah mata 1.0000 dan 90% dari nilai adalah lebih tinggi dari mata 1.0000. 20% nilai adalah di bawah 1.0000 mata dan 80% adalah mempunyai mata lebih tinggi.

Jadual 4.352: *Percentile*

		Saya menggunakan pemasang jenis x86-64 semasa menggunakan internet
Percentile	10	1.0000
	20	1.0000
	30	1.0000
	40	1.0000
	50	1.0000
	60	1.0000
	70	2.0000
	80	3.0000
	90	4.0000

Jadual 4.352 menunjukkan untuk jumlah mata keseluruhan, 10% dari nilai jatuh di bawah mata 1.0000 dan 90% dari nilai adalah lebih tinggi dari mata 1.0000. 20% nilai adalah di bawah 1.0000 mata dan 80% adalah mempunyai mata lebih tinggi.

Jadual 4.353: *Percentile*

		Saya menggunakan perisian pengurusan data semasa menggunakan internet
Percentile	10	1.0000
	20	1.0000
	30	1.0000
	40	2.0000
	50	3.0000
	60	4.0000
	70	4.0000
	80	4.0000
	90	4.0000

Jadual 4.353 menunjukkan untuk jumlah mata keseluruhan, 10% dari nilai jatuh di bawah mata 1.0000 dan 90% dari nilai adalah lebih tinggi dari mata 1.0000. 20% nilai adalah di bawah 1.0000 mata dan 80% adalah mempunyai mata lebih tinggi.

Jadual 4.354: *Percentile*

		Saya menggunakan *line editors* semasa menggunakan internet
Percentile	10	1.0000
	20	1.0000
	30	1.0000
	40	1.0000
	50	1.5000
	60	3.0000
	70	3.0000
	80	4.0000
	90	4.0000

Jadual 4.354 menunjukkan untuk jumlah mata keseluruhan, 10% dari nilai jatuh di bawah mata 1.0000 dan 90% dari nilai adalah lebih tinggi dari mata 1.0000. 20% nilai adalah di bawah 1.0000 mata dan 80% adalah mempunyai mata lebih tinggi.

Jadual 4.355: *Percentile*

		Saya menggunakan editor berorientasikan –skrin semasa menggunakan internet
Percentile	10	1.0000
	20	1.0000
	30	1.0000
	40	1.0000
	50	1.0000
	60	3.0000
	70	3.7000
	80	4.0000
	90	4.0000

Jadual 4.355 menunjukkan untuk jumlah mata keseluruhan, 10% dari nilai jatuh di bawah mata 1.0000 dan 90% dari nilai adalah lebih tinggi dari mata 1.0000. 20% nilai adalah di bawah 1.0000 mata dan 80% adalah mempunyai mata lebih tinggi.

Jadual 4.356: *Percentile*

		Saya menggunakan perisian utiliti jenis cakera semasa menggunakan internet
Percentile	10	1.0000
	20	1.0000
	30	1.0000
	40	1.0000
	50	1.0000
	60	3.0000
	70	3.0000
	80	4.0000
	90	4.0000

Jadual 4.356 menunjukkan untuk jumlah mata keseluruhan, 10% dari nilai jatuh di bawah mata 1.0000 dan 90% dari nilai adalah lebih tinggi dari mata 1.0000. 20% nilai adalah di bawah 1.0000 mata dan 80% adalah mempunyai mata lebih tinggi.

Jadual 4.357: *Percentile*

		Saya menggunakan perisian utiliti jenis fail dan direktori semasa menggunakan internet
Percentile	10	1.0000
	20	1.0000
	30	1.0000
	40	1.0000
	50	3.0000
	60	3.6000
	70	4.0000
	80	4.0000
	90	4.0000

Jadual 4.357 menunjukkan untuk jumlah mata keseluruhan, 10% dari nilai jatuh di bawah mata 1.0000 dan 90% dari nilai adalah lebih tinggi dari mata 1.0000. 20% nilai adalah di bawah 1.0000 mata dan 80% adalah mempunyai mata lebih tinggi.

Jadual 4.358: *Percentile*

		Saya menggunakan perisian utiliti jenis keselamatan semasa menggunakan internet
Percentile	10	1.0000
	20	1.0000
	30	1.0000
	40	2.0000
	50	3.0000
	60	4.0000
	70	4.0000
	80	4.0000
	90	4.0000

Jadual 4.358 menunjukkan untuk jumlah mata keseluruhan, 10% dari nilai jatuh di bawah mata 1.0000 dan 90% dari nilai adalah lebih tinggi dari mata 1.0000. 20% nilai adalah di bawah 1.0000 mata dan 80% adalah mempunyai mata lebih tinggi.

Jadual 4.359: *Percentile*

		Saya menggunakan perisian utiliti jenis editor untuk format kegunaan umum semasa menggunakan internet
Percentile	10	1.0000
	20	1.0000
	30	1.0000
	40	1.0000
	50	2.0000
	60	3.0000
	70	4.0000
	80	4.0000
	90	4.0000

Jadual 4.359 menunjukkan untuk jumlah mata keseluruhan, 10% dari nilai jatuh di bawah mata 1.0000 dan 90% dari nilai adalah lebih tinggi dari mata 1.0000. 20% nilai adalah di bawah 1.0000 mata dan 80% adalah mempunyai mata lebih tinggi.

Jadual 4.360: *Percentile*

		Saya menggunakan perisian utiliti jenis komunikasi semasa menggunakan internet
Percentile	10	1.0000
	20	1.0000
	30	1.0000
	40	1.0000
	50	2.0000
	60	3.0000
	70	4.0000
	80	4.0000
	90	4.0000

Jadual 4.360 menunjukkan untuk jumlah mata keseluruhan, 10% dari nilai jatuh di bawah mata 1.0000 dan 90% dari nilai adalah lebih tinggi dari mata 1.0000. 20% nilai adalah di bawah 1.0000 mata dan 80% adalah mempunyai mata lebih tinggi.

Jadual 4.361: *Percentile*

		Saya menggunakan perisian utiliti jenis pembangunan perisian semasa menggunakan internet
Percentile	10	1.0000
	20	1.0000
	30	1.0000
	40	1.0000
	50	1.0000
	60	1.6000
	70	3.0000
	80	4.0000
	90	4.0000

Jadual 4.361 menunjukkan untuk jumlah mata keseluruhan, 10% dari nilai jatuh di bawah mata 1.0000 dan 90% dari nilai adalah lebih tinggi dari mata 1.0000. 20% nilai adalah di bawah 1.0000 mata dan 80% adalah mempunyai mata lebih tinggi.

Jadual 4.362: *Percentile*

		Saya menggunakan perisian utiliti jenis pembangunan perkakasan semasa menggunakan internet
Percentile	10	1.0000
	20	1.0000
	30	1.0000
	40	1.0000
	50	1.0000
	60	2.0000
	70	3.0000
	80	4.0000
	90	4.0000

Jadual 4.362 menunjukkan untuk jumlah mata keseluruhan, 10% dari nilai jatuh di bawah mata 1.0000 dan 90% dari nilai adalah lebih tinggi dari mata 1.0000. 20% nilai adalah di bawah 1.0000 mata dan 80% adalah mempunyai mata lebih tinggi.

Jadual 4.363: *Percentile*

		Saya menggunakan perisian Aplikasi Tujuan Am jenis MS Office semasa menggunakan internet.
Percentile	10	1.0000
	20	1.0000
	30	1.0000
	40	1.0000
	50	2.0000
	60	3.0000
	70	3.0000
	80	4.0000
	90	4.9000

Jadual 4.363 menunjukkan untuk jumlah mata keseluruhan, 10% dari nilai jatuh di bawah mata

1.0000 dan 90% dari nilai adalah lebih tinggi dari mata 1.0000. 20% nilai adalah di bawah 1.0000 mata

dan 80% adalah mempunyai mata lebih tinggi.

Jadual 4.364: *Percentile*

		Saya menggunakan perisian Aplikasi Tujuan Am jenis Coral Draw semasa menggunakan internet
Percentile	10	1.0000
	20	1.0000
	30	1.0000
	40	1.0000
	50	1.0000
	60	2.6000
	70	3.0000
	80	3.0000
	90	4.0000

Jadual 4.364 menunjukkan untuk jumlah mata keseluruhan, 10% dari nilai jatuh di bawah mata

1.0000 dan 90% dari nilai adalah lebih tinggi dari mata 1.0000. 20% nilai adalah di bawah 1.0000 mata

dan 80% adalah mempunyai mata lebih tinggi.

Jadual 4.365: *Percentile*

		Saya menggunakan perisian Aplikasi Tujuan Am jenis Page Maker semasa menggunakan internet
Percentile	10	1.0000
	20	1.0000
	30	1.0000
	40	1.0000
	50	1.0000
	60	2.0000
	70	3.0000
	80	3.0000
	90	4.0000

Jadual 4.365 menunjukkan untuk jumlah mata keseluruhan, 10% dari nilai jatuh di bawah mata

1.0000 dan 90% dari nilai adalah lebih tinggi dari mata 1.0000. 20% nilai adalah di bawah 1.0000 mata

dan 80% adalah mempunyai mata lebih tinggi.

Jadual 4.366: *Percentile*

		Saya menggukan perisian Aplikasi Tujuan Am jenis Adobe Photo Shop semasa menggunakan internet
Percentile	10	1.0000
	20	1.0000
	30	1.0000
	40	1.0000
	50	1.0000
	60	3.0000
	70	3.7000
	80	4.0000
	90	4.0000

Jadual 4.366 menunjukkan untuk jumlah mata keseluruhan, 10% dari nilai jatuh di bawah mata 1.0000 dan 90% dari nilai adalah lebih tinggi dari mata 1.0000. 20% nilai adalah di bawah 1.0000 mata dan 80% adalah mempunyai mata lebih tinggi.

Jadual 4.367: *Percentile*

		Saya menggunakan perisian Aplikasi Tujuan Khusus jenis TurboTax v
Percentile	10	1.0000
	20	1.0000
	30	1.0000
	40	1.0000
	50	1.0000
	60	1.0000
	70	2.0000
	80	3.0000
	90	3.0000

Jadual 4.367 menunjukkan untuk jumlah mata keseluruhan, 10% dari nilai jatuh di bawah mata 1.0000 dan 90% dari nilai adalah lebih tinggi dari mata 1.0000. 20% nilai adalah di bawah 1.0000 mata dan 80% adalah mempunyai mata lebih tinggi.

Jadual 4.368: *Percentile*

		Saya menggunakan Blu-Ray jenis BonusView dan BD_Line semasa menggunakan internet
Percentile	10	1.0000
	20	1.0000
	30	1.0000
	40	1.0000
	50	1.0000
	60	2.0000
	70	3.0000
	80	3.0000
	90	4.0000

Jadual 4.368 menunjukkan untuk jumlah mata keseluruhan, 10% dari nilai jatuh di bawah mata 1.0000 dan 90% dari nilai adalah lebih tinggi dari mata 1.0000. 20% nilai adalah di bawah 1.0000 mata dan 80% adalah mempunyai mata lebih tinggi.

Jadual 4.369: *Percentile*

		Saya menggunakan Blu-Ray jenis ROM, R dan Format RE semasa menggunakan internet
Percentile	10	1.0000
	20	1.0000
	30	1.0000
	40	1.0000
	50	1.5000
	60	3.0000
	70	3.7000
	80	4.0000
	90	4.0000

Jadual 4.369 menunjukkan untuk jumlah mata keseluruhan, 10% dari nilai jatuh di bawah mata 1.0000 dan 90% dari nilai adalah lebih tinggi dari mata 1.0000. 20% nilai adalah di bawah 1.0000 mata dan 80% adalah mempunyai mata lebih tinggi.

Jadual 4.370: *Percentile*

		Saya menggunakan Blu-Ray jenis BDXL semasa menggunakan internet
Percentile	10	1.0000
	20	1.0000
	30	1.0000
	40	1.0000
	50	1.0000
	60	1.0000
	70	2.0000
	80	3.0000
	90	4.0000

Jadual 4.370 menunjukkan untuk jumlah mata keseluruhan, 10% dari nilai jatuh di bawah mata 1.0000 dan 90% dari nilai adalah lebih tinggi dari mata 1.0000. 20% nilai adalah di bawah 1.0000 mata dan 80% adalah mempunyai mata lebih tinggi.

Jadual 4.371: *Percentile*

		Saya menggunakan CD-ROM semasa menggunakan internet
Percentile	10	1.0000
	20	1.0000
	30	2.0000
	40	3.0000
	50	4.0000
	60	4.0000
	70	4.0000
	80	4.0000
	90	5.0000

Jadual 4.371 menunjukkan untuk jumlah mata keseluruhan, 10% dari nilai jatuh di bawah mata 1.0000 dan 90% dari nilai adalah lebih tinggi dari mata 1.0000. 20% nilai adalah di bawah 1.0000 mata dan 80% adalah mempunyai mata lebih tinggi.

Jadual 4.372: *Percentile*

		Saya menggunakan DVD semasa menggunakan internet
Percentile	10	1.0000
	20	2.0000
	30	3.0000
	40	3.0000
	50	4.0000
	60	4.0000
	70	4.0000
	80	4.0000
	90	5.0000

Jadual 4.372 menunjukkan untuk jumlah mata keseluruhan, 10% dari nilai jatuh di bawah mata 1.0000 dan 90% dari nilai adalah lebih tinggi dari mata 1.0000. 20% nilai adalah di bawah 2.0000 mata dan 80% adalah mempunyai mata lebih tinggi.

Jadual 4.373: *Percentile*

		Saya menggunakan CPU semasa menggunakan internet
Percentile	10	1.0000
	20	4.0000
	30	4.0000
	40	4.0000
	50	4.0000
	60	4.0000
	70	4.0000
	80	5.0000
	90	5.0000

Jadual 4.373 menunjukkan untuk jumlah mata keseluruhan, 10% dari nilai jatuh di bawah mata 1.0000 dan 90% dari nilai adalah lebih tinggi dari mata 1.0000. 20% nilai adalah di bawah 4.0000 mata dan 80% adalah mempunyai mata lebih tinggi.

Jadual 4.374: *Percentile*

		Saya menggunakan *hard drive* semasa menggunakan internet
Percentile	10	1.0000
	20	2.0000
	30	4.0000
	40	4.0000
	50	4.0000
	60	4.0000
	70	4.0000
	80	5.0000
	90	5.0000

Jadual 4.374 menunjukkan untuk jumlah mata keseluruhan, 10% dari nilai jatuh di bawah mata 1.0000 dan 90% dari nilai adalah lebih tinggi dari mata 1.0000. 20% nilai adalah di bawah 2.0000 mata dan 80% adalah mempunyai mata lebih tinggi.

Jadual 4.375: *Percentile*

		Saya menggunakan *motherboard* semasa menggunakan internet
Percentile	10	1.0000
	20	1.0000
	30	4.0000
	40	4.0000
	50	4.0000
	60	4.0000
	70	4.0000
	80	5.0000
	90	5.0000

Jadual 4.375 menunjukkan untuk jumlah mata keseluruhan, 10% dari nilai jatuh di bawah mata 1.0000 dan 90% dari nilai adalah lebih tinggi dari mata 1.0000. 20% nilai adalah di bawah 1.0000 mata dan 80% adalah mempunyai mata lebih tinggi.

Jadual 4.376: *Percentile*

		Saya menggunakan RAM jenis DRAM semasa menggunakan internet
Percentile	10	1.0000
	20	1.0000
	30	1.0000
	40	3.4000
	50	4.0000
	60	4.0000
	70	4.0000
	80	5.0000
	90	5.0000

Jadual 4.376 menunjukkan untuk jumlah mata keseluruhan, 10% dari nilai jatuh di bawah mata 1.0000 dan 90% dari nilai adalah lebih tinggi dari mata 1.0000. 20% nilai adalah di bawah 1.0000 mata dan 80% adalah mempunyai mata lebih tinggi.

Jadual 4.377: *Percentile*

		Saya menggunakan RAM jenis SRAM semasa menggunakan internet
Percentile	10	1.0000
	20	1.0000
	30	1.0000
	40	1.4000
	50	3.0000
	60	4.0000
	70	4.0000
	80	4.0000
	90	5.0000

Jadual 4.377 menunjukkan untuk jumlah mata keseluruhan, 10% dari nilai jatuh di bawah mata 1.0000 dan 90% dari nilai adalah lebih tinggi dari mata 1.0000. 20% nilai adalah di bawah 1.0000 mata dan 80% adalah mempunyai mata lebih tinggi.

Jadual 4.378: *Percentile*

		Saya menggunakan kad bunyi semasa menggunakan internet
Percentile	10	1.0000
	20	1.0000
	30	1.0000
	40	2.0000
	50	3.0000
	60	3.6000
	70	4.0000
	80	4.0000
	90	5.0000

Jadual 4.378 menunjukkan untuk jumlah mata keseluruhan, 10% dari nilai jatuh di bawah mata 1.0000 dan 90% dari nilai adalah lebih tinggi dari mata 1.0000. 20% nilai adalah di bawah 1.0000 mata dan 80% adalah mempunyai mata lebih tinggi.

Jadual 4.379: *Percentile*

		Saya menggunakan kad video semasa menggunakan internet
Percentile	10	1.0000
	20	1.0000
	30	1.0000
	40	2.4000
	50	3.0000
	60	4.0000
	70	4.0000
	80	4.0000
	90	5.0000

Jadual 4.379 menunjukkan untuk jumlah mata keseluruhan, 10% dari nilai jatuh di bawah mata 1.0000 dan 90% dari nilai adalah lebih tinggi dari mata 1.0000. 20% nilai adalah di bawah 1.0000 mata dan 80% adalah mempunyai mata lebih tinggi.

Jadual 4.380: *Percentile*

		Saya menggunakan skrin rata semasa menggunakan internet
Percentile	10	1.0000
	20	1.0000
	30	3.0000
	40	4.0000
	50	4.0000
	60	4.0000
	70	4.0000
	80	4.0000
	90	5.0000

Jadual 4.380 menunjukkan untuk jumlah mata keseluruhan, 10% dari nilai jatuh di bawah mata 1.0000 dan 90% dari nilai adalah lebih tinggi dari mata 1.0000. 20% nilai adalah di bawah 1.0000 mata dan 80% adalah mempunyai mata lebih tinggi.

Jadual 4.381: *Percentile*

		Saya menggunakan monitor semasa menggunakan internet
Percentile	10	1.0000
	20	3.0000
	30	4.0000
	40	4.0000
	50	4.0000
	60	4.0000
	70	4.0000
	80	5.0000
	90	5.0000

Jadual 4.381 menunjukkan untuk jumlah mata keseluruhan, 10% dari nilai jatuh di bawah mata 1.0000 dan 90% dari nilai adalah lebih tinggi dari mata 1.0000. 20% nilai adalah di bawah 3.0000 mata dan 80% adalah mempunyai mata lebih tinggi.

Jadual 4.382: *Percentile*

		Saya menggunakan LCD semasa menggunakan internet
Percentile	10	1.0000
	20	3.0000
	30	4.0000
	40	4.0000
	50	4.0000
	60	4.0000
	70	4.0000
	80	5.0000
	90	5.0000

Jadual 4.382 menunjukkan untuk jumlah mata keseluruhan, 10% dari nilai jatuh di bawah mata 1.0000 dan 90% dari nilai adalah lebih tinggi dari mata 1.0000. 20% nilai adalah di bawah 3.0000 mata dan 80% adalah mempunyai mata lebih tinggi.

Jadual 4.383: *Percentile*

		Saya menggunakan papan kekunci semasa menggunakan internet
Percentile	10	1.0000
	20	4.0000
	30	4.0000
	40	4.0000
	50	4.0000
	60	4.0000
	70	4.0000
	80	5.0000
	90	5.0000

Jadual 4.383 menunjukkan untuk jumlah mata keseluruhan, 10% dari nilai jatuh di bawah mata 1.0000 dan 90% dari nilai adalah lebih tinggi dari mata 1.0000. 20% nilai adalah di bawah 4.0000 mata dan 80% adalah mempunyai mata lebih tinggi.

Jadual 4.384: *Percentile*

		Saya menggunakan tetikus mekanikal semasa menggunakan internet
Percentile	10	1.0000
	20	2.2000
	30	4.0000
	40	4.0000
	50	4.0000
	60	4.0000
	70	4.0000
	80	5.0000
	90	5.0000

Jadual 4.384 menunjukkan untuk jumlah mata keseluruhan, 10% dari nilai jatuh di bawah mata 1.0000 dan 90% dari nilai adalah lebih tinggi dari mata 1.0000. 20% nilai adalah di bawah 2.2000 mata dan 80% adalah mempunyai mata lebih tinggi.

Jadual 4.385: *Percentile*

		Saya menggunakan tetikus Optomekanikal semasa menggunakan internet
Percentile	10	1.0000
	20	1.0000
	30	3.0000
	40	4.0000
	50	4.0000
	60	4.0000
	70	4.0000
	80	4.0000
	90	5.0000

Jadual 4.385 menunjukkan untuk jumlah mata keseluruhan, 10% dari nilai jatuh di bawah mata 1.0000 dan 90% dari nilai adalah lebih tinggi dari mata 1.0000. 20% nilai adalah di bawah 1.0000 mata dan 80% adalah mempunyai mata lebih tinggi.

Jadual 4.386: *Percentile*

		Saya menggunakan tetikus optik semasa menggunakan internet
Percentile	10	1.0000
	20	2.2000
	30	4.0000
	40	4.0000
	50	4.0000
	60	4.0000
	70	4.0000
	80	4.0000
	90	5.0000

Jadual 4.386 menunjukkan untuk jumlah mata keseluruhan, 10% dari nilai jatuh di bawah mata 1.0000 dan 90% dari nilai adalah lebih tinggi dari mata 1.0000. 20% nilai adalah di bawah 2.2000 mata dan 80% adalah mempunyai mata lebih tinggi.

Jadual 4.387: *Percentile*

		Saya menggunakan pencetak roda daisy semasa menggunakan internet
Percentile	10	1.0000
	20	1.0000
	30	1.0000
	40	1.0000
	50	1.0000
	60	2.0000
	70	3.0000
	80	3.0000
	90	4.0000

Jadual 4.387 menunjukkan untuk jumlah mata keseluruhan, 10% dari nilai jatuh di bawah mata 1.0000 dan 90% dari nilai adalah lebih tinggi dari mata 1.0000. 20% nilai adalah di bawah 1.0000 mata dan 80% adalah mempunyai mata lebih tinggi.

Jadual 4.388: *Percentile*

		Saya menggunakan pencetak dot-matriks semasa menggunakan internet
Percentile	10	1.0000
	20	1.0000
	30	1.0000
	40	1.0000
	50	1.0000
	60	2.0000
	70	3.0000
	80	3.0000
	90	4.0000

Jadual 4.388 menunjukkan untuk jumlah mata keseluruhan, 10% dari nilai jatuh di bawah mata 1.0000 dan 90% dari nilai adalah lebih tinggi dari mata 1.0000. 20% nilai adalah di bawah 1.0000 mata dan 80% adalah mempunyai mata lebih tinggi.

Jadual 4.389: *Percentile*

		Saya menggunakan pencetak dakwat-jet semasa menggunakan internet
Percentile	10	1.0000
	20	1.0000
	30	2.0000
	40	4.0000
	50	4.0000
	60	4.0000
	70	4.0000
	80	4.0000
	90	5.0000

Jadual 4.389 menunjukkan untuk jumlah mata keseluruhan, 10% dari nilai jatuh di bawah mata 1.0000 dan 90% dari nilai adalah lebih tinggi dari mata 1.0000. 20% nilai adalah di bawah 1.0000 mata dan 80% adalah mempunyai mata lebih tinggi.

Jadual 4.390: *Percentile*

		Saya menggunakan pencetak laser semasa menggunakan internet
Percentile	10	1.0000
	20	1.0000
	30	1.0000
	40	3.0000
	50	3.0000
	60	4.0000
	70	4.0000
	80	4.0000
	90	5.0000

Jadual 4.3690 menunjukkan untuk jumlah mata keseluruhan, 10% dari nilai jatuh di bawah mata 1.0000 dan 90% dari nilai adalah lebih tinggi dari mata 1.0000. 20% nilai adalah di bawah 1.0000 mata dan 80% adalah mempunyai mata lebih tinggi.

Jadual 4.391: *Percentile*

		Saya menggunakan pencetak LCD dan LED semasa menggunakan internet
Percentile	10	1.0000
	20	1.0000
	30	1.0000
	40	3.0000
	50	3.0000
	60	4.0000
	70	4.0000
	80	4.0000
	90	5.0000

Jadual 4.391 menunjukkan untuk jumlah mata keseluruhan, 10% dari nilai jatuh di bawah mata 1.0000 dan 90% dari nilai adalah lebih tinggi dari mata 1.0000. 20% nilai adalah di bawah 1.0000 mata dan 80% adalah mempunyai mata lebih tinggi.

Jadual 4.392: *Percentile*

		Saya menggunakan pencetak baris semasa menggunakan internet
Percentile	10	1.0000
	20	1.0000
	30	1.0000
	40	1.0000
	50	2.0000
	60	3.0000
	70	3.0000
	80	4.0000
	90	4.0000

Jadual 4.392 menunjukkan untuk jumlah mata keseluruhan, 10% dari nilai jatuh di bawah mata 1.0000 dan 90% dari nilai adalah lebih tinggi dari mata 1.0000. 20% nilai adalah di bawah 1.0000 mata dan 80% adalah mempunyai mata lebih tinggi.

Jadual 4.393: *Percentile*

		Saya menggunakan pencetak terma semasa menggunakan internet
Percentile	10	1.0000
	20	1.0000
	30	1.0000
	40	1.0000
	50	2.0000
	60	3.0000
	70	3.0000
	80	3.0000
	90	4.0000

265

Jadual 4.393 menunjukkan untuk jumlah mata keseluruhan, 10% dari nilai jatuh di bawah mata 1.0000 dan 90% dari nilai adalah lebih tinggi dari mata 1.0000. 20% nilai adalah di bawah 1.0000 mata dan 80% adalah mempunyai mata lebih tinggi.

Jadual 4.394: *Percentile*

		Saya menggunakan pengimbas *Flatbed* semasa menggunakan internet
Percentile	10	1.0000
	20	1.0000
	30	1.0000
	40	1.0000
	50	1.0000
	60	1.0000
	70	3.0000
	80	4.0000
	90	4.0000

Jadual 4.394 menunjukkan untuk jumlah mata keseluruhan, 10% dari nilai jatuh di bawah mata 1.0000 dan 90% dari nilai adalah lebih tinggi dari mata 1.0000. 20% nilai adalah di bawah 1.0000 mata dan 80% adalah mempunyai mata lebih tinggi.

Jadual 4.395: *Percentile*

		Saya menggunakan pengimbas *sheet-fed* semasa menggunakan internet
Percentile	10	1.0000
	20	1.0000
	30	1.0000
	40	1.0000
	50	1.0000
	60	1.0000
	70	3.0000
	80	3.0000
	90	4.0000

Jadual 4.395 menunjukkan untuk jumlah mata keseluruhan, 10% dari nilai jatuh di bawah mata 1.0000 dan 90% dari nilai adalah lebih tinggi dari mata 1.0000. 20% nilai adalah di bawah 1.0000 mata dan 80% adalah mempunyai mata lebih tinggi.

Jadual 4.396: *Percentile*

		Kandungan internet yang saya gunakan mempunyai URL mutlak
Percentile	10	1.0000
	20	1.0000
	30	1.0000
	40	1.0000
	50	3.0000
	60	4.0000
	70	4.0000
	80	4.0000
	90	5.0000

Jadual 4.396 menunjukkan untuk jumlah mata keseluruhan, 10% dari nilai jatuh di bawah mata 1.0000 dan 90% dari nilai adalah lebih tinggi dari mata 1.0000. 20% nilai adalah di bawah 1.0000 mata dan 80% adalah mempunyai mata lebih tinggi.

Jadual 4.397: *Percentile*

		Kandungan internet yang saya gunakan mempunyai URL relatif.
Percentile	10	1.0000
	20	1.0000
	30	1.0000
	40	1.0000
	50	2.0000
	60	3.0000
	70	4.0000
	80	4.0000
	90	4.0000

Jadual 4.397 menunjukkan untuk jumlah mata keseluruhan, 10% dari nilai jatuh di bawah mata 1.0000 dan 90% dari nilai adalah lebih tinggi dari mata 1.0000. 20% nilai adalah di bawah 1.0000 mata dan 80% adalah mempunyai mata lebih tinggi.

Jadual 4.398: *Percentile*

		Kandungan internet yang saya gunakan mempunyai rujukan
Percentile	10	1.0000
	20	1.0000
	30	3.0000
	40	4.0000
	50	4.0000
	60	4.0000
	70	4.0000
	80	5.0000
	90	5.0000

Jadual 4.398 menunjukkan untuk jumlah mata keseluruhan, 10% dari nilai jatuh di bawah mata 1.0000 dan 90% dari nilai adalah lebih tinggi dari mata 1.0000. 20% nilai adalah di bawah 1.0000 mata dan 80% adalah mempunyai mata lebih tinggi.

Jadual 4.399: *Percentile*

		Kandungan internet yang saya gunakan mempunyai kebolehbacaan yang baik
Percentile	10	1.0000
	20	1.0000
	30	3.3000
	40	4.0000
	50	4.0000
	60	4.0000
	70	4.0000
	80	5.0000
	90	5.0000

Jadual 4.399 menunjukkan untuk jumlah mata keseluruhan, 10% dari nilai jatuh di bawah mata 1.0000 dan 90% dari nilai adalah lebih tinggi dari mata 1.0000. 20% nilai adalah di bawah 1.0000 mata dan 80% adalah mempunyai mata lebih tinggi.

BAB 5
IMPLIKASI

Bilangan responden ialah sebanyak 70 orang dan 94.3 peratus (59 orang) adalah lelaki, 47.1 peratus (33 orang) ialah berumur antara 11 tahun hingga 20 tahun. Kira-kira 87.7 peratus (57 orang) responden ialah berbangsa Melayu, 89.4 peratus (59 orang) responden beragama Islam, dan kira-kira 82.8 peratus (48 orang) responden ialah bujang. Kebanyakan responden adalah tidak bekerja iaitu 61.3 peratus (38 orang) responden. Responden yang bekerja ialah terdiri daripada pekerja kilang (17.7 peratus) iaitu 11 orang responden. Responden yang berpendidikan sijil/diploma adalah lebih ramai berbanding dengan tahap pendidikan yang lain iaitu kira-kira 29.1 peratus (16 orang) responden.

Tujuan penggunaan internet menunjukkan lebih 25 peratus responden yang menggunakan emel untuk tujuan menghantar mesej (lebih 51.4 peratus), maklumat (lebih 58.6 peratus), dokumen (lebih 42.9 peratus), menggunakan webmail (lebih 24.3 peratus), menggunakan perkhidmatan POP3 emel (lebih 5.7 peratus), menggunakan pelayan emel IMAP (8.6 peratus), dan pelayan emel MAPI (lebih 4.3 peratus). Kira-kira 20 peratus responden menggunakan Internet Relay Chat/Internet relay Chatroom (IRC) untuk tujuan memindahkan teks (lebih 22.9 peratus), memindahkan fail (8.6 peratus), untuk berbual (lebih 25.7 peratus), komunikasi forum (lebih 20 peratus), komunikasi satu-sama-satu (lebih 34.3 peratus), menyambung pada klien Windows (17.1 peratus), menyambung pada unix dan linux (lebih 10 peratus), menyambung pada Mac OS X (8.6 peratus), menyambung pada klien iOS (lebih 14.3 peratus) dan menyambung pada klien Android (lebih 11.4 peratus). Hasil kajian ini mempunyai persamaan dengan kajian Batool dan Mahmood (2010) yang mendapati pelajar adalah pengguna-pengguna paling biasa yang datang kebanyakannya untuk kemudahan-kemudahan hiburan, berbual dan emel.

Pengguna siber kafe yang menggunakan internet bagi tujuan MUDs ialah lebih dari 11.6 peratus responden untuk pertempuran (lebih 7.2 peratus), perangkap (lebih 7.1 peratus), teka-teki (lebih 5.7 peratus), sihir (2.9 peratus), sistem ekonomi mudah (lebih 1.4 peratus), Hack and slash MUDs (lebih 4.3 peratus). Pemain melawan pemain (lebih 8.6 peratus), bermain peranan (lebih 10 peratus), MUDs sosial (lebih 17.1 peratus), *Talkers* (lebih 7.1 peratus), pendidikan (lebih 18.6 peratus) dan grafik (lebih 12.9 peratus).

Tujuan penggunaan internet untuk papan mesej menunjukkan lebih 49.3 peratus menggunakan internet untuk tujuan tersebut seperti untuk menghantar mesej (lebih 46.4 peratus), menghantar mesej awam (lebih 42.9 peratus), membaca mesej (lebih 50 peratus), dan memberi maklum balas kepada mesej (lebih 50 peratus). Secara keseluruhan penggunaan internet untuk tujuan komunikasi interpersonal seperti emel, IRC, MUDs dan papan mesej ialah 19.1 peratus responden.

Tujuan penyelidikan menunjukkan lebih 44.3 peratus responden iaitu untuk penyelidikan peribadi mengenai subjek tertentu (sesuatu yang disebut dalam berita, masalah kesihatan dan lain-lain) ialah lebih 51.4 peratus. Tujuan penyelidikan pelajar ialah lebih 48.6 peratus, penyelidikan wartawan dan lain-lain penulis ialah lebih 34.3 peratus, dan penyelidikan saintifik ialah lebih 48.6 peratus. Tujuan perjalanan ialah lebih 52.9 peratus merangkumi mencari maklumat perjalanan (lebih 62.9 peratus) dan mencipta ruang makjlumat perjalanan (lebih 51.4 peratus). Tujuan membina laman web ialah lebih 38.6 peratus. Tujuan kewangan ialah lebih 51.4 peratus seperti untuk perkhidmatan maklumat (lebih 50 peratus), perkhidmatan transaksi (lebih 37.1 peratus), pembrokeran runcit (lebih 22.9 peratus), perbankan dalam talian (lebih 27.1 peratus), tujuan kad kredit (lebih 17.1 peratus), gadai janji (lebih 10 peratus), insurans (27.1 peratus), maklumat produk (lebih 54.3 peratus), maklumat kewangan (lebih 37.2

peratus), perkhidmatan berita (lebih 54.3 peratus), penilaian dan perbandingan (lebih 45.7 peratus), perancangan dan pelaburan perbankan (lebih 28.6 peratus) dan insurans (lebih 28.6 peratus).

Kajian Poon dan Swatman (1997) mempunyai persamaan dengan aspek ini yang mendapati keputusan penyelidikan kajian kes melibatkan 23 perniagaan kecil Australia yang merupakan pengguna awal internet dan yang adalah masih pengguna mendapati bahawa mereka dengan banyaknya menggunakan internet sebagai medium komunikasi dan, sedikit sebanyak, sebagai pemindahan dokumen dan saluran pengiklanan. Semangat pengurusan dan faedah dilihat nampaknya menjadi daya penggerak bagi penggunaan internet yang berterusan, walaupun sedikit atau tiada integrasi telah ditemui antara aplikasi dalaman dan fungsi antara-organisasi internet. Dapatan kajian juga menunjukkan kepentingan keusahawanan bagi penggunaan internet yang berjaya.

Tujuan pendidikan ialah lebih 44.3 peratus seperti untuk tujuan bahan-bahan rujukan dan perpustakaan dalam talian (lebih 51.4 peratus), pengetahuan baru (lebih 2.9 peratus), pembelajaran (lebih 34.3 peratus) dan peperiksaan (lebih 48.6 peratus). Tujuan kedai ialah lebih 40 peratus seperti membeli-belah (lebih 44.3 peratus) dan menjalankan perniagaan (lebih 30 peratus). Tujuan mendengar siaran audio ialah lebih 31.4 peratus seperti mendengar siaran audio Radio Wi-Fi (lebih 8.6 peratus) dan mendengar siaran audio RealAudio (lebih 5.7 peratus). Tujuan Cari perkara-perkara Yang Secara Biasa Sukar Untuk Mencari ialah lebih 45.7 peratus seperti mencari benda yang secara biasa sukar untuk dicari (lebih 45.7 peratus) dan mencari orang yang secara biasa sukar untuk dicari (lebih 42.9 peratus).

Tujuan berita terkini ialah lebih 40 peratus seperti berita terkini kejadian baru (42.9 peratus, berita terkini tentang sesuatu yang belum diketahui (lebih 34.3 peratus), berita terkini berkenaan sesuatu yang akhir-akhir ini terjadi (lebih 52.9 peratus) dan berita terkini sesuatu yang pelik (lebih 48.6 peratus). Secara keseluruhan tujuan pemerolehan maklumat dan hiburan ialah lebih 58.6 peratus terdiri daripada penyelidikan, perjalanan, membina laman web, kewangan, pendidikan, kedai, mendengar siaran audio, cari perkara-perkara yang secara biasa sukar untuk mencari dan berita terkini.

Penemuan ini selari dengan kajian oleh Weiser (2000) yang mendapati beberapa penulis telah menegaskan bahawa penggunaan internet ialah didorong terutamanya oleh komunikasi interpersonal, pemerolehan maklumat dan hiburan, dengan komunikasi interpersonal mengandungi sebab asas yang dominan. Penggunaan internet bagi komunikasi interpersonal ialah melalui cara emel, *Internet Relay Chatrooms* (IRCs), *Multi-User Dungeons* (MUDs), papan mesej dan sebagainya. Pemerolehan maklumat dan hiburan melalui internet ialah pelbagai rupa: pengguna boleh menjalankan penyelidikan, menyemak jadual penerbangan dan tempahan, membina laman *web* di seluruh dunia, mendapatkan bantuan pendidikan, kedai, mendengar siaran audio dari stesen radio yang jauh, cari perkara-perkara yang secara biasa sukar untuk mencari, mengejar berita terkini dan sebagainya.

Aktiviti Melawat Profil Rangkaian Sosial ialah lebih 54.3 peratus seperti mencipta "profil" (lebih 41.4 peratus), membuat pertukaran mesej (awam atau swasta) (lebih 34.3 peratus), Kandungan maklumat teks (lebih 48.6 peratus), Kandungan maklumat imej (lebih 47.1 peratus) dan Kandungan maklumat video (lebih 44.3 peratus).

Aktiviti Pesanan Segera ialah lebih 47.1 peratus seperti sembang persendirian dengan individu lain (lebih 48.6 peratus) dan sembang persendirian dengan individu lain (lebih 50 peratus). Aktiviti Meletakkan (atau Mengepos) Mesej di Laman Web ialah lebih 47.1 peratus seperti membuat rekod mesej di laman web(lebih 48.6 peratus) dan menulis mesej ke dalam laman web (lebih 40 peratus).

Aktiviti Meletakkan (atau Mengepos) Gambar ialah lebih 37.1 peratus seperti membuat rekod gambar di laman web (lebih 31.4 peratus) dan mendaftar gambar ke dalam laman web (lebih 30 peratus).Aktiviti Melawat *Chatroom* ialah lebih 47.1 peratus seperti membuat sembang berasaskan teks melalui melawat *chatroom* (lebih 52.9 peratus) dan membuat persekitaran berbilang pengguna grafik melalui melawat *chatroom* (lebih 38.6 peratus). Aktiviti Menghantar/Menerima Emel ialah lebih 45.7 peratus seperti menghantar emel melalui internet (lebih 42.9 peratus) dan menerima emel melalui internet (lebih 42.9 peratus). Aktiviti Menulis Blog Atau Diari Dalam Talian ialah lebih 41.4 peratus seperti menulis blog melalui internet (lebih 37.1 peratus) dan menulis diari melalui internet (lebih 15.7 peratus).

Aktiviti Menggunakan Laman Web Perkongsian Fail ialah lebih 34.3 peratus seperti berkongsi fail audio melalui laman *web* perkongsian fail (lebih 32.9 peratus), berkongsi fail video melalui laman web perkongsian fail (lebih 32.9 peratus), dan berkongsi fail teks melalui laman web perkongsian fail (lebih 34.3 peratus). Secara keseluruhan aktiviti komunikasi Interpersonal ialah lebih 65.7 peratus merangkumi melawat profil rangkaian sosial, menggunakan pesanan segera, meletakkan (atau mengepos) mesej di laman web, meletakkan (atau mengepos) gamar, melawat *chatroom*, menghantar/menerima emel, menulis blog atau diari dalam talian dan menggunakan laman web perkongsian fail.

Aktiviti Membaca/Menonton Berita di Internet ialah lebih 48.6 peratus seperti membaca berita maklumat terpilih tentang peristiwa-peristiwa di internet (lebih 54.3 peratus) dan menonton berita maklumat terpilih tentang peristiwa-peristiwa di internet (lebih 55.7 peratus). Aktiviti Bermain Permainan Internet yang Dimainkan Sendiri Atau Menentang Komputer ialah lebih 32.9 peratus seperti bermain permainan internet dalam pelayar internet (lebih 42.9 peratus), bermain permainan internet berbilang pemain (lebih 41.4 peratus), menggunakan *plugin* maya Java semasa bermain permainan berbilang pemain (lebih 31.4 peratus), menggunakan *pluginShockwave* semasa bermain permainan berbilang pemain (lebih 24.3 peratus), menggunakan *pluginFlash* semasa bermain permainan berbilang pemain (lebih 22.9 peratus), menyertai ruang permainan berbilang pemain yang sedia ada di internet (lebih 41.4 peratus), dan menyertai ruang permainan berbilang pemain yang dicipta sendiri (lebih 10 peratus).

Aktiviti Bermain Permainan Dengan Orang Lain di Internet ialah lebih 37.1 peratus seperti bermain permainan dengan orang lain di internet sebagai tetamu (lebih 45.7 peratus), bermain permainan dengan orang lain sebagai pemain berdaftar (mempunyai akaun) (lebih 45.7 peratus), bermain permainan dengan orang lain di internet menggunakan *Flash* percuma (lebih 32.9 peratus), dan bermain permainan dengan orang lain di internet menggunakan *Shockwaveadd-ons* (lebih 28.6 peratus). Aktiviti Menonton Klip Video ialah lebih 48.6 peratus seperti menonton klip video saat penting di internet yang memberi kesan kepada perkara-perkara lain (lebih 44.3 peratus), menonton klip video lucu di internet (lebih 60 peratus), menonton klip video aneh di internet (lebih 47.1 peratus) dan menonton klip video prestasi ajaib (luar biasa) di internet (lebih 50 peratus).

Aktiviti Muat Turun Muzik atau Filem ialah lebih 54.3 peratus seperti muat turun muzik di internet (lebih 54.3 peratus) dan muat turun filem di internet (lebih 47.1 peratus). Aktivit Berkongsi Video atau Muzik Dengan Orang Lain ialah lebih 47.1 peratus seperti berkongsi video dengan orang lain di internet (lebih 42.9 peratus) dan berkongsi muzik dengan orang lain di internet (lebih 47.1 peratus). Aktiviti Melihat atau Mendengar Video atau Muzik ialah lebih 54.3 peratus seperti melihat atau mendengar video atau muzik sebagai penonton peribadi di internet (lebih 48.6 peratus) dan melihat atau mendengar muzik atau video sebagai penonton awam di internet (lebih 51.4 peratus). Aktiviti Menggunakan Webcam ialah lebih 40 peratus seperti merakam video menggunakan *webcam* di internet (lebih 20 peratus) dan mengadakan sembang video menggunakan *webcam* di internet (lebih 40 peratus).

Aktiviti Mencipta Watak ialah lebih 21.4 peratus seperti mencipta watak orang maya di internet (lebih 17.1 peratus), mencipta watak wanita maya di internet (lebih 8.6 peratus), mencipta watak rumah maya di internet (lebih 12.9 peratus), mencipta watak kehidupan maya dalam talian milik saya sendiri (lebih 17.1 peratus), mencipta watak keluarga maya di internet (lebih 14.3 peratus), mencipta watak kehidupan maya di internet (lebih 12.9 peratus) dan mencipta watak binatang peliharaan maya di internet (lebih 12.9 peratus). Aktiviti Menghabiskan Masa Dalam Dunia Maya ialah lebih 41.4 peratus seperti berinteraksi dengan orang lain di internet untuk menghabiskan masa dalam dunia maya (lebih 28.6 peratus), menggunakan objek di internet untuk menghabiskan masa dalam dunia maya (lebih 21.4 peratus) dan menggunakan objek di internet untuk menghabiskan masa dalam dunia maya (lebih 10 peratus). Secara keseluruhan aktiviti pemerolehan maklumat dan hiburan ialah lebih 60 peratus merangkumi membaca/menonton berita di internet, bermain permainan internet yang dimainkan sendiri

274

atau menentang komputer, bermain permainan dengan orang lain di internet, menonton klip video, muat turun muzik atau dilem, berkongsi video atau muzik dengan orang lain, menggunakan webcam, mencipta watak dan menghabiskan masa dalam dunia maya.

Cullen (2002) menghasilkan penemuan berbeza dari segi aktiviti penggunaan internet melalui temubual berstruktur dengan 12 peserta memberi tumpuan dengan lebih mendalam tentang isu-isu seperti kemahiran-kemahiran doktor dalam menggunakan MEDLINE dan dalam menilai bahan yang diperolehi, carian mereka bagi maklumat berasaskan-bukti, pemahaman mereka tentang penilaian kritikal, penggunaan internet pesakit-pesakit mereka, dan cara mereka mengendalikan penggunaan ini. Lebih daripada 80 peratus (294/363) ahli-ahli dalam sampel mengisi dan mengembalikan borang kaji selidik. Daripada jumlah ini, 48.6 peratus melaporkan bahawa mereka menggunakan internet untuk mencari maklumat klinikal.

Hasil kajian juga mempunyai persamaan dengan *EU Kids Online* (n.d.) yang mendapati antara aktiviti-aktiviti kanak-kanak dalam talian ialah menggunakan internet untuk kerja sekolah, bermain permainan internet yang dimainkan kanak-kanak sendiri atau menentang komputer, menonton klip video, melawat profil rangkaian sosial, menggunakan pesanan segera, menghantar/menerima emel, membaca/menonton berita di internet, bermain permainan dengan orang lain di internet, muat turun muzik atau filem, meletakkan (atau mengepos) gambar, video atau muzik untuk berkongsi dengan orang lain, menggunakan *webcam*, meletakkan (atau mengepos) mesej di laman *web*, melawat *chatroom*, menggunakan laman *web* perkongsian fail, mencipta watak, *pet* atau *avatar*, menghabiskan masa dalam dunia maya, dan menulis blog atau diari dalam talian.

Perisian Editor teks yang digunakan oleh responden ialah melibatkan 10.1 peratus responden seperti editor teks XEDIT (lebih 2.9 peratus), editor teks Emacs (7.2 peratus) dan editor teks vi (7.1 peratus).Perisian Sistem operasi ialah lebih 27.1 peratus seperti sistem operasi berbilang pengguna (lebih 31.4 peratus), sistem operasi *multiprocessing* (lebih 18.6 peratus),sistem operasi *multitasking* (lebih 22.9 peratus),sistem operasi *multithreading* (lebih 14.3 peratus), *dan* sistem operasi masa sebenar (lebih 32.9

peratus). Perisian DOS ialah lebih 12.9 peratus seperti DOS CP/M (lebih 12.9 peratus), MS-DOS (ebih 10 peratus) dan DR-OpenDOS (14.3 peratus). Perisian Windows ialah lebih 32.9 peratus seperti *Windows* 8 (2012) – MS Versi 6.2 (lebih 25.7 peratus), *Windows* 7 (2009) – MS Versi 6.1 (lebih 34.3 peratus), *Windows Vista* (2006) – MS Versi 6.0 (lebih 32.9 peratus), *Windows XP* (2001) – MS Versi 5.1 (lebih 35.7 peratus), *Windows* 2000 (2000) – MS Versi 5.0 (lebih 18.6 peratus) dan *Windows NT* (1993) – MS Versi 3.1, 3.5, 4.0 (lebih 5.7 peratus).

Perisian Unix ialah lebih 12.9 peratus seperti Unix jenis Solaris (10 peratus), Unix jenis AIX (5.7 peratus), Unix jenis Digital Unix (lebih 7.1 peratus), Unix jenis IRIX (7.1 peratus), Unix jenis HPUX (lebih 7.1 peratus), Unix jenis SCO (lebih 5.7 peratus), Unix jenis FreeBSD (lebih 7.1 peratus), Unix jenis OpenBSD (lebih 7.1 peratus), Unix jenis NetBSD (lebih 4.3 peratus) dan Unix jenis Linux (lebih 11.4 peratus. Perisian Linux ialah l12.9 peratus reponden yang menggunakannya seperti Linux versi Intel (lebih 18.6 peratus), Linux versi PowerPC (12.9 peratus), Linux versi Sparc (4.3 peratus), dan Linux versi Alpha (4.3 peratus).

Perisian Solaris digunakan oleh lebih 14.3 peratus responden seperti Solaris sistem operasi SunOS (lebih 5.7 peratus) dan Solaris sistem tetingkap (seperti OpenWindows atau CDE) (lebih 18.6 peratus). Perisian Alat Pengurusan Fail ialah 18.6 peratus responden seperti alat pengurusan fail WinMerge (14.3 peratus), alat pengurusan fail WinDiff (10 peratus), alat pengurusan fail TreeSize Free (lebih 10 peratus), alat pengurusan fail 7-Zip (lebih 22.9 peratus), alat pengurusan fail SyncToy (lebih 8.6 peratus) dan alat pengurusan fail DoubleKiller (lebih 5.7 peratus). Perisian Debuggers ialah lebih 10 peratus diguna oleh responden seperti Debuggers Allinea DDT (7.2 peratus), GNU Debuggers (GDB) (2.9 peratus), Intel Debugger (lebih 11.4 peratus), LLDB debugger (lebih 5.7 peratus), Microsoft Visual Studio Debugger (lebih 14.3 peratus), debugger Valgrind (lebih 2.9 peratus) dan debugger WinDbg (lebih 5.7 peratus.

Perisian Program-program Muatan ialah lebih 10 peratus seperti program-program muatan GNU *grand unified bootloader* (5.7 peratus),program-program muatan NT *loader* (NTLDR) (lebih 4.3

peratus), program-program muatan Linux *loader* (LILO) (8.6 peratus) dan program-program muatan *Network interface controller* (NIC) (lebih 18.6 peratus). Perisian Pemacu Peranti ialah lebih 32.9 peratus responden menggunakannya seperti pemacu peranti sistem operasi *Windows* (lebih 40 peratus) *dan* pemacu peranti maya (lebih 30 peratus). Perisian Alat Pengaturcaraan ialah lebih 14.5 peratus seperti alat pengaturcaraan liputan kod (lebih 18.6 peratus), alat pengaturcaraan *Dissassembler (lebih 12.9 peratus) dan* alat pengaturcaraan pengeluar dokumentasi (20.3 peratus).

Perisian Linkers ialah lebih 4.3 peratus seperti *Linkers* Id (Unix) (7.1 peratus), *Linkers* Pemaut GNU (7.1 peratus) dan *Linkers* Pemaut dinamik (lebih 4.3 peratus). Perisian Penterjemah-penterjemah Bahasa ialah lebih 38.6 peratus seperti penterjemah-penterjemah bahasa jenis pentafsir/jurubahasa (lebih 42.9 peratus), penterjemah-penterjemah bahasa penyusun (*compilers*) (lebih 37.1 peratus) dan penterjemah-penterjemah bahasa pemasang (*assemblers*) (lebih 31.4 peratus). Perisian Pentafsir/Jurubahasa ialah lebih 18.6 peratus seperti pentafsir/jurubahasa jenis BASIC (lebih 30 peratus) dan /jurubahasa jenis LISP (lebih 8.6 peratus). Perisian Penyusun ialah 8.6 peratus seperti penyusun jenis FORTRAN (10 peratus) dan penyusun jenis Cfront (7.1 peratus).

Perisian Pemasang ialah 15.9 peratus seperti pemasang jenis SPARC (lebih 8.6 peratus), pemasang jenis POWER (23.2 peratus), pemasang jenis x86 (lebih 11.4 peratus) dan pemasang jenis x86-64(lebih 12.9 peratus). Perisian Pengurusan Data ialah lebih 42.9 peratus responden menggunakannya. Perisian Editor ialah lebih 24.3 peratus seperti *line editors* (lebih 24.3 peratus) dan editor berorientasikan –skrin (lebih 27.1 peratus). Perisian Perisian Utiliti ialah lebih 31.4 peratus seperti perisian utiliti jenis cakera (lebih 22.9 peratus), perisian utiliti jenis fail dan direktori (lebih 32.9 peratus), perisian utiliti jenis keselamatan (lebih 40 peratus), perisian utiliti jenis editor untuk format kegunaan umum (lebih 28.6 peratus), perisian utiliti jenis komunikasi (lebih 31.4 peratus), perisian utiliti jenis pembangunan perisian (lebih 21.4 peratus) dan perisian utiliti jenis pembangunan perkakasan (lebih 22.9 peratus). Secara keseluruhan perisian sistem ialah 13.4 peratus merangkumi editor teks sehingga perisian utiliti.

Perisian Perisian Aplikasi Tujuan Am ialah lebih 24.3 peratus seperti Aplikasi Tujuan Am jenis MS Office (lebih 18.6 peratus), perisian Aplikasi Tujuan Am jenis Corel Draw (lebih 10 peratus), perisian Aplikasi Tujuan Am jenis Page Maker (lebih 10.1 peratus) dan perisian Aplikasi Tujuan Am jenis Adobe Photo Shop (lebih 22.9 peratus). Perisian Aplikasi Tujuan Khusus/Khas ialah lebih 2.9 peratus responden menggunakannya.

Perkakasan *Blu-Ray* ialah lebih 14.3 peratus responden menggunakannya seperti jenis BonusView dan BD_Line (lebih 15.7 peratus), jenis ROM, R (lebih 22.9 peratus) dan dan Format RE jenis BDXL (lebih 11.5 peratus). Perkakasan CD-ROM ialah lebih 40 peratus responden yang menggunakannya. Perkakasan DVD lebih 38.6 peratus, perkakasan CPU lebih 60 peratus, *hard drive* lebih 52.2 peratus dan perkakasan *motherboard* lebih 50 peratus responden yang menggunakannya. Perkakasan RAM ialah lebih 41.4 peratus seperti jenis DRAM (lebih 38.6 peratus) dan jenis SRAM (lebih 30 peratus). Perkakasan Kad bunyi ialah lebih 28.6 peratus, perkakasan kad video lebih 32.9 peratus dan secara keseluruhan perkakasan dalaman ialah lebih 43.5 peratus.

Perkakasan Skrin Rata ialah lebih 48.6 peratus, Monitor ialah lebih 48.6 peratus, LCD ialah lebih 48.6 peratus, dan Papan kekunciialah lebih 57.1 peratus yang menggunakannya. Perkakasan tetikus ialah lebih 55.7 peratus seperti tetikus mekanikal (lebih 52.9 peratus), tetikus Optomekanikal (lebih 51.4 peratus) dan tetikus optik (lebih 57.1 peratus). Perkakasan Pencetak ialah lebih 29 peratus seperti pencetak roda daisy (lebih 14.5 peratus), pencetak dot-matriks (lebih 12.9 peratus), pencetak dakwat-jet (lebih 50.7 peratus), pencetak laser (lebih 36.2 peratus), pencetak LCD dan LED (lebih 33.3 peratus), pencetak baris (lebih 17.4 peratus) dan pencetak terma (lebih 17.4 peratus). Perkakasan Pengimbas ialah lebih 15.9 peratus seperti pengimbas *Flatbed* (lebih 54.3 peratus) danpengimbas *sheet-fed* (lebih 47.1 peratus). Secara keseluruhannya perkakasan luaran ialah lebih 42 peratus merangkumi skrin rata sehingga pengimbas.

URL ialah lebih 39.1 peratus seperti URL mutlak (lebih 36.2 peratus) dan URL relatif (lebih 34.8 peratus). Rujukan ialah lebih 44.9 peratus dan Kandungan ialah lebih 49.3 peratus. Secara keseluruhan Kandungan Internet yang Boleh Dipercayai ialah lebih 36.2 peratus.

Hasil kajian ini mempunyai persamaan dengan Awad Mohamed Ahmed dan Elsadig Yousif (2007) yang membincangkan masalah yang mencabar penggunaan internet oleh doktor iaitu ramai doktor kekurangan kemahiran dan pengetahuan teknologi walaupun yang paling mudah perlu untuk hanya operasi komputer peribadi. Bagi sesetengah doktor terma-terma seperti *URL* (*Uniform Resource Locator*), atau Medline atau NCBI (*National Centre for Biotechnology Information*), atau MeSH (*Medical Subjects Headings*) bunyi seperti misteri atau ilmu sihir.

Kecenderungan memusat melalui *percentile* secara keseluruhannya ialah 80% adalah mempunyai mata lebih tinggi daripada 1.0000 bagi kebanyakan item-item soalan.Perbandingan Latar belakang Demografi Dengan Tujuan Penggunaan Internet di Kafe Sibermelalui Ujian Mann-Whitney bagipemboleh ubah gender menunjukkan kesemua pemboleh ubah tujuan penggunaan internet adalah tidak signifikan.Ujian *Wilcoxon Signed Ranks Test* menunjukkan semua pemboleh ubah tujuan penggunaan internet adalah signifikan iaitu terdapat perbezaan yang antara gender lelaki dan perempuan dari segi tujuan penggunaan internet. Ujian *Kruskal-Wallis Test* untuk melihat penggunaan internet mengikut umur responden menunjukkan tujuan membina laman web, tujuan kewangan dan tujuan kedai adalah signifikan iaitu terdapat perbezaan tujuan penggunaan internet mengikut umur. Secara keseluruhan tujuan penggunaan internet untuk pemerolehan maklumat dan hiburan adalah signifikan iaitu terdapat perbezaan penggunaan internet mengikut umur.

Kajian Weiser (2000) mempunyai persamaan dengan hasil kajian ini iaitu Weiser (2000) mendapati keputusan menunjukkan lelaki menggunakan internet kebanyakannya untuk tujuan-tujuan berkaitan hiburan dan masa lapang, sedangkan perempuan menggunakan ia terutamanya bagi bantuan komunikasi dan pendidikan interpersonal. Analisis tambahan menunjukkan beberapa perbezaan gender telah diantarai oleh perbezaan dalam umur dan pengalaman internet.

Ujian *Kruskal-Wallis Test* menunjukkan tujuan penyelidikan, tujuan membina laman web dan tujuan kedai adalah signifikan iaitu terdapat perbezaan tujuan penggunaan internet mengikut status perkahwinan. Secara keseluruhan tujuan penggunaan internet untuk pemerolehan maklumat dan hiburan ialah signifikan iaitu terdapat perbezaan yang signifikan antara status perkahwinan dengan tujuan penggunaan internet. Ujian *Kruskal-Wallis Test* menunjukkan tujuan kewangan adalah signifikan iaitu terdapat perbezaan antara tujuan penggunaan internet mengikut pendapatan responden. Ujian *Kruskal-Wallis Test* menunjukkan tujuan kewangan adalah signifikan iaitu terdapat perbezaan antara tujuan penggunaan internet mengikut pekerjaan responden. Ujian *Kruskal-Wallis Test* menunjukkan tujuan emel dan tujuan kedai adalah signifikan iaitu terdapat perbezaan antara tujuan penggunaan internet mengikut pendidikan responden. Afzaal H. Seyal, Mohd. Noah Abd. Rahman dan Md. Mahbubur Rahim (2002) mempunyai penemuan yang berbeza iaitu penggunaan internet dalam latar belakang akademik secara amnya dan dalam penubuhan vokasional dan teknikal khususnya adalah kawasan yang diabaikan.

Perbandingan Latar belakang Demografi Dengan Aktiviti-aktiviti Penggunaan Internet di Kafe Siber melalui Ujian Mann-Whitney menunjukkan semua pemboleh ubah adalah tidak signifikan. Ujian *Wilcoxon Signed Ranks Test* menunjukkan semua pemboleh ubah adalah signifikan iaitu terdapat perbezaan aktiviti penggunaan internet antara gender lelaki dan perempuan. Ujian *Kruskal-Wallis Test* menunjukkan aktiviti profil rangkaian sosial dan aktiviti menonton klip video adalah signifikan iaitu terdapat perbezaan aktiviti penggunaan internet mengikut umur responden. Ujian *Kruskal-Wallis Test* menunjukkan aktiviti penggunaan internet adalah tidak signifikan mengikut status perkahwinan dan pendapatan. Ujian *Kruskal-Wallis Test* menunjukkan aktiviti penggunaan internet adalah signifikan bagi aktiviti menghantar/menerima emel iaitu terdapat perbezaan mengikut pekerjaan responden. Ujian *Kruskal-Wallis Test* menunjukkan aktiviti penggunaan internet bagi aktiviti meletak (atau mengepos) gambar dan aktiviti komunikasi interpersonal adalah signifikan iaitu terdapat perbezaan aktiviti penggunaan internet mengikut pendidikan responden.

Cullen (2002) menghasilkan penemuan yang sedikit berbeza iaitu gender dan umur adalah lebih penting dalam menentukan penggunaan daripada jenis amalan atau lokasi. Berbeza dengan Deller, Stubenrath dan Weber (1999) mendapati bahawa internet ialah sebagai medium untuk hubungan pelabur di Amerika Syarikat, UK dan Jerman. Ia mendapati bahawa lebih banyak syarikat-syarikat Amerika Syarikat (91 peratus) menggunakan internet untuk aktiviti-aktiviti hubungan pelabur daripada syarikat-syarikat UK (72 peratus) dan Jerman (71 peratus). Syarikat-syarikat Amerika Syarikat menggunakan internet untuk takat yang lebih besar berkenaan dengan laporan korporat.di Jerman hanya kira-kira dua-pertiga syarikat-syarikat menggunakan internet sebagai satu cara alternatif untuk mengedarkan maklumat perakaunan. Bagi skop menyediakan maklumat, syarikat-syarikat UK lebih luas pengguna-pengguna internet sebagai satu saluran pengagihan alternatif daripada syarikat Jerman. Walaupun teknologi internet menawarkan berbagai-bagai kemungkinan-kemungkinan untuk berkomunikasi dengan pelabur-pelabur melalui emel, senarai mel dan lain-lain instrumen, ini hanya sebahagian digunakan.

Perbandingan Latar belakang Demografi Dengan Perisian dan Perkakasan di Kafe Siber melalui Ujian Mann-Whitneymenunjukkan Perisian sistem operasi adalah signifikan iaitu terdapat perbezaan antara lelaki dengan perempuan. Ujian *Wilcoxon Signed Ranks Test* menunjukkan semua pemboleh ubah perisian dan perkakasan adalah signifikan iaitu terdapat perbezaan yang ketara antara gender lelaki dan perempuan. Ujian *Kruskal-Wallis Test* menunjukkanPerisian Windows, Perisian Debuggers Perisian aplikasi tujuan khusus dan Perkakasan kad bunyi adalah signifikan iaitu terdapat perbezaan perisian dan perkakasan mengikut umur responden. Ujian *Kruskal-Wallis Test* menunjukkan tidak terdapat pemboleh ubah perisian dan perkakasan yang signifikan mengikut status perkahwinan.Ujian *Kruskal-Wallis Test* menunjukkanPerkakasan kad bunyi dan Perkakasan kad video adalah signifikan iaitu terdapat perbezaan perkakasan mengikut pendapatan responden. Ujian *Kruskal-Wallis Test* menunjukkan Perisian Windows, Perkakasan *motherboard*dan Perkakasan LCD adalah signifikan iaitu terdapat perbezaan perisian dan perkakasan mengikut pekerjaan responden. Ujian *Kruskal-Wallis Test* menunjukkanPerisian aplikasi tujuan am dan Perisian sistem adalah signifikan iaitu terdapat perbezaan perisian mengikut pendidikan responden. Hasil kajian ini mempunyai persamaan dengan kajian Larryjhs (2004) iaitu aspek guna dan penggunaan ICT "berasaskan komuniti" yang berkaitan dengan satu pendekatan baru reka bentuk perkakasan dan perisian untuk bertindakbalas kepada keperluan (dan pasaran) ditemui dikalangan penduduk-penduduk pendapatan lebih rendah (siapa boleh mendekati penggunaan komputer daripada perspektif satu keluarga, kumpulan atau komuniti).

Perbandingan Latar belakang Demografi Dengan Kandungan Internet Yang Boleh Dipercayai di Kafe Siber melalui Ujian Mann-Whitney menunjukkan tidak terdapat perbezaan signifikan mengikut gender lelaki dan perempuan. Ujian *Wilcoxon Signed Ranks Test* menunjukkan semua pemboleh ubah kandungan internet yang boleh dipercayai adalah signifikan iaitu terdapat perbezaan antara gender lelaki dan perempuan. Ujian *Kruskal-Wallis Test* menunjukkan semua pemboleh ubah adalah tidak signifikan mengikut umur responden, status perkahwinan, pendapatan, pekerjaan, dan pendidikan. Hasil kajian ini mempunyai persamaan dengan kajian Shah, Kwak dan Holbert (2001) penggunaan maklumat dari internet adalah secara positif berkaitan dengan perbezaan individu dalam pengeluaran modal sosial, manakala penggunaan rekreasi sosial adalah secara negatif berkaitan dengan indikator sivik ini. Analisis dalam subsampel ditakrifkan oleh umur generasi mengumumkan cadangan selanjutnya bahawa pengeluaran modal sosial ialah berkaitan dengan penggunaan internet di kalangan Generasi X, semasa ia sedang diikat kepada penggunaan televisyen di kalangan *Baby Boomers* dan penggunaan surat khabar di kalangan ahli-ahli Generasi Sivik.

IMPLIKASI

Gambaran Mental Secara Umum Berkenaan Penggunaan Internet Di Kafe Siber

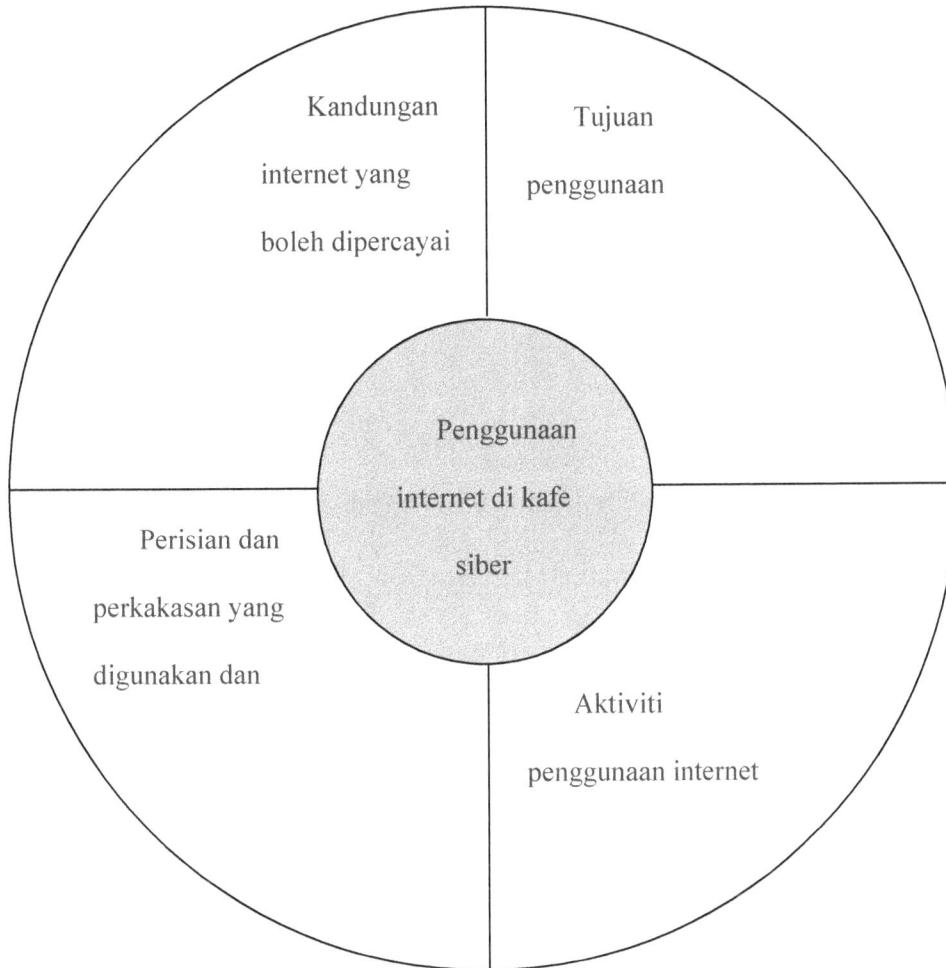

Rajah 5.1: Gambaran Mental Secara Umum Berkenaan Penggunaan Internet Di Kafe Siber

Berdasarkan rajah 5.1 tujuan penggunaan internet ialah meliputi komunikasi interpersonal dan pemerolehan maklumat dan hiburan. Aktiviti penggunaan internet merangkumi komunikasi interpersonal dan pemerolehan maklumat dna hiburan. Perisian dan perkakasan yang digunakan dan berguna ialah merangkumi perisian sistem dan perisian aplikasi serta perkakasan dalaman dan perkakasan luaran. Kandungan internet yang boleh dipercayai ialah merangkumi URL, rujukan dan kandungan.

Persoalan Kajian Untuk Penyelidikan Akan Datang

Persoalan kajian bagi tujuan penyelidikan pada masa depan ialah merangkumi adakah tujuan penggunaan internet mempengaruhi perisian dan perkakasan yang digunakan? Adakah tujuan penggunaan internet mempengaruhi kandungan internet yang boleh dipercayai? Kenapa tujuan dan aktiviti penggunaan internet berbeza mengikut latar belakang responden?

Idea, Hipotesis Dan Andaian Baru

Idea baru yang ditemui dari kajian ini ialah golongan muda yang berumur 11 tahun hingga 20 tahun menggunakan internet untuk tujuan membina lawam web, kewangan dan kedai. Aktiviti penggunaan internet di kafe siber ialah aktiviti profil rangkaian sosial dan menonton klip video. Golongan ini menggunakan perisian Debuggers, perisian aplikasi tujuan khusus dan perkakasan kad bunyi. Golongan yang belum berkahwin menggunakan internet untuk tujuan penyelidikan, membina laman web dan kedai. Golongan yang tidak bekerja dan tiada pendapatan menggunakan internet untuk tujuan kewangan. Golongan yang tidak mempunyai pendapatan menggunakan perkakasan kad bunyi dan kad video. Manakala golongan tidak bekerja menggunakan perisian Windows, perkakasan *motherboard*, perkakasan LCD. Golongan yang mempunyai sijil/diploma menggunakan internet untuk tujuan emel, kewangan dan kedai. Aktiviti penggunaan internet di kafe siber ialah aktiviti meletak (atau mengepos) gambar. Pekerja kilang menggunakan internet di kafe siber untuk aktiviti menghantar/menerima emel dan menggunakan perisian aplikasi tujuan am.

Hipotesis dan andaian baru hasil dari kajian ini ialah (1) tidak terdapat hubungan yang signifikan antara tujuan penggunaan internet dengan perisian dan perkakasan yang digunakan dan berguna. (2) Tidak terdapat hubungan yang signifikan antara tujuan penggunaan internet dengan kandungan internet yang boleh dipercayai. (3) Tidak terdapat hubungan yang signifikan antara tujuan penggunaan internet dengan latar belakang responden. (4) Tidak terdapat hubungan yang signifikan antara aktiviti penggunaan internet dengan latar belakang responden. (5) Tujuan untuk menjelaskan kenapa tujuan dan aktiviti penggunaan internet berbeza mengikut latar belakang responden.

Kemungkinan Untuk Pelaksanaan Penyelidikan

Kemungkinan untuk pelaksanaan penyelidikan boleh membandingkan penyelidikan-penyelidikan lain dan strategi-strategi yang berkaitan dengan teknologi maklumat dan komunikasi. Kajian kemungkinan boleh memeriksa secara kuantitatif berkenaan penggunaan internet sebagai sumber untuk pengumpulan data di kalangan rakyat Malaysia. European Commission dalam kajian bertajuk "*Feasibility study on Statistical methods on internet as a source of data gathering (SMART 2010/030)*" menyatakan bahawa rakyat dan perusahaan sangat ketinggalan dalam "jejak digital". Projek tersebut mencadangkan bagaimana untuk menggunakan internet *As a Data source* (*IaD*) untuk melengkapkan atau menggantikan sumber-sumber statistik tradisional. Meliputi tiga jenis kaedah asas iaitu pengukuran sentrik pengguna yang menangkap perubahan dalam tingkah laku pada klien (PC, telefon pintar) dari pengguna individu, pengukuran rangkaian-sentrik (*centric*) yang memfokuskan pada mengukur sifat-sifat yang mendasari rangkaian dan pengukuran lapangan-sentrik yang memperolehi data daripada pelayan web (robot).

Pelaksanaan kajian kemungkinan ditunjukkan apabila perkongsian masyarakat perlu ditubuhkan, campur tangan dahulu yang menggunakan kaedah yang serupa adalah tidak berjaya tetapi versi perbaikan mungkin berjaya atau campur tangan mempunyai hasil yang positif tetapi dalam latar belakang yang berbeza dan terdapat ciri-ciri yang lain (Bowen, et al., 2010).

Teknik Pengukuran dan Pencarian Data Masa Depan

Kajian kemungkinan digunakan lebih meluas untuk merangkumi sebarang bentuk kajian yang boleh membantu penyelidik bersedia untuk penyelidikan skala penuh yang membawa kepada campur tangan. Tujuan kajian kemungkinan ialah untuk mengenal pasti kemungkinan satu atau lebih penyelesaian yang memenuhi keperluan sesuatu fenomena (Method, n.d.). Teknik pengukuran dan pencarian data masa depan ialah dengan menggunakan kajian kemungkinan.

Cadangan Masalah Untuk Kajian Masa Depan

Pengguna internet hanya mempunyai pengetahuan terhadap perkara seperti papan mesej, CD-ROM, CPU, *hard drive* dan perkara lain tetapi tidak mempunyai pengetahuan berkenaan perkara-perkara lain seperti program-program yang terdapat di internet sebagai contohnya MUDs dan IRC. Pengguna internet juga tidak mempunyai pengetahuan berkenaan perisian yang asas seperti sistem operasi, editor teks dan DOS.

Kesimpulan

Secara keseluruhannya penggunaan internet di kafe siber banyak digunakan oleh golongan lelaki bujang dan sebahagian dari mereka adalah tidak bekerja dan termasuk pelajar sekolah. Kajian ini tidak boleh digeneralisasikan kepada semua pengguna internet, penduduk Malaysia dan kawasan-kawasan yang lain. Tujuan penggunaan internet adalah pelbagai termasuk untuk menghantar dan menerima emel. Bagi tujuan kajian akan datang dicadangkan menjalankan kajian kemungkinan.

RUJUKAN

About.com Psychology. Cherry, K. (2012). *What is a cross-sectional study?* Atas talian
    pada 30 April 2012 dari http://psychology.about.com/od/cindex/g/cross-sectional.htm

About.com Europe Travel. (2004). *What is an Internet Cafe or Cybercafe?* Atas talian pada 19
    Februari 2014, dari http://goeurope.about.com/od/cybercafes/f/internet_cafe.htm

Afzaal H. Seyal, Mohd Noah Abd. Rahman dan Md. Mahbubur Rahim. (2002).
    Determinants of academic use of the internet: A structural equationh model. *Behavior &*
    Information Technology, Volume 21, Issue 1, 2002, pp. 71-86. Atas talian pada 29 April 2012
    dari http://www.tandfonline.com/doi/abs/10.1080/01449290210123354

Alam, S.S., Abdullah, Z. dan Ahsan, N. (2009). Cyber café usage in Malaysia: An exploratory
    study. *Journal of Internet Banking & Commerce*, April 2009, Vol. 14 issue 1, pp. 1-13, 3 Charts.
    Atas talian pada 4 Februari 2014, dari http://web.a.ebscohost.com.eserv.uum.edu.my/ehost/
    detail?vid=3&sid=e216dc97-7c9e-4bc3-9130-
    d37a4bce2818%40sessionmgr4002&hid=4109&bdata=JnNpdGU9ZWhvc3QtbGl2
    ZSZzY29wZT1 zaXRl#db=bth&AN=42735208

Anderson, G., Bergstrom, J., Carlbring, P. dan Lindefors, N. (2005). The use of the
    internet in the treatment of anxiety disorders. *Current Opinion in Psychiatry*, Januari 2005,
    Volume 18, Issue 1, p 73-77. __

Answers. (2012).

Articleworld.org. (2014). *Internet cafe*. Atas talian pada 19 Februari 2014, dari
    http://www.articleworld.org/index.php/Internet_cafe

Awad Mohamad Ahmed dan Elsadig Yousif. (2007). Problems and factors that influence
    use of internet by the Sudanese doctors. *Sudanese Journal of Public Health*, Julai 2007, Vol. 2
    (3), pp. 177-182. Atas talian pada 3 Mei 2012 dari http://www.sjph.net.sd/files/vol2i3p177-
    182.pdf

Babylon. (2012).

Badan Pusat Statistik Kota Metro. (n.d.).

Batinic, I. (2013). The role and importance of the internet in contemporary tourism in travel
    agencies business. *International Journal of Cognitive Research in Science, Engineering and*
    Education, Vol. 1, No. 2, 2013. Atas talian pada 29 Mac 2015, dari
    http://www.ijcrsee.com/index.php/ijcrsee/article/view/63/180

Batool, S. H. dan Mahmood, K. (2010). Entertainment, communication or academic
    use? A survey of internet cafe users in Lahore, Pakistan. *Information Development*, Volume 26,
    Issue 2, pp. 141-147. Atas talian pada 9 Mei 2012 dari
    http://apps.webofknowledge.com.eserv.uum.edu.my/full_record.do?product-
    WOS&search_mode=GeneralSearch&qid=1&SID-IDcGcbl2PalKL6c16c5&page=1&doc

Bee Dictionary. (2010).

Bleepingcomputer.com. (2012).

Bitpipe. (2012).

Blogote. (2009).

Bowen, D.J., et al. (2010). How we design feasibility studies. Am J. Prev Med. 2009
    May; 36(5): 452-457. Atas talian pada 24 Disember 2013, dari
    http://www.ncbi.nlm.nih.gov/pmc/articles/PMC2859314/

BrainyQuote. (2012).

BusinessDictionary.com. (2012).

Business Information center. (2008).

Cambridges Dictionaries Online. (2011).

Campbell, N. dan Eubanks, V. (n.d.). Community informatics as a pathway to social change. Dalam *COPC: The RPI/Troy, NY Community Outreach Partnership Center*. Atas talian pada 16 April 2012 dari http://www.copc.rpi.edu/CI/

CCAutosoft Software. (n.d.). Internet cafe common mistakes. Atas talian pada 8 Mei 2012 dari http://www.ccautosoft.com/2011/03/internet-cafe-common-mistakes/

CCC Confer. (2012).

Chapter IV Internet Management. (n.d.). Atas talian pada 25 Mac 2014, dari http://shodhganga.inflibnet.ac.in/bitstream/10603/9604/9/09_chapter%204.pdf

Computer Hope. (2014). Cybercafe. Atas talian pada 13 Februari 2014, dari http://www.computerhope.com/jargon/c/cybercafe.htm

Cooney, M. (1996). IBM to pull out Internet management stops. *Network World*, Oct 7, 1996; 13, 41; ABI/INFORM Complete pg. 2. Atas talian pada 24 Mac 2014, dari http://search.proquest.com.eserv.uum.edu.my/docview/215933571/fulltextPDF/A67788530E454392PQ/241?accountid=42599

Chip's Journey. (2009). *What is community informatics?* Atas talian pada 16 April 2012 dari http://chipbruce.wordpress.com/2009/04/01/what-is-community_informatics/

Cilesiz, S. (2004). Internet cafe: Bridges of the digital divide. Dalam Ferdig, R. et.al. (Eds), *Proceedings of Society for Information Technology & Teacher Education International Conference*, pp. 806-808. Atas talian pada 9 Mei 2012 dari http://editlib.org/noaccess/13572

Clemons&Hitt. (2000).

College Of Information Sciences and Technology, The Pennsylvania State University. *Community informatics*. (2012). Atas talian pada 15 April 2012 dari http://ist.psu.edu/research/faculty-research/community-informatics

Collins. (2011). *English Dictionary*. The internet or the Net. Atas talian pada 3 Mei 2012 dari http://www.collinsdictionary.com/dictionary/english/the-net

Collins. (2012).

Computer Hope. (2015). *Editor*. Atas talian pada 1 April 2015, dari http://www.computerhope.com/jargon/e/editor.htm

Computer Hope. (2012[a]). Atas talian pada 7 Mei 2012 dari http://www.computerhope.com/jargon/h/hardware.htm

Compuer Hope. (2012[b]). Atas talian pada 7 Mei 2012 dari http://www.computerhope.com/jargon/c/cpu.htm

Computer Hope. (2012[c]). Atas talian pada 7 Mei 2012 dari http://www.computerhope.com/jargon/c/cdrom.htm

Computer Hope. (2012[d]). Atas talian pada 7 Mei 2012 dari http://www.computerhope.com/jargon/d/dvd.htm

Computer Hope. (2012[e]). Atas talian pada 7 Mei 2012 dari http://www.computerhope.com/jargon/r/ram.htm

Computer Hope. (2014). *Cybercafe*. Atas talian pada 13 Februari 2014, dari http://www.computerhope.com/jargon/c/cybercafe.htm

Cooney, M. (1996). IBM to pull out Internet management stops. *Network World*, Oct 7, 1996; 13, 41; ABI/INFORM Complete pg. 2. Atas talian pada 24 Mac 2014, dari http://search.proquest.com.eserv.uum.edu.my/docview/215933571/fulltextPDF/A67788530E454392PQ/241?accountid=42599

CSGNetwork.com. (n.d.). Atas talian pada 16 Mei 2012 dari http://www.csgnetwork.com/glossaryw.html#Windows

CSGNetwork.com. (n.d.). Atas talian pada 8 Mei 2012 dari http://www.csgnetwork.com/glossaryh.html#hang

Cullen, R. J. (2002). In search of evidence: family practitioners' use of the internet for
clinical infromation. *Journal of the Medical Library Association*, 2002 October, 90 (4): 370-379.
Atas talian pada 29 April 2012 dari http://www.ncbi.nlm.nih.gov/pmc/articles/PMC128953/

Cushman, J.W. et al. (2013). Small business strategy: Case study of a Cybercafe. *Journal of
Hospitality & Tourism Education*, Volume 9, Number 2, 1997. Atas talian pada 19 Februari
2014,   dari
http://www.tandfonline.com.eserv.uum.edu.my/doi/pdf/10.1080/10963758.1997.10685313

Cybercafes. Atas talian pada 30 April 2012 dari
http://www.cybercafes.com/country.asp?selectcountry=Malaysia

CyberDodo. (n.d.).

Definitions. (2012).

Deller, D., Stubenrath, M. dan Weber, C. (1899). A survey on the use of the
internet for investor relations in the USA, the UK and Germany. Dalam *The European
Accounting   Review*,   8:2,   351-364.   Atas   talian   pada   29   April   2012   dari
http://www.tandfonline.com/doi/pdf/10.1080/096381899336087

DYKEMA. (2012).

Duffy, M. (2000). The internet as a research and dissemination resource. *Health Promotion
International*,   Vol.   15.   No.   4.   Atas   talian   pada   29   Mac   2015,   dari
http://heapro.oxfordjournals.org/content/15/4/349.full.pdf+htmlhttp://heapro.oxfordjournals.org/
content/15/4/349.full.pdf+html

eHow. (2012).

Elon University School of Communication. (n.d.). *Imaging the internet: A history and forecast.*
Atas talian pada 12 Februari 2014, dari http://www.elon.edu/e-web/predictions/150/1960.xhtml

Encyclopedia.com. (2012).

EPS 625 – INTERMEDIATE STATISTICS. (n.d.). WILCOXON TEST . Atas talian
pada   28   November   2013,dari   http://oak.ucc.nau.edu/rh232/courses/EPS625/
Handouts/Nonparametric/The%20Wilcoxon%20Test.pdf

EPS 625 – INTERMEDIATE STATISTICS. (n.d.). KRUSKAL-WALLIS TEST . Atas
talian   pada   28   November   2013,dari
http://oak.ucc.nau.edu/rh232/courses/EPS625/Handouts/Nonparametric/The%20   Kruskal-
Wallis%20Test.pdf

EU Kids Online. (n.d.). __ dari http://www2.lse.ac.uk/media@lse/
research/EUKidsOnline/EUKidsII92009-11)/EUKidsOnlineIIReports/D4Full Findings.pdf

European Commission. (2013). Feasibility study on Statistical methods on internet as a
source of data gathering (SMART 2010/030). Atas talian pada 22 Disember 2013, dari
http://ec.europa.eu/digital-agenda/en/news/feasibility-study-statistical-methods-internet-source-
data-gathering-smart-2010030

Field Epidemiology Manual. (n.d.). Atas talian pada 16 Mei 2012 dari
https://wiki.ecdc.europa.eu/fem/w/fem/ten-steps-to-design-a-questionnaire.aspx

Flash mob. (2014). *Collins.* Atas talian pada 10 Februari 2014, dari
http://www.collinsdictionary.com/dictionary/english/flash-mobs

Finance Training.com. (n.d.).

FinTS. (n.d.).

Francis, B. (1996). IS managers drive search for Internet management tools. *Computerworld*,
Aug 19, 1996; 30, 34; ABI/INFORM Complete pg. 49. Atas talian pada 24 Mac 2014,
dari   http://search.proquest.com.eserv.uum.edu.my/docview/216052985/fulltextPDF/
A67788530E454392PQ/21?accountid=42599

Fuse IDE. (n.d.).

Geek.com. (2012).

Global Change.com. (n.d.).

Goi, C.L. (2008). A review of development and adoption of internet and ICT in Malaysia. *Journal of Internet Banking and Commerce*, April 2008, vol. 13, no. 1. Atas talian pada 10 Februari 2014, dari http://search.proquest.com.eserv.uum.edu.my/docview/231970558/fulltextPDF/CA8E33AA309E 4820PQ/16?accountid=42599

Google. (2012).

Google. (n.d.). www.access-ecom.info/glossary.cfm. Atas talian pada 7 Mei 2012 dari http://www.google.co.uk/search?q=internet+content+definition&ie=utf-8&oe=utf-8&aq=t&rls=org.mozilla:en_us:official&client=firefox-9

Google Translate. URL translate.google.com

Gurstein, M. (2007). What is community informatics (and why does it matter)? Volume 2. Italy: Polimetrica. Atas talian pada 16 April 2012 dari http://eprints.rclis.org/bitstream/10760/10919/WHAT_IS_COMMUNITY_INFORMATICS_rea dings.pdf

Han, G.Y. (2002). A geography of the internet. Tesis kedoktoran, University of Pennsylvania. Atas talian pada 10 Februari 2014, dari http://search.proquest.com.eserv.uum.edu.my/docview/305521485/fulltextPDF/CF96524C26E94 1A2PQ/31?accountid=42599

Hart, T., MacLaughlin, S., Greenfield, J.M. dan Geier, Jr., P.H. (2010). *Internet management for nonprofit: strategies, tools & trade secrets.* New Jersey: John Wiley & Sons, Inc.

Help.Me.com. (n.d.). Problems with internet cafes and online games in taiwan. Atas talian pada 9 Mei 2012 dari http://www.123helpme.com/view.asp?id=35094

Hitachi ID System, Inc. (2012).

Homepage-University of Leeds. (n.d.). __dari http://iss.leeds.ac.uk/info/312/surveys/217/guide_to_the_design_of_questionnaire/5

HubPages. (2012). Pichukiller. Atas talian pada 7 Mei 2012 dari http://pichukiller.hubpages.com/hub/What-Is-Hardware-And-Software

IEEE Xplore. Wethherall, D., Legedza, U. dan Guttag, J. (1998). Introducing new internet services: Why and how. Dalam *IEEE Network*, May/June 1998. Atas talian pada 29 April 2012 dari http://ieeexplore.ieee.org/stamp/stamp.jsp?tp=&arnumber=690955

International Trade Centre. (2001). ITC's Internet Cafe. Atas talian pada 19 Februari 2014, dari http://www.tradeforum.org/ITCs-Internet-Caf%C3%A9/

Internet research. (2015). *Wikipedia The Free Encyclopedia.* Atas talian pada 29 Mac 2015, dari http://en.wikipedia.org/wiki/Internet_research
Internet society. Atas talian pada 3 Mei 2012 dari http://www.internetsociety.org/internet/internet-51/history-internet/brief-history-internet

Internet. (2014). Encyclopaedia Britannica. Atas talian pada 12 Februari 2014, dari http://www.britannica.com/EBchecked/topic/291494/Internet/255529/Origin-and-development

Internet@suite101. (n.d.). Herold, C. Atas talian pada 7 Mei 2012 dari http://cathy-herold.suite101.com/how-to-find-reliable-information-on-the-internet-a279108

Internet World Stats. (2014). Atastalian pada 4 Februari 2014, dari http://www.internetworldstats.com/stats.htm

Internet World Stast. (2013). Internet usage reports. Atas talian pada 30 Januari 2013, dari http://www.internetworldstats.com/usage.htm

Investor Glossary. (2012).

InvestHub.com. (2012).

InvestorWords.com. (2012).

Investopedia. (2012).

ITBusinessEdge. (2012). *Webopedia*. Internet. Atas talian pada 6 Mei 2012 dari
http://www.webopedia.com/TERM/s/software.html

ITBusinessEdge. (2012). *Webopedia*. Internet. Atas talian pada 3 Mei 2012 dari
http://www.webopedia.com/TERM/I/Internet.html

Jabatan Perangkaan Malaysia. (Oktober 2004). Perangkaan perkhidmatan teknologi
maklumat dan komunikasi. Dalam *Malaysia 2003*. Malaysia: Jabatan Perangkaan Malaysia.

Jabatan Perangkaan Malaysia. (Disember 2010). Buku maklumat perangkaan Malaysia
2010. Atas talian pada 8 Februari 2010 dari
http://www.statistics.gov.my/portal/download_Handbook/files/BKKP/Buku_Maklumat_Perangk
aan_2010.pdf

Jabatan Perangkaan Malaysia. (n.d.). Malaysia melalui statistik 2010. Atas talian pada 8
Februari 2012 dari http://www.statistics.gov.my/portal /download_stats_Malaysia/
files/MMS/2010/BM/01_utama.pdf

Kamus. (n.d.).

Karr.net. (2012).

Jackson, W. dan Verberg, N. (n.d.). Methods: Doing social research, 4e. Atas talian
pada 15 Mei 2012 dari people.stfx.ca/wjackson/.../jac_methods_Ch14.p...

Laerd statistics. (2013). Mann-Whitney U Test using SPSS. Atas talian pada 15
Disember 2013, dari https://statistics.laerd.com/spss-tutorials/mann-whitney-u-test-using-spss-
statistics-2.php

Lambert. (2002).

Leiner, B.M. et al., (2013). *Brief history of the internet*. Atas talian pada 9 Februari 2014, dari
http://www.internetsociety.org/internet/what-internet/history-internet/brief-history-internet

Liff, S. dan Laegran, A.S. (2003). Cybercafes: debating the meaning and significance of internet
access in a cafe environment. *New Media & Society*, Sep 2003, Vol. 5 Issue 3, pp 307-312. Atas
talian pda 18 Februari 2014, dari http://eds.b.ebscohost.com.eserv.uum.edu.my/
ehost/detail?vid=4&sid=8a4d9ef4-b05e-4986-8ff9-
be3874dd1548%40sessionmgr111&hid=116&bdata=JnNpdGU9ZWhvc3QtbGl2ZSZzY29
wZT1zaXRl#db=aph&AN=11026741

Liff, S. dan Steward, F. (2003). Shaping e-access in the cybercafe: networks, boundaries and
heterotopian innovation. *New Media & Soci*ety, Sep 2003, Vol. 5 Issue 3, pp. 313-334. Atas
talian pada 18 Februari 2014, dari
http://eds.b.ebscohost.com.eserv.uum.edu.my/ehost/detail?vid=9&sid=79ba5f09-2afc-4ca8-
8837-03b6e01d8df7%40sessionmgr114&hid=110&bdata=JnNpdGU9ZWhvc3QtbGl2ZSZzY29
wZT1zaXRl#db=aph &AN=11026742

Longman. (n.d.).

LoveToKnow Online. (2012).

Malaysian Science and Technology Information Centre (MASTIC). (2005). *Public
awareness of science and technology Malaysia 2004*. Putrajaya, Malaysia: Malaysian Science
and technology Information Centre (MASTIC), Ministry of Science, technology and Innovation,
Malaysia.

Mary Ann Libert, Inc Publisher. (2011). Chien Chou. (2001). Internet heavy use and
addiction among Taiwanese college students: An online interview study. *CyberPsychology &
Behavior*, Volume 4 Issue 5: July 5, 2004. __

Mary Ann Liebert, Inc. Weiser, E. B. (2000). Gender differences in internet use patterns
and internet application preferences: A two-sample comparison. *Cyber Psychology & Behavior*,
Volume 3, Number 2, 2000. Atas talian pada 25 April 2012 dari
http://collections.lib.uum.edu/cipr/image/435.pdf

McManaway. (2012).

Macmillan Dictionary. (2012).

Manjeet Singh Sawhney. (2012).

MerchantSeek.com. (2012).

Method. (n.d.). Feasibility study. Atas talian pada 24 Disember 2013, dari
    http://www.method123.com/feasibility-study.php

Microsoft. (2012).

Microsoft Office. (2012).

Mondofacto. (2010).

Motive Glossary. (2012).

Murthy, J.D. (2000). *Evolution of the internet and its impact on society.* Master of Arts, McGill
    University, Montreal. Atas talian pada 5 Februari 2014, dari
    http://search.proquest.com.eserv.uum.edu.my/docview/304772727/fulltextPDF/5723ECE45DE0
    4BFAPQ/96?accountid=42599

Naima Manal. (2012).

National Statistical Service. (n.d.). Atas talian pada 16 Mei 2012 dari
    www.nss.gov.au/nss/home.nsf/SurveyDesignDoc/0201E2012FF0708ECA2571AB00247A1B?O
    penDocument

NetworkWorld. (2009). Marsan, C.D. The evolution of the internet. Atas talian pada 4 Februari
    2014, dari http://www.networkworld.com/slideshows/2009/020909-evolution-internet.html

Neuman, W.L. (2006). *Social research methods: Qualitative and quantitative
    approaches sixth edition.* Boston: Pearson Education, Inc.

OneLook® Dictionary Search. (n.d.).

Organisation for Economic Co-operation And Development (OECD). (2010). *The
    economic and social role of internet intermediaries.* Atas talian pada 3 Mei 2012 dari
    http://www.oecd.org/dataoecd/49/4/4494023.pdf

Oxford Dictionaries. (2012).

Palani Murugappan. (1999). *Internet langkah demi langkah.* Kuala Lumpur, Malaysia:
    Venton Publishing.

Palfrey, J. (2010). Four phases of internet regulation. *Forthcoming in Social Research,* Vol. 77,
    No. 3 (Fall, 2010). Atas talian pada 10 Februari 2014, dari
    http://www.law.harvard.edu/faculty/faculty-orkshops/palfrey.faculty.workshop.summer.2010.pdf

Partridge, C. (2008). The technical development of internet email. IEEE Annals of the History of
    Computing. April-June 2008. Atas talian pada 9 Februari 2014, dari
    http://www.ir.bbn.com/~craig/email.pdf

Paynter, J. dan Lim, J. (2001). Drivers and impediments to e-commerce in Malaysia. *Malysian
    Journal of Library & Information Science,* Vol. 6, no.2, December 2001: 1-19. Atas talian pada 4
    Februari 2014, dari http://umepublication.um.edu.my/filebank/published_article/1849/173.pdf

Pcmag.com. (2012). *Definition of: flatbed scanner.* Atas talian pada 1 April 2015, dari
    http://www.pcmag.com/encyclopedia/term/43296/flatbed-scanner

Pcmag.com. (2012).

PCMAG.com. (n.d.).

PCMAG.COM. (n.d.)

Pearson. (2012).

Pigg, K. E. (2005). Introduction: Community informatics and community development.
    Dalam *High Beam Research,* 2012. Atas talian pada 16 April 2012 dari
    http://www.highbeam.com/doc/1G1-140085710.html

Poon, S. dan Swatman, P. M. C. (1997). Small business use of the internet: Findings from Australian case studies. *International Marketing Review*, Vol. 14 ISS:5, pp. 385-402. Atas talian pada 29 April 2012 dari http://www.emeraldinsight.com/journals/htm?articleid=855379&show=abstract

Profit by Outsourcing. (n.d.).

Promoting Health Across Boundaries. (2003). What is boundary spanning? Atas talian pada 18 Februari 2014, dari http://www.phab.us/about/what-is-boundary-spanning/

Rangaswamy, N. (2008^a). Representing the non-formal: The business of internet cafes in India. *Ethnographic Praxis in Industry Conference Proceedings*, Volume 2007, Issue 1, pp. 115-127, October 2007. Atas talian pada 10 Mei 2012 dari http://onlinelibrary.wiley.com.eserv.uum.edu.my/doi/10.1111/j.1559-8918.2007.tb00067.x/abstract

Rangaswamy, N. (2008^b). Telecenter and internet cafes: the case of ICTs in small business. *Asian Journal of Communication*, Volume 18, Issue 4, pp. 365-378. Atas talian pada 10 Mei 2012 dari http://apps.webofknowledge.com.eserv. uum.edu.my/full_record.do?product=WOS&search_mode=GeneralSearch&qid=1&SID=Z1heOI JjmkgCl5i7ALb&page=1&doc=9

Rangaswamy, N. (2008^c). Telecenter and internet cafes: the case of ICTs in small business. *Asian Journal of Communication*, Volume 18, Issue 4, pp. 365-378. Atas talian pada 9 Mei 2012 dari http://apps.webofknowledge.com.eserv.uum.edu.my/full_record.do?product=WOS&search_mod e=GeneralSearch&qid=1&SID=IDcGcb12palkL6cl6c5&page=1&doc=9

ReelSeo. (2012).

Romano, P.S. (n.d.). Questionnaire design. Atas talian pada 15 Mei 2012 dari www.ucdmc.ucdavis.edu/.../6QuestionnaireDesig

Rucinski, V. (n.d.). Atas talian pada 9 Mei 2012 dari Middlesex Community College (US) http://www.middlesex.mass.edu/KB/Articles/Public/242

Sage Researchmethods. (2011). Atas talian pada 15 Mei 2012 dari srmo.sagepub.com/view/designing-surveys/n6.xml

Salvador, T., Sherry, J. W. dan Urrutia, A. E. (2005). Less cyber, more cafe: Enhancing existing small businesses across the digital divide with ICTs. *Information Technology for Development*, Volume 11, Issue 1, pp. 77-95, Winter 2005. Atas talian pada 10 Mei 2012 dari http://onlinelibrary.wiley.com.eserv.uum.edu.my/doi/10.1002/itdj.20004/abstract

Sapira, N. A. (2003). Problematic internet use: Proposed classification and diagnostic criteria. *Depression and anxiety*, Volume 17, Issue 4, pp. 207-216. Atas talian pada 2 Mei 2012 dari http://onlinelibrary.wiley.com/doi/10.1002/da.10094/abstract

SearchEnterpriseLinux. (2012).

SearchEnterpriseDesktop. (2012).

SearchWinDevelopment. (2012). Definition internet. Atas talian pada 3 Mei 2012 dari http://searchwindevelopment.techtarget.com/definition/internet

Smart Define. (2011).

SourceForge. (2014). Internet Management System for LAN Users. Atas talian pada 1 April 2014, dari http://sourceforge.net/projects/imslu/

Steel, M. (2000). *New oxford english-english-malay dictionary*. Shah Alam, Selangor Darul Ehsan: Penerbit Fajar Bakti.

Stoecker, R. (2004). Is community informatics good for communities? Questions controlling an emerging field. Dalam *Prepared for Networking Communities Forum, Victoria University and Monash University*, June 18, 2004. Atas talian pada 15 April 2012 dari http://comm-org.wise.edu/drafts/communityinformatics.htm

Stroub, F. dan Klie, T. (2003). Towards XML oriented internet management. Dalam Goldszmidt,

G. et al. (eds.). *Integrated Network Management VIII*. Atas talian pada 24 Mac 2014, dari http://link.springer.com/search?query=internet+management#page-2

StudyMode. (2014). History of internet cafe. Atas talian pada 13 Februari 2014, dari http://www.studymode.com/course-notes/History-Of-Internet-Cafe-848883.html

Suruhanjaya Komunikasi dan Multimedia Malaysia (SKMM). (2007). Sambutan ulangtahun ke-10 1998-2008. Ke arah sedekad memangkin kecemerlangan komunikasi . laporan Tahunan 2007.

Suruhanjaya Komunikasi dan Multimedia Malaysia. (2006[a]). *Komunikasi & multimedia: Fakta & angka terpilih Q2 2006*. Cyberjaya, Selangor Darul Ehsan: Malaysian Communications and Multimedia Commission.

Suruhanjaya Komunikasi dan Multimedia Malaysia. (2006[b]). *Komunikasi & multimedia: Fakta & angka terpilih Q1 2006*. Selangor Darul Ehsan: Malaysian Communications and Multimedia Commission.

Taylor & Francis Online. (2012). Shah, D. V., Kwak, N., Holbert, R. L. (2001). "Connecting" and "Disconnecting" with civic life: patterns of internet use and the production of social capital. *Political Communication*, Volume 18, Issue 2, 2001, pp. 141-162. Atas talian pada 2 Mei 2012 dari http://www.tandfonline.com/doi/abs/10.1080/105846001750322952

Techmedia Network. (2014[a]). Snoke, C. Internet management software review. Atas talian pada 1 April 2014, dari http://internet-management-software-review.toptenreviews.com/

Techmedia Network. (2014[b]). Troester, DB. Internet management software essential in this digital age. Atas talian pada 2 April 2014, dari http://internet-management-software-review.toptenreviews.com/internet-management-software-essential-in-this-digital-age.html

Techmedia Network. (2014[c]). Hijazi, R. Pearl Echo Internet Management Software For Windows 7. Atas talian pada 3 April 2014, dari http://internet-management-software-review.toptenreviews.com/february.html

Techmedia Network. (2014[d]). Gholdston, H. Internet management software: internet abuse and employee computer abuse numbers. Atas talian pada 3 April 2014, dari http://internet-management-software-review.toptenreviews.com/internet-management-software-internet-abuse-and-employee-computer-abuse-numbers.html

Technopedia. (2012).

TechTarget. (2012).

TechTarget. (2012).

TechTerm.com. (2015). *CD-ROM*. Atas talian pada 1 April 2015, dari http://techterms.com/definition/cdrom

The Free DictionaryBy Farlex. (2012).

The Windows Toolkit. (n.d.).

The World Bank. (2014). Atas talian pada 30 Januari 2014, dari http://data.worldbank.org/indicator/IT.NET.USER.P2

The World Bank. (2012).

The Writers Bureau. (2012). Atas talian pada 7 Mei 2012 dari http://www.writersbureau.com/writing/internet-content.htm

UNDP Intranet. (n.d.).

University of Tasmania (UTAS). (2013). Communication technologies. Atas talian pada 30 Januari 2014, dari http://www.utas.edu.au/it/communication-technologies/internet-management-system

Veltman. (n.d.).

Venables, E. (2008). Senegalese women and the cyber cafe: Online dating and aspirations of transnational migration in Ziguinchor. *African and Asian Studies*, Volume 7, Issue 4, pp. 471-490. Atas talian pada 9 Mei 2012 dari

http://apps.webofknowledge.com.eserv.uum.edu/full_record.do?product=WOS&search_mode=
GeneralSearch&qid=1&SID=Xlmn@@7p62FaeHB1daJ&page=l&doc=8

Vocabulary.com. (2012).

VWR. (n.d.)

Webopedia. (2015).*CD-ROM.* Atas talian pada 1 April 2015, dari
http://www.webopedia.com/TERM/C/CD_ROM.html

Webopedia. (2012).

Webster's Online Dictionary. (2006).

Weiser, E.B. (2000). Gender differences in internet use patterns and internet application
preferences: A two-sample comparison.*Cyber Psychology & Behavior*, Volume 3, Number 2,
2000. Atas talian pada n/a. dari
http://eds.b.ebscohost.com.eserv.uum.edu.my/ehost/pdfviewer/pdfviewer?vid=3&sid=a7ec302a-
9aa0-4486-ac28-2c465187d6d0%40sessionmgr111&hid=107

Welker, M. E. dan Cox, A.R. (2006). A report on research activities at research
universities. *Research Management Review*, Volume 15, Number 1, Winter/Spring 2006. Atas
talian pada 14 Mei 2012 dari http://www.urma.org/documents/researchActivities.pdf

Wetherall, D., Legedza, U. dan Guttag, J. (1998). Introducing new internet services:
Why and how. *IEEE Network*, May/June 1998. Atas talian pada 30 Mac 2015, dari
https://djw.cs.washington.edu/papers/00690955.pdf

WhatIs.com. (2015).*Compiler.* Atas talian pada 1 April 2015, dari
http://whatis.techtarget.com/definition/compiler

WhatIs.com. (2012).

Wikipedia Ensiklopedia bebas. (2012).

Wikipedia The Free Encyclopedia. (2012).

Wiktionary. (2012).

wiseGeek.(2012).*What is a text editor?* Atas talian pada 1 April 2015, dari
http://www.wisegeek.org/what-is-a-text-editor.htm

wiseGeek. (2012).

WordiQ.com. (2010). Larryjhs, 2004. Community informatics-Definition. Atas talian
pada 16 April 2012 dari http://www.wordiq.com/definition/Community_informatics

Wordnik. (n.d.).

World Health Organization. (2012).

Yahoo!Education. (2009).

Yang, J., Zhang, H., Zhang, J. dan An, C. (2009). Towards next generation internet
management: CNGI-CERNET2 experiences. *Journal of Computer Science and Technology*
24(3): 48-494 May 2009. Atas talian pada 23 Mac 2014, dari
http://search.proquest.com.eserv.uum.edu.my/docview/881296183/fulltextPDF/586E78F3F9842
60PQ/9?accountid=42599

Your Dictionary. (2012).

Zook, M.A. (2001). *The geography of the internet industry, 1994-2000: Venture capital, internet
firms and regional development*. Tesis kedoktoran, University of California, Berkeley. Atas
talian pada 10 Februari 2014, dari http://search.proquest.com. eserv.uum.edu.my/docview/
304683230/fulltextPDF/4D39423D79F0459BPQ/4?accountid=42599

___. (2012[a]). *Answers.* Atas talian pada 7 Mei 2012 dari
http://wiki.answers.com/Q/What_is_hardware

___. (2012[b]). *Answers.* Atas talian pada 7 Mei 2012 dari
http://wiki.answers.com/Q/What_is_reliable_information

___. (2012[c]). *Answers.* Atas talian pada 6 Mei 2012 dari
http://wiki.answers.com/Q?What_is_software

__. (2011ª). *Cambridge dictionaries online*. Atas talian pada 10 Mei 2012 dari
    http://dictionary.cambridge.org/dictionary/british/contextualize

__. (2011ᵇ). *Cambridge dictionaries online*. Atas talian pada 30 April 2012 dari
    http://dictionary.cambridge.org/dictionary/british/demography

__. (n.d.). *Infoplease*. Atas talian pada 10 Mei 2012 dari
    http://dictionary.infoplease.com/computing

__. (n.d.ª). *Macmillan dictionary*. Atas talian pada 7 Mei 2012 dari
    http://www.macmillandictionary.com/dictionary/american/useful

__. (n.d.ᵇ). *Macmillan dictionary*. Atas talian pada 3 Mei 2012 dari
    http://www.macmillandictionary.com/dictionary/american/existing

__. (n.d.ᶜ). *Macmillan dictionary*. Atas talian pada 3 Mei 2012 dari
    http://www.macmillandictionary.com/dictionary/american/host

__. (n.d.ᵈ). *Macmillan dictionary*. Atas talian pada 2 Mei 2012 dari
    http://www.macmillandictionary.com/dictionary/american/key_22

__. (n.d.ᵉ). *Macmillan dictionary*. Atas talian pada 2
    Mei 2012 dari http://www.macmillandictionary.com/dictionary/american/ problematic

__. (n.d.ᶠ). *Macmillan dictionary*. Atas talian pada 10 Mei 2012 dari
    http://www.macmillandictionary.com/dictionary/american/profiling#profiling_3

__. (n.d.ᵍ). *Macmillan dictionary*. Atas talian pada 16 Mei 2012 dari
    http://www.macmillandictionary.com/dictionary/american/DOS

__. (2012ª). *Oxford dictionaries*. Atas talian pada 10 Mei 2012 dari
    http://oxforddictionaries.com/definition/paralegal?region=us&q=para-legal+

__. (2012ᵇ). *Oxford dictionaries*. Atas talian pada 10 Mei 2012 dari
    http://dictionary.cambridge.org/dictionary/american-english/existing

__. (2012). *The free dictionary by farlex*. Atas talian pada 8 Mei 2012 dari
    http://encyclopedia2.thefreedictionary.com/reboot

__.(2012ª). *Vocabulary.com*. Atas talian pada 9 Mei 2012 dari
    http://www.vocabulary.com/definition/covering

__. (2012ᵇ). *Vocabulary.com*. Atas talian pada 8 Mei 2012 dari
    http://www.vocabulary.com/definition/crash

__. (2012ᶜ). *Vocabulary.com*. Atas talian pada 9 Mei 2012 dari
    http://www.vocabulary.com/definition/occupied

__. (2012ᵈ). *Vocabulary.com*. Atas talian pada 10 Mei 2012 dari
    http://www.vocabulary.com/definition/refocus

__. (2012ª). *Wikipedia the free encyclopedia*. Atas talian pada 12
    April 2012 dari http://en.wikipedia.org/wiki/Community_informatics

__. (2012ᵇ). *Wikipedia the free encyclopedia*. Atas talian pada 17
    April 2012 dari http://en.wikipedia.org/wiki/Community_informatics

__. (2012ᶜ). *Wikipedia the free encyclopedia*. Atas talian pada 30 April 2012
    dari http://en.wikipedia.org/wiki/Internet_cafe

__. (2012ᵈ). *Wikipedia ensiklopedia bebas*. Atas talian pada 9 Februari 2012 dari
    http://ms.wikipedia.org/wiki/kafe_siber

__. (2010). *Wiktionary*. Atas talian pada 2 Mei 2012 dari
    http://en.wiktionary.org/wiki/comorbidity

__. Atas talian pada 8 Februari 2012 dari
    http://www.statistics.gov.my/portal/download_stats_Malaysia/files/MMS/2010/BM/02_Malaysia
    _sepintas_Lalu pd

__. Atas talian pada 30 April 2012 dari http://www.mudah.my/Pembantu+Cyber+Cafe-
    15144492.htm

__. Atas talian pada 30 April 2012 dari
http://www.mudah.my/Pembantu+Cyber+Cafe+diperlukan+2+kekosongan+-14925536.htm
__. Atas talian pada 30 April 2012 dari http://foursquare.com/v/omg-cyber-
cafe/4d4be5ae2d0d8cfafde7c825
__. Atas talian pada 30 April 2012 dari http://www.geocities.ws/kecewaweb/cafe.html
http://www.opm.gov/feddata/gp59/cpdf/edulevel.pdf
http://www.panb.people.cofc.edu/pan/chapter.pdf
___. (2012). http://1828.mshaffer.com
www.cnet.com/Resources/Info/Glossary/Terms/email.html

Penghargaan

Penyelidikan adalah melalui geran pembiayaan sendiri di Pusat Pengajian Kerajaan, UUM Kolej Undang-undang, Kerajaan dan Pengajian Antarabangsa.

Maklumat Penulis

NORANIZA BINTI YUSOFF pensyarah Program Pengurusan Pembangunan di Universiti Utara Malaysia sejak tahun 2000. Lahir di Terengganu, Malaysia dan tinggal di Kuala Terengganu iaitu ibu negeri Terengganu lebih kurang 40 tahun.

Nama Bank: Bank Islam Malaysia Berhad

Alamat: Universiti Utara Malaysia, 06010 UUM Sintok, Kedah Darul Aman, Malaysia.

www.ingramcontent.com/pod-product-compliance
Lightning Source LLC
Chambersburg PA
CBHW081147090426
42736CB00017B/3220

What people are saying about Life is a Game!

"Forget the tiring, energy draining and frustrating 'Struggle for life'! Discover now that 'Life is a happy and joyful game' if we understand it and know the rules how to play it. Thanks to Jan's easy, honest and humorous coaching there is no need to reinvent the wheel. Save yourself a lot of time and just follow in his steps, and benefit immediately from one who walked the path himself. In addition he offers lots of other practical and easy to use tools. Highly recommended!"

Paul Meert, Author of 'Change in NO time'

"What an amazingly courageous book. It is one of those books that I read through in its entirety and will then keep handy to 'dip' into every time I feel I'm going off-track or getting sucked into a human game. Two thoughts came to mind as I was reading - one - that we live our lives forward but understand them backwards; and the other thought was that many of our 'game clues' are buried in this book. Keep it close by, it could save you years of wrestling with yourself!

Ann Andrews, CSP, Author of 'Finding the Square Root of a Banana', MD The Corporate Toolbox

"In *Life is a Game!* Jan Vermeiren has made accessible the most essential processes of mankind on Earth in a playful and easy-to-grasp way. And that with very contemporary analogies. We wish you lots of fun playing to become fully yourself!"

Gabriela and Reint Gaastra-Levin, Authors of 'The Maria Magdalen Code I, II and III'

"Jan explains in the introduction of the book how he builds further upon the universal/spiritual foundation of his two best sellers *Let's Connect!* and *How to REALLY use LinkedIn*. I'm glad he made that decision. *Life is a Game!* provides practical down-to-earth tips in a high-in-the-sky framework. When you have read the book you will agree with me that this is an excellent approach!"

Robert Benninga, Author of 'Is it bad luck or an opportunity?', Expert in WARM Leadership and Couple Dynamic

"I love the analogy with computer gaming and the metaphors: monsters, teddy bears, trains, robots... It makes the spiritual content of Jan's book less airy-fairy. Other books about personal/spiritual growth are sometimes hard to digest or too intellectual. Also Jan's humor and self-relativation makes this both a very insightful and practical book! Highly recommended!"

ir. Bernard Lernout, author of 'S.O.S. Brain', computer scientist & mind mapping expert - author & trainer on various aspects of accelerated learning, derived from Leonardo da Vinci's genius

"Jan was able to capture his eclectic knowledge about the principles of *A Course In Miracles, Way of Mastery, Teachings of Abraham* and other sources in simple analogies and examples, illustrated by how he applied this knowledge in his own life. This book lowers the threshold for many of us, who otherwise would not become exposed to these life-changing insights. A highly recommended read for those who feel the impulse to read this book!"

Dr Tania de Winne, Author of 'From Headquarters to Heartquarters. Living and Leading from the Heart.'

"I'm glad to see someone from the business world make the connection with the world of personal and spiritual growth. I was expecting a good mix of practical tips, tools and techniques combined with a helicopter view. And Jan more than delivered!"

Jonette Crowley, Author of 'Soul Body Fusion'

"Jan has written a comprehensive, well-researched and thoroughly enjoyable book offering practical suggestions on how to resist the 'bad stuff' of life and become lighter and more joyful in the 'game of life'. His humor, in his use of analogies and metaphors (computer games, monsters, teddy bears, trains, robots) creates an easy to read engrossing structure, making it difficult to put the book down. He poignantly shares his personal journey of discovery about becoming lighter and at the same time takes the reader on a detailed journey rich with a wide selection of tools to assist one to move into a gentle life, offering something for everyone. Overall message of the book: it's your choice to be happy and reading this book will certainly give you a jump-start in that direction. *Life is a Game!* is a great book and a must read if you care about the game of life."

Renee Lee Rosenberg, Author of 'Achieving the Good Life After 50'

"By surrounding yourself with positive thinkers and encouraging thoughts, you can achieve greatness. Our thoughts affect our actions. This book will help you realign your priorities and get on the right track for success."

Dr. Nido Qubein, President, High Point University and Chairman, Great Harvest Bread Co.

"In *Life is a Game!* Jan Vermeiren invites us all to play the joyful game of life in a most understandable and touching way. Of course we all create our own life. Jan transformed from a famous connector to a major human inspirer. He didn't only lift his own life but will also rekindle your heart once you start reading. Are you ready to play your game of life?"

Peter Dalmeijer, Author of 'NLP Coach as Inspirer', spiritual teacher and entrepreneur

"In *Life is a Game!* Jan Vermeiren succeeds in integrating Emotional and Spiritual Intelligence in a playful and visual way. The insights are clear, experienced by himself and encourage self-reflection. I accepted the invitation to choose to achieve Phase 3 and in that way contribute to a 'better world for everybody', with more well-being for all. And you?"

Greet Pipijn, Author of 'Dare to Live!' and founder of the Emotional Intelligence Institute